Die Braut des Dämons will gegessen werden

8

Keiko Sakano

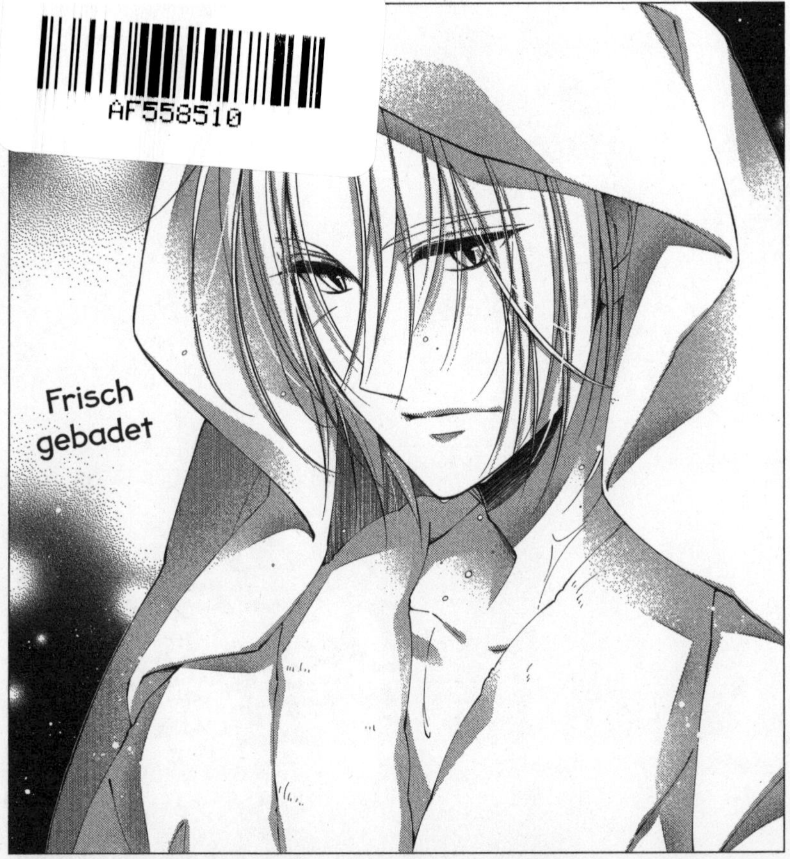

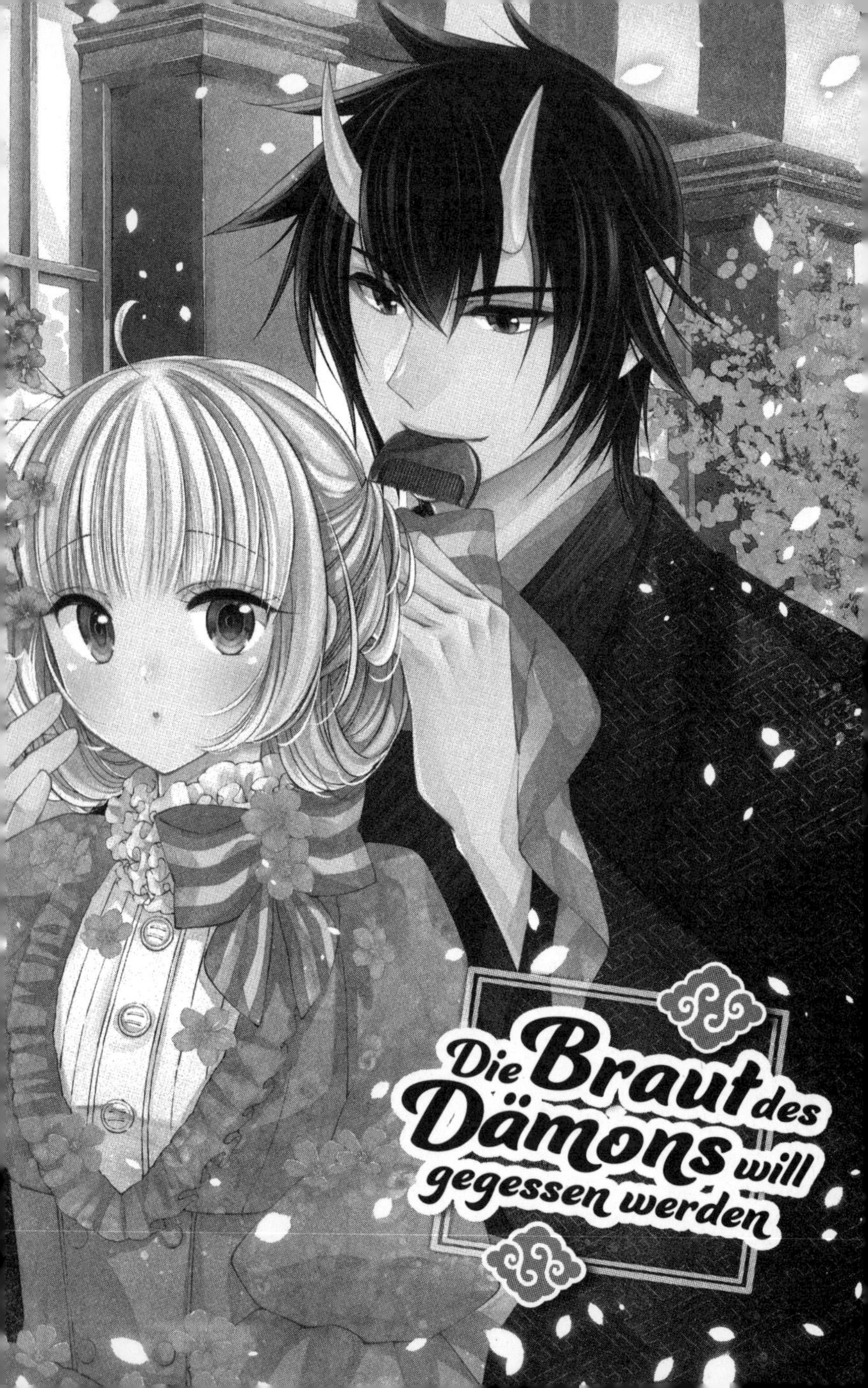
Die Braut des Dämons will gegessen werden

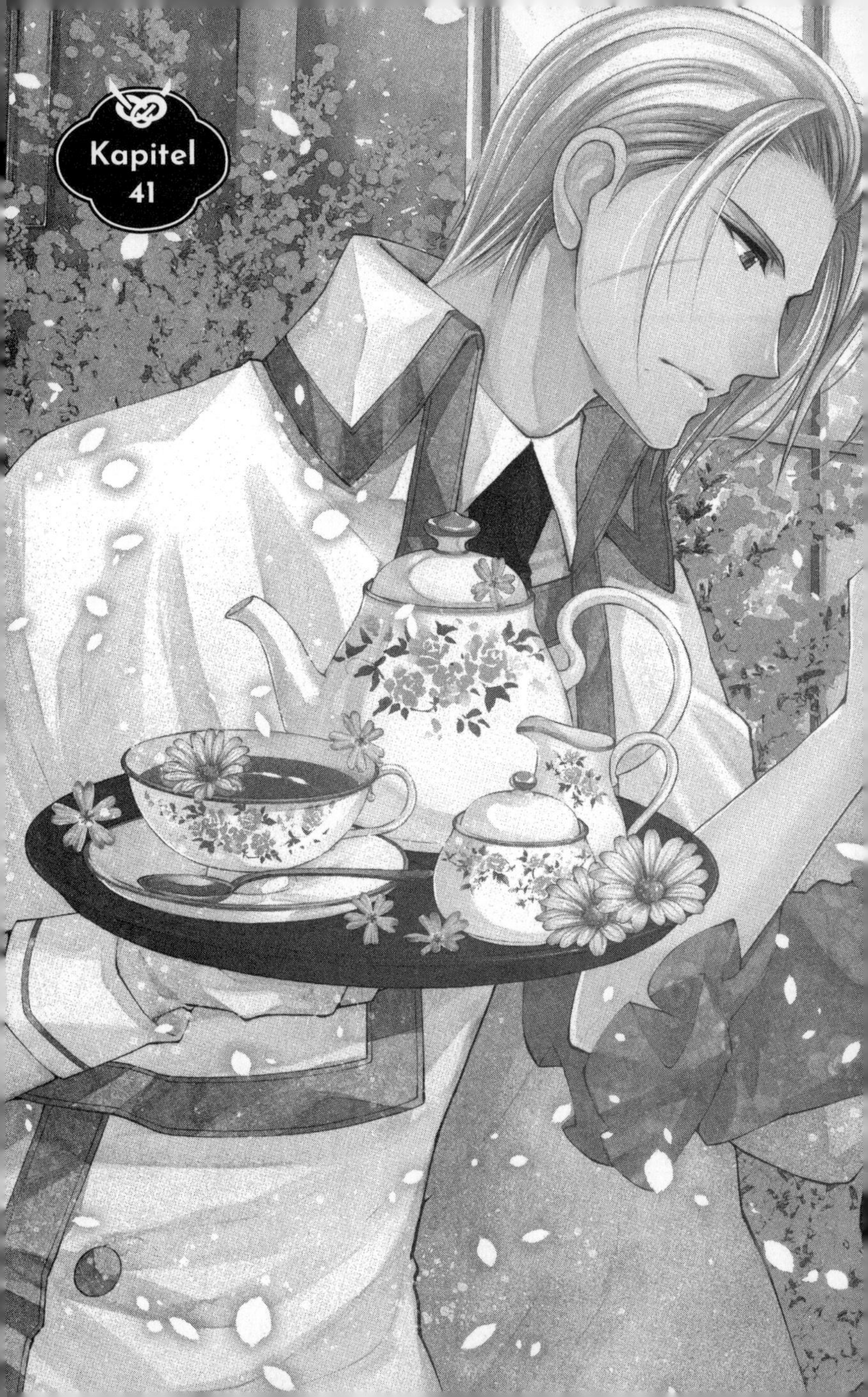
Kapitel
41

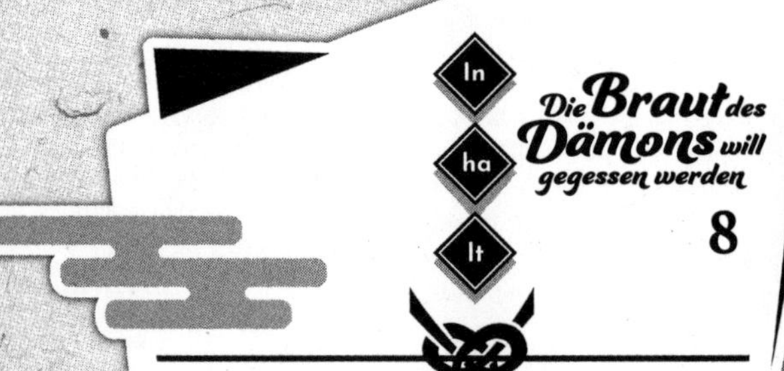
In
ha
lt
Die Braut des Dämons will gegessen werden
8

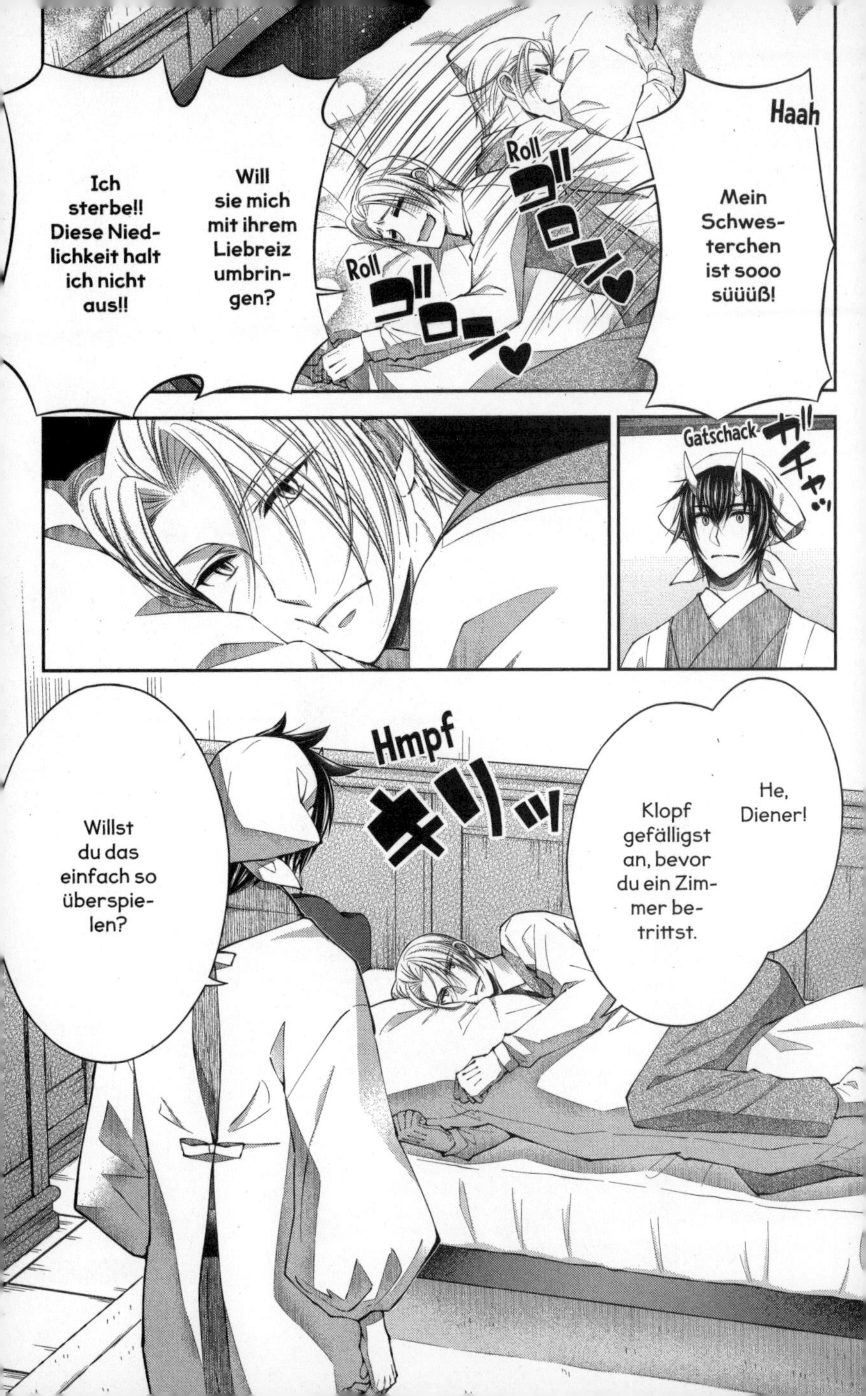

Haah
Mein Schwes-terchen ist sooo süüüß!
Roll
Roll
Will sie mich mit ihrem Liebreiz umbrin-gen?
Ich sterbe!! Diese Nied-lichkeit halt ich nicht aus!!
Gatschack
He, Diener!
Klopf gefälligst an, bevor du ein Zim-mer be-trittst.
Hmpf
Willst du das einfach so überspie-len?

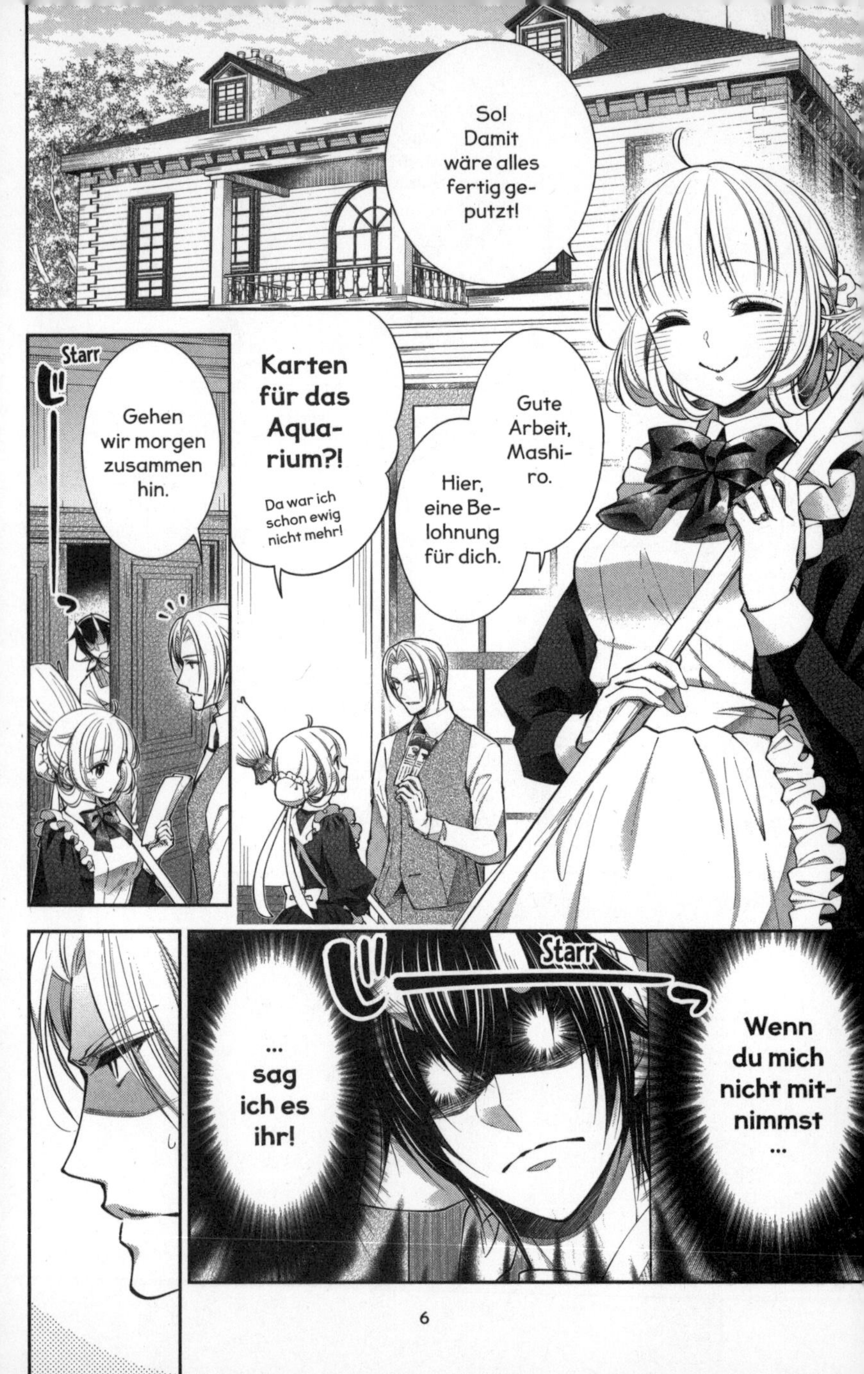
So! Damit wäre alles fertig geputzt!
Gute Arbeit, Mashiro.
Hier, eine Belohnung für dich.
Karten für das Aquarium?!
Da war ich schon ewig nicht mehr!
Starr
Gehen wir morgen zusammen hin.
Starr
Wenn du mich nicht mitnimmst ...
... sag ich es ihr!

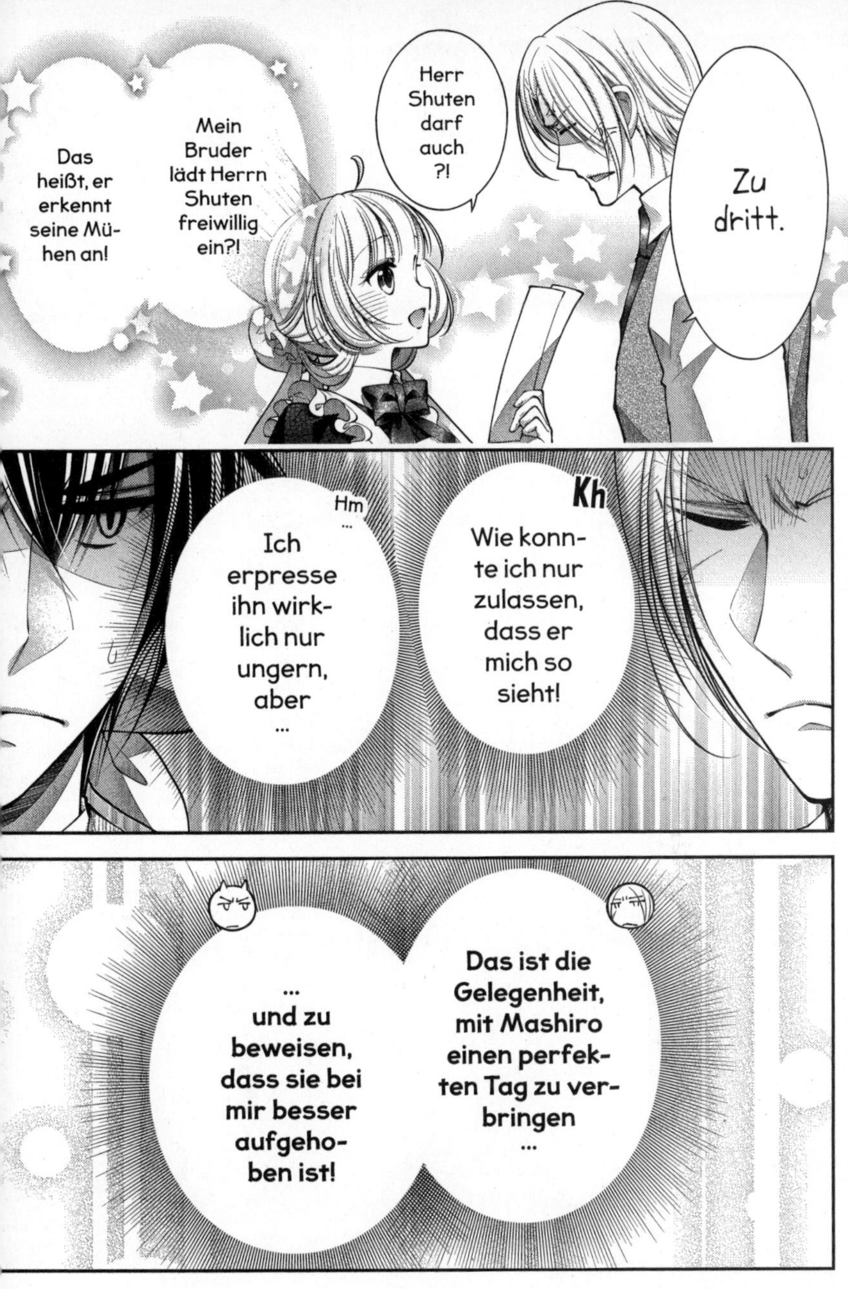
Zu dritt.
Herr Shuten darf auch ?!
Mein Bruder lädt Herrn Shuten freiwillig ein?!
Das heißt, er erkennt seine Mühen an!
Kh
Wie konnte ich nur zulassen, dass er mich so sieht!
Hm ...
Ich erpresse ihn wirklich nur ungern, aber ...
Das ist die Gelegenheit, mit Mashiro einen perfekten Tag zu verbringen ...
... und zu beweisen, dass sie bei mir besser aufgehoben ist!

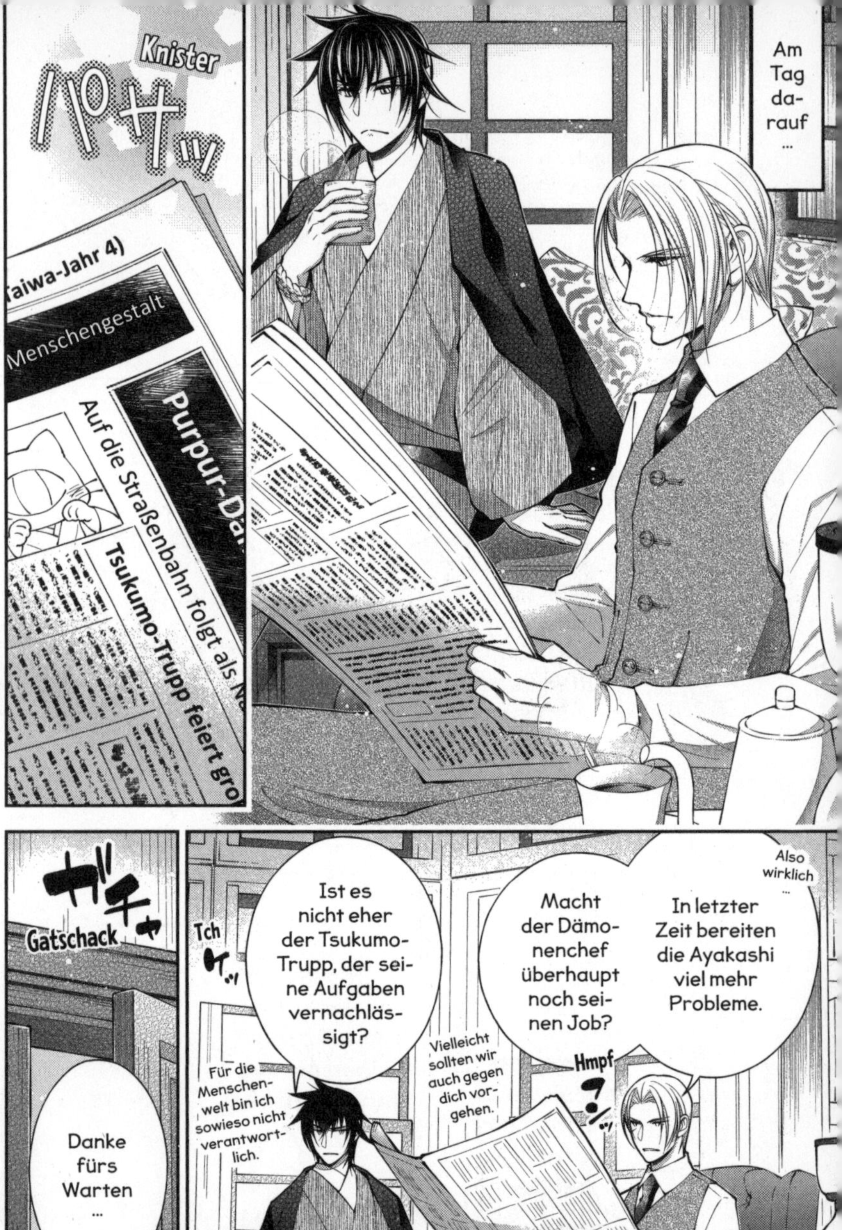

Am Tag darauf ...

Knister

(Taiwa-Jahr 4)

Menschengestalt

Purpur-Da

Auf die Straßenbahn folgt als N

Tsukumo-Trupp feiert gro

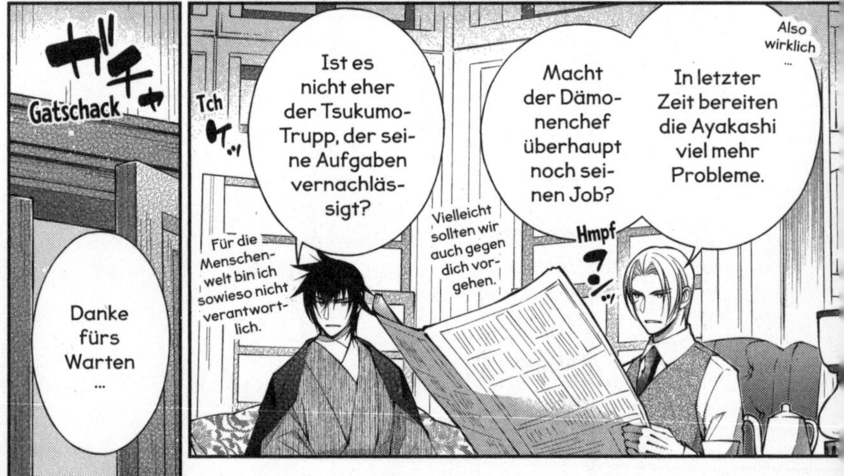

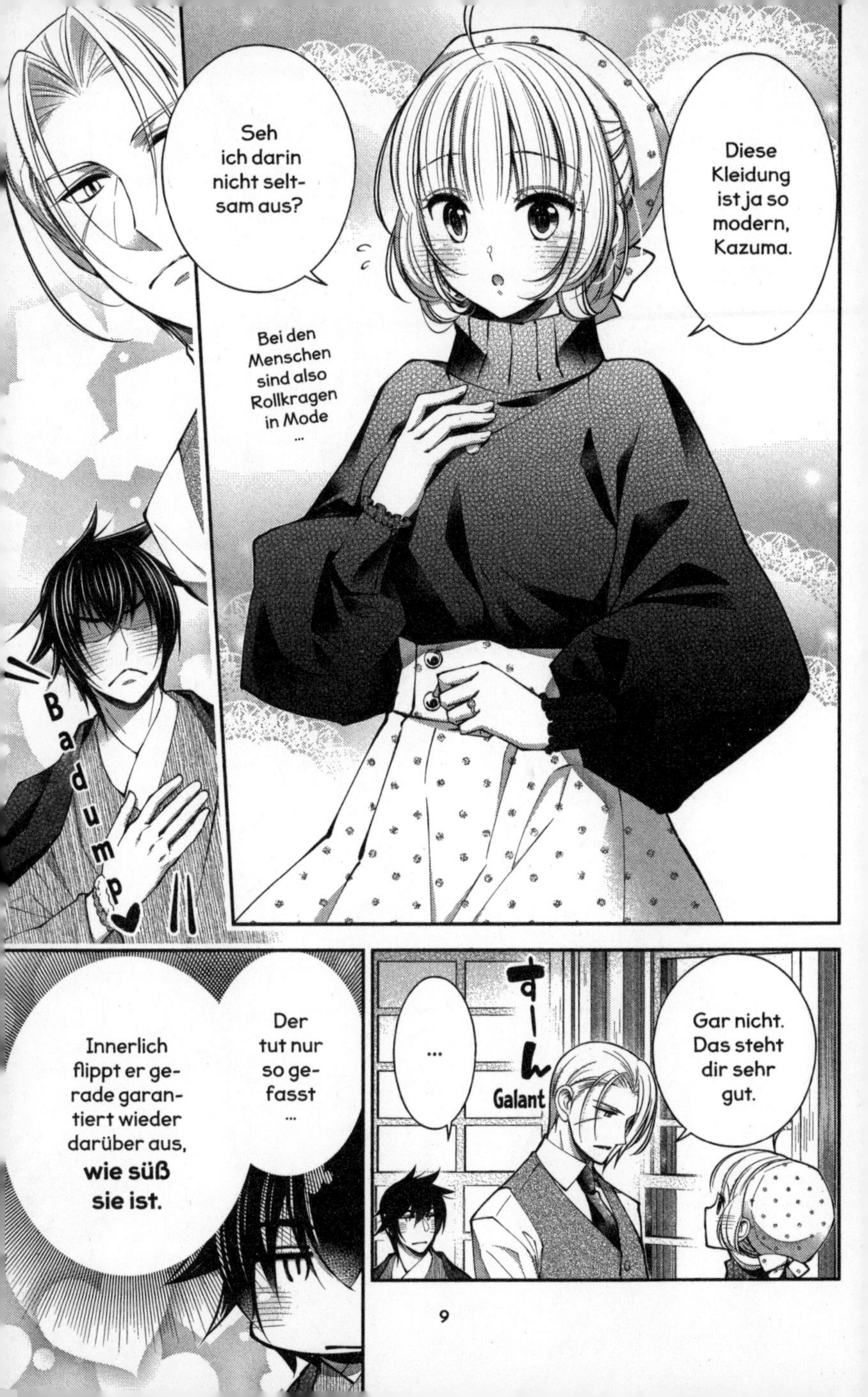

Diese Kleidung ist ja so modern, Kazuma.

Seh ich darin nicht seltsam aus?

Bei den Menschen sind also Rollkragen in Mode ...

Badump

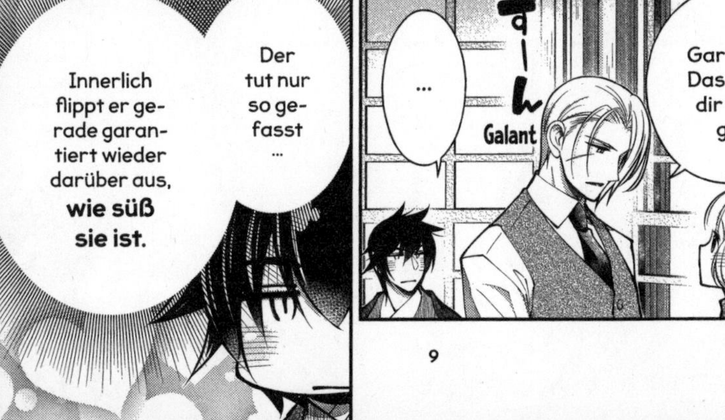

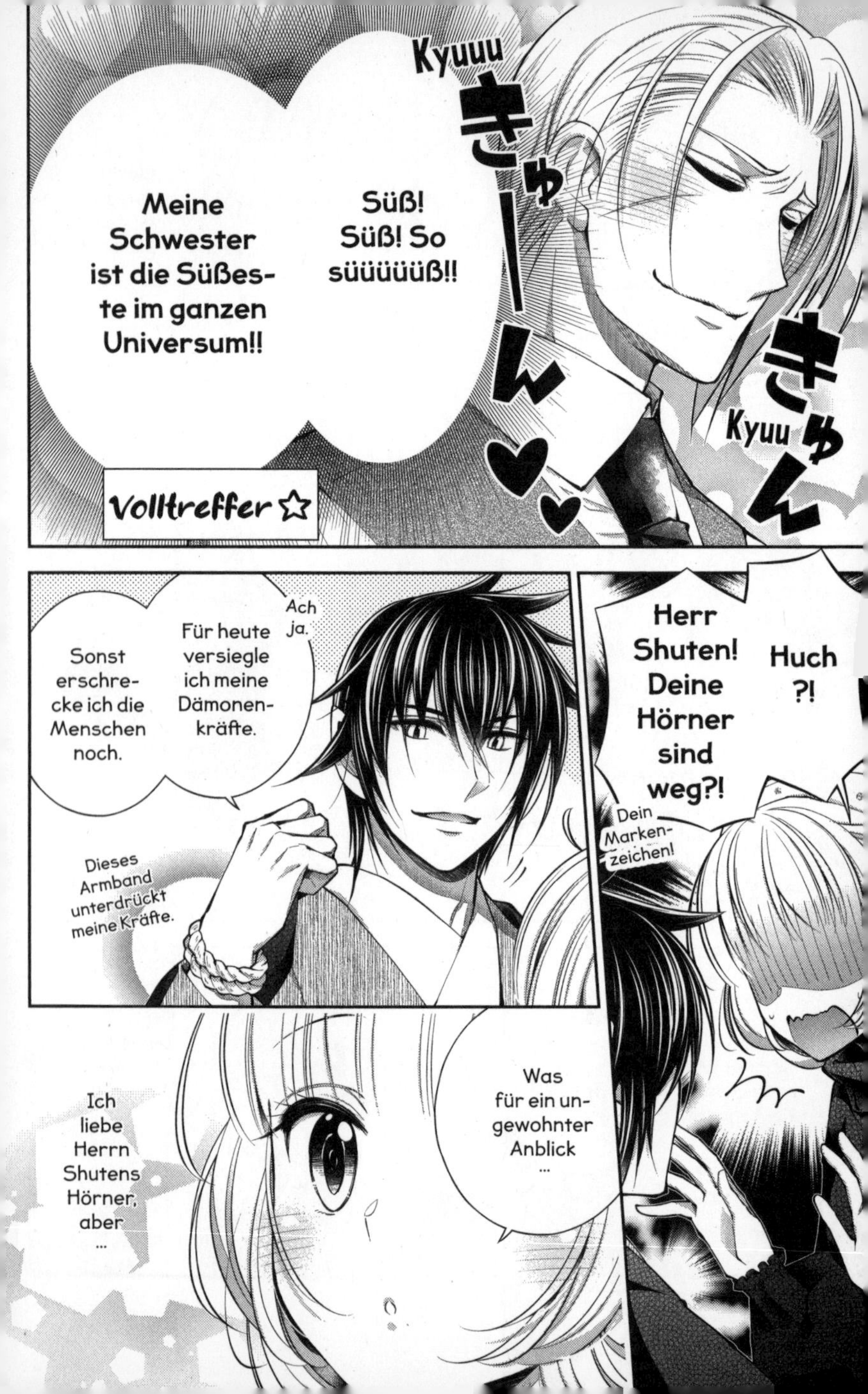

Kyuuu きゅーん♥
Kyuu きゅん
Süß! Süß! So süüüüüß!!
Meine Schwester ist die Süßeste im ganzen Universum!!
Volltreffer ☆
Huch ?!
Herr Shuten! Deine Hörner sind weg?!
Dein Markenzeichen!
Ach ja.
Für heute versiegle ich meine Dämonenkräfte.
Sonst erschrecke ich die Menschen noch.
Dieses Armband unterdrückt meine Kräfte.
Was für ein ungewohnter Anblick ...
Ich liebe Herrn Shutens Hörner, aber ...

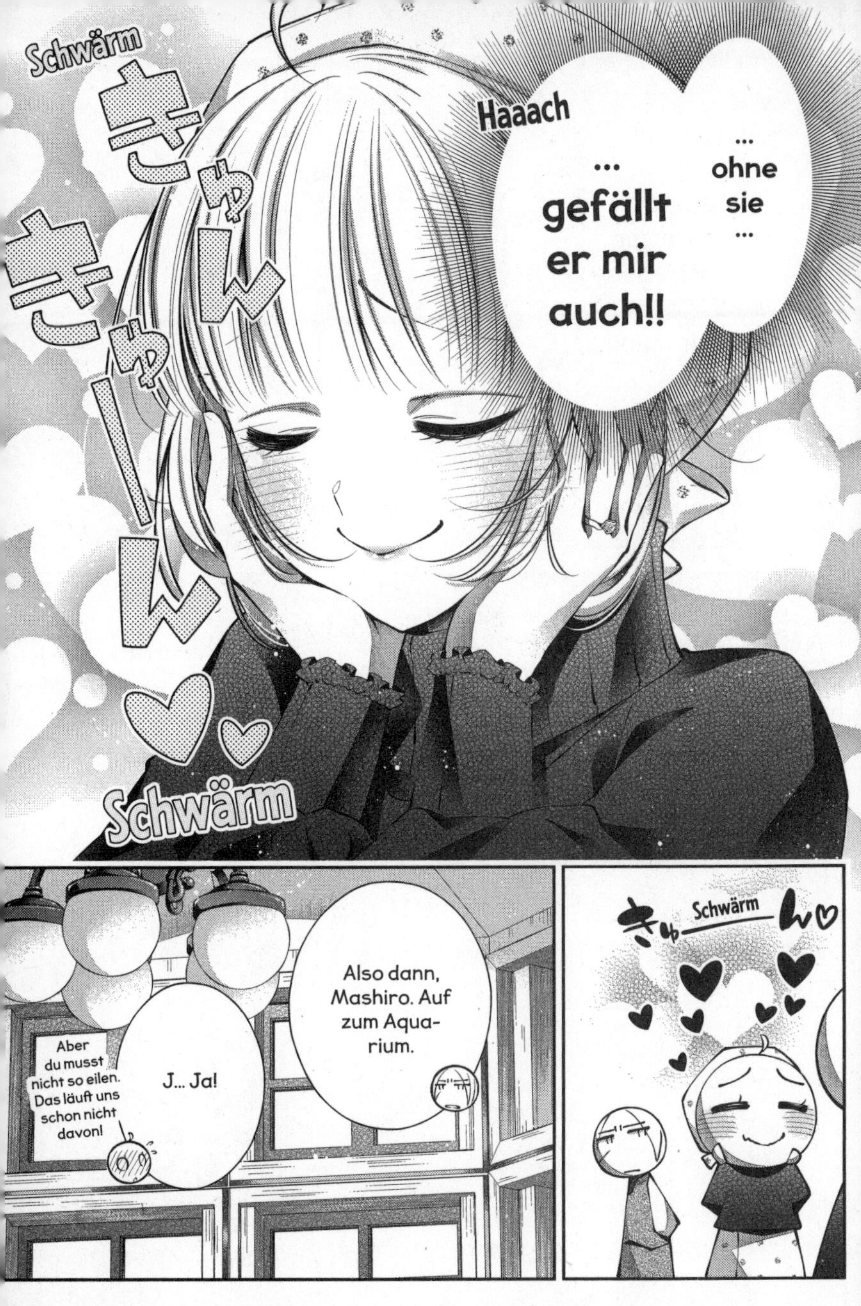
Schwärm
Haaach
... ohne sie ...
... gefällt er mir auch!!
Schwärm
Also dann, Mashiro. Auf zum Aquarium.
J... Ja!
Aber du musst nicht so eilen. Das läuft uns schon nicht davon!
Schwärm

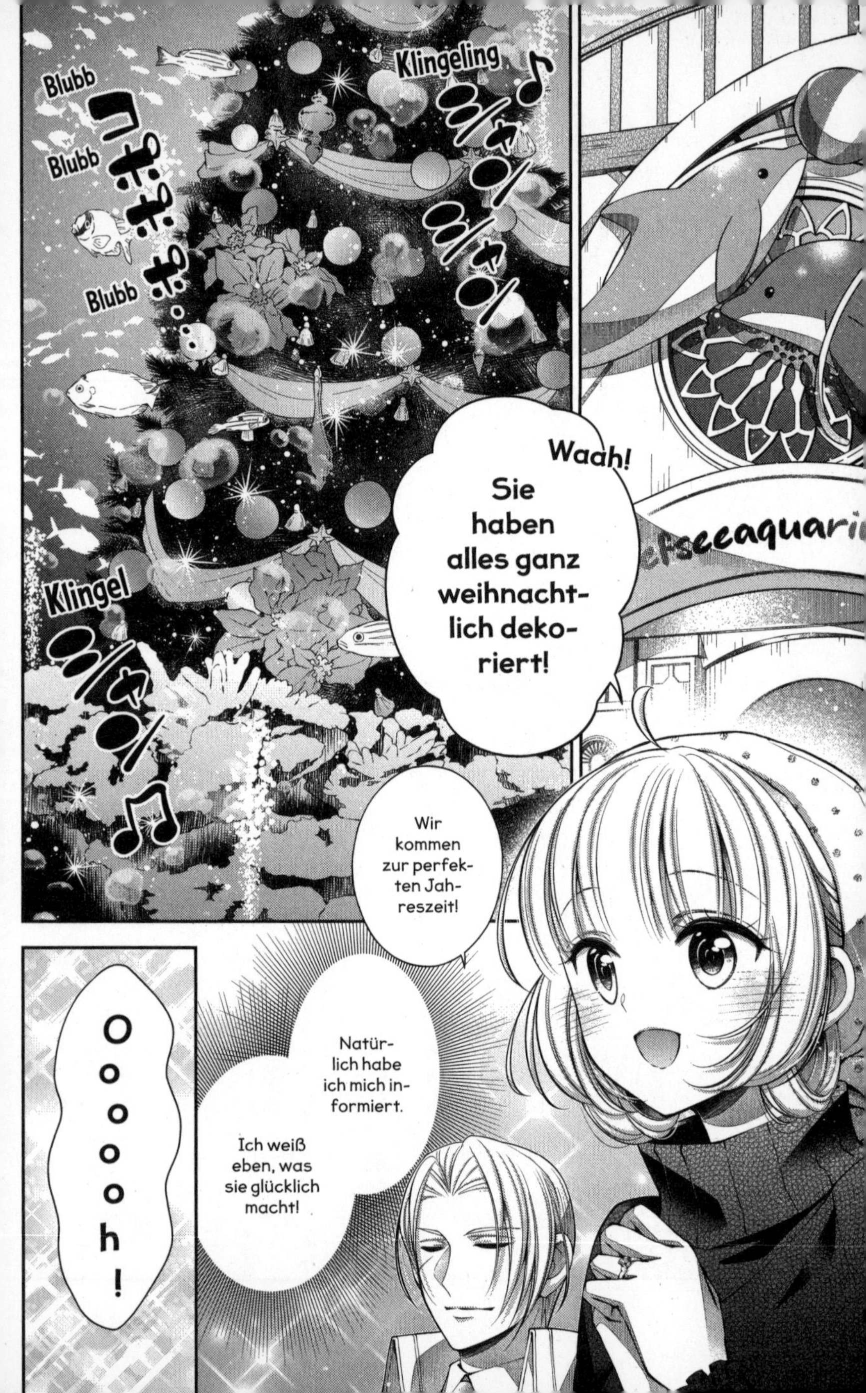

Klingeling
Blubb
Blubb
Blubb
Klingel
Waah!
Sie haben alles ganz weihnachtlich dekoriert!
Wir kommen zur perfekten Jahreszeit!
Natürlich habe ich mich informiert.
Ich weiß eben, was sie glücklich macht!
Oooooh!

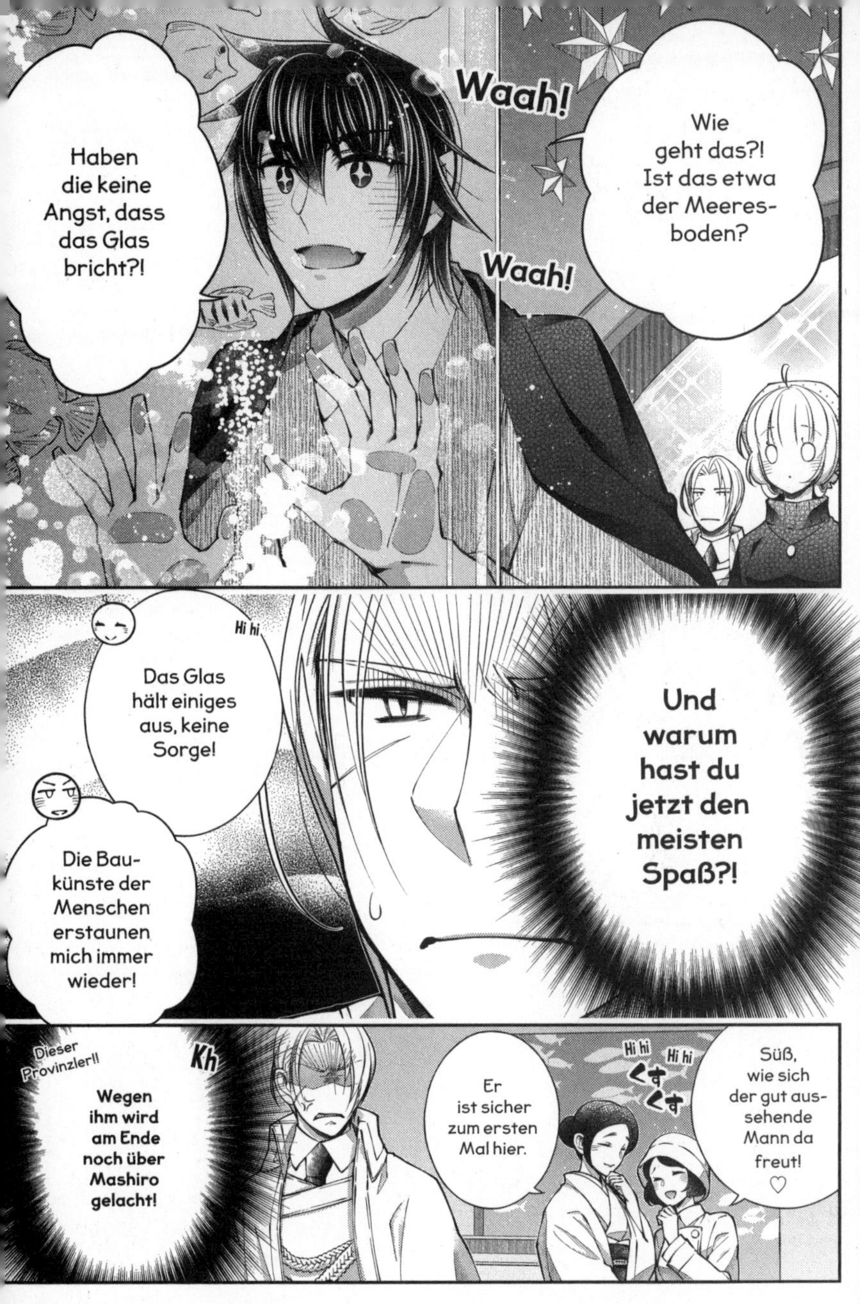
Wie geht das?! Ist das etwa der Meeres-boden?
Waah!
Waah!
Haben die keine Angst, dass das Glas bricht?!
Und warum hast du jetzt den meisten Spaß?!
Hi hi
Das Glas hält einiges aus, keine Sorge!
Die Bau-künste der Menschen erstaunen mich immer wieder!
Süß, wie sich der gut aus-sehende Mann da freut! ♡
Hi hi くす
Hi hi くす
Er ist sicher zum ersten Mal hier.
Kh
Wegen ihm wird am Ende noch über Mashiro gelacht!
Dieser Provinzler!!

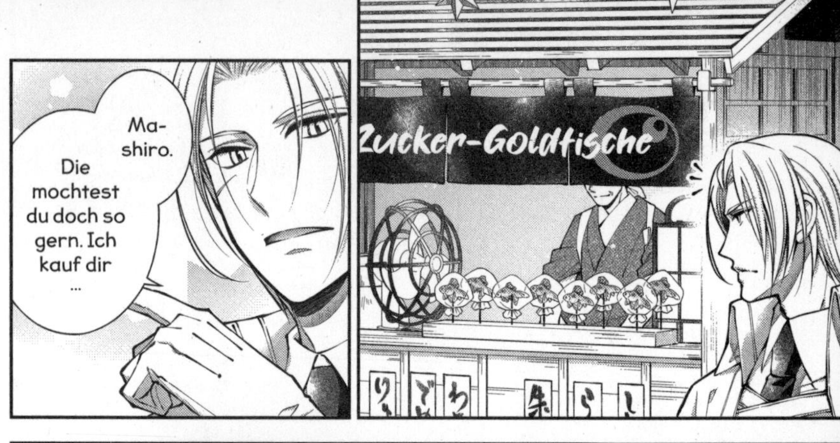
Zucker-Goldfische
Ma-shiro. Die mochtest du doch so gern. Ich kauf dir ...

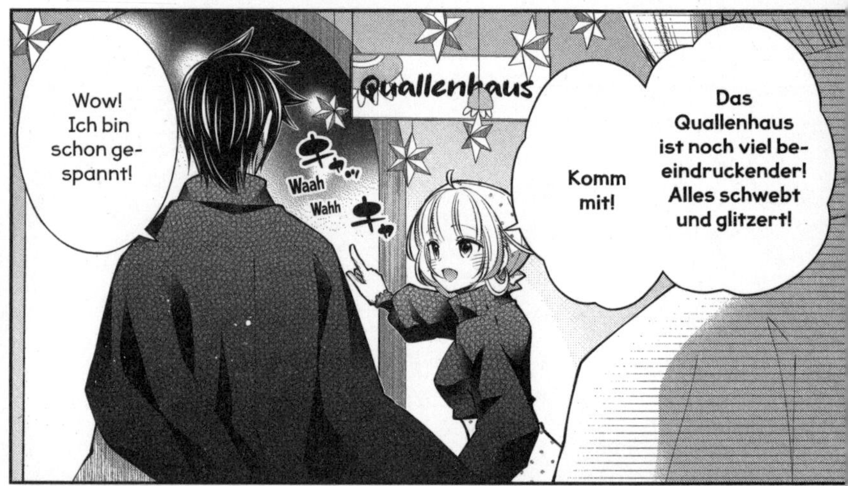
Quallenhaus
Das Quallenhaus ist noch viel beeindruckender! Alles schwebt und glitzert!
Komm mit!
Waah
Wahh
Wow! Ich bin schon gespannt!

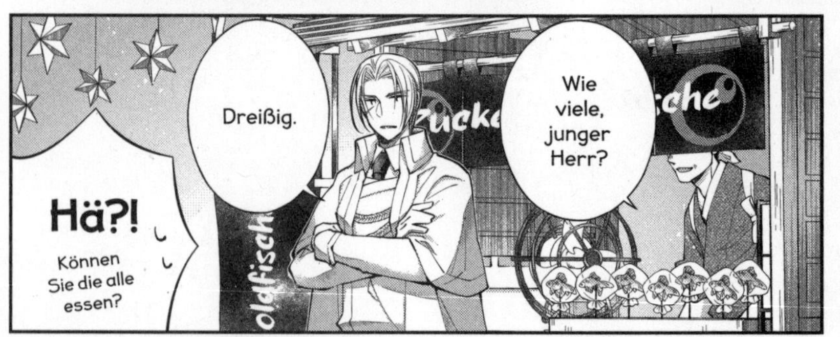
Wie viele, junger Herr?
Dreißig.
Hä?!
Können Sie die alle essen?

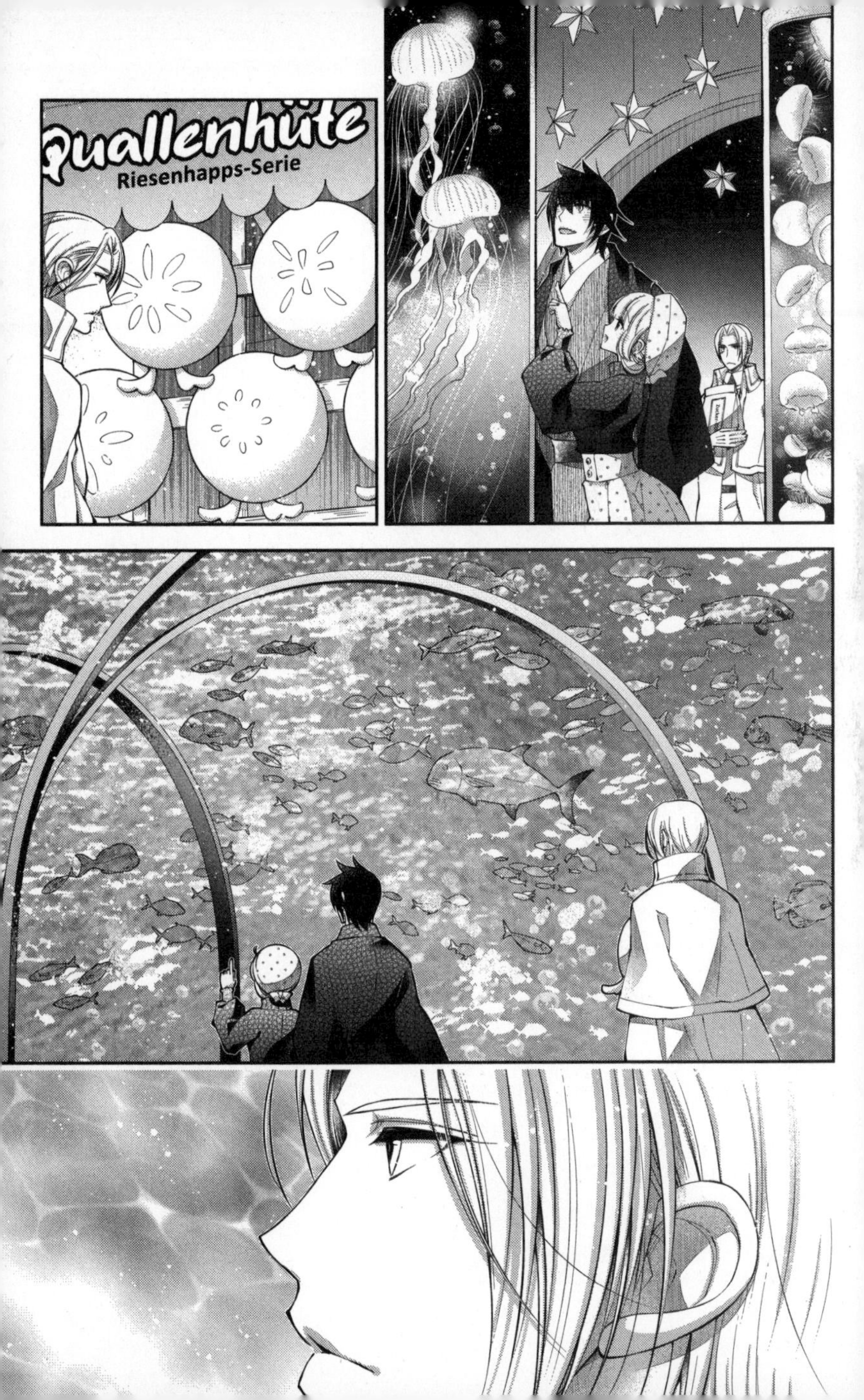

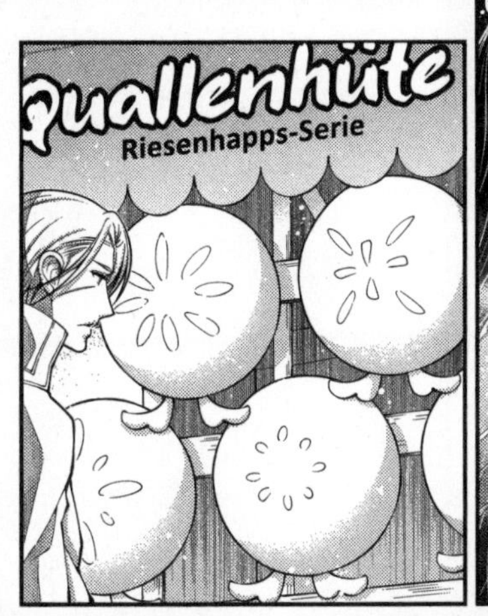
Quallenhüte
Riesenhapps-Serie

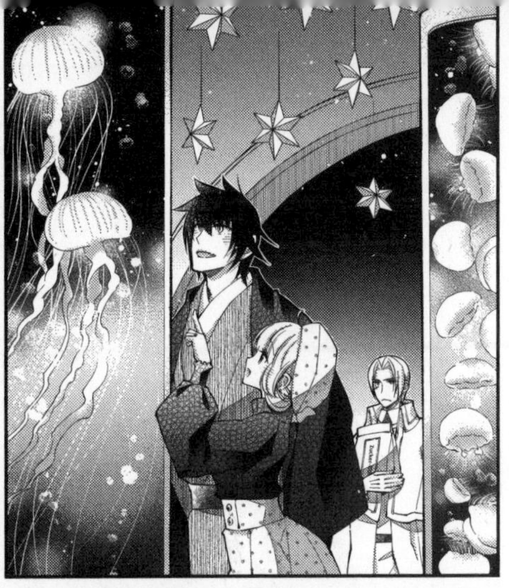

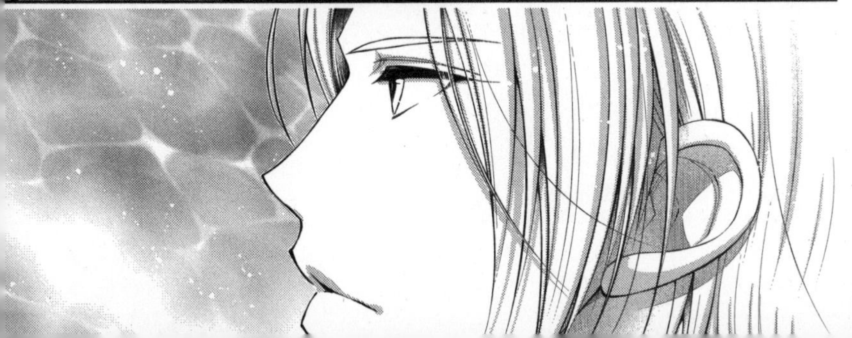

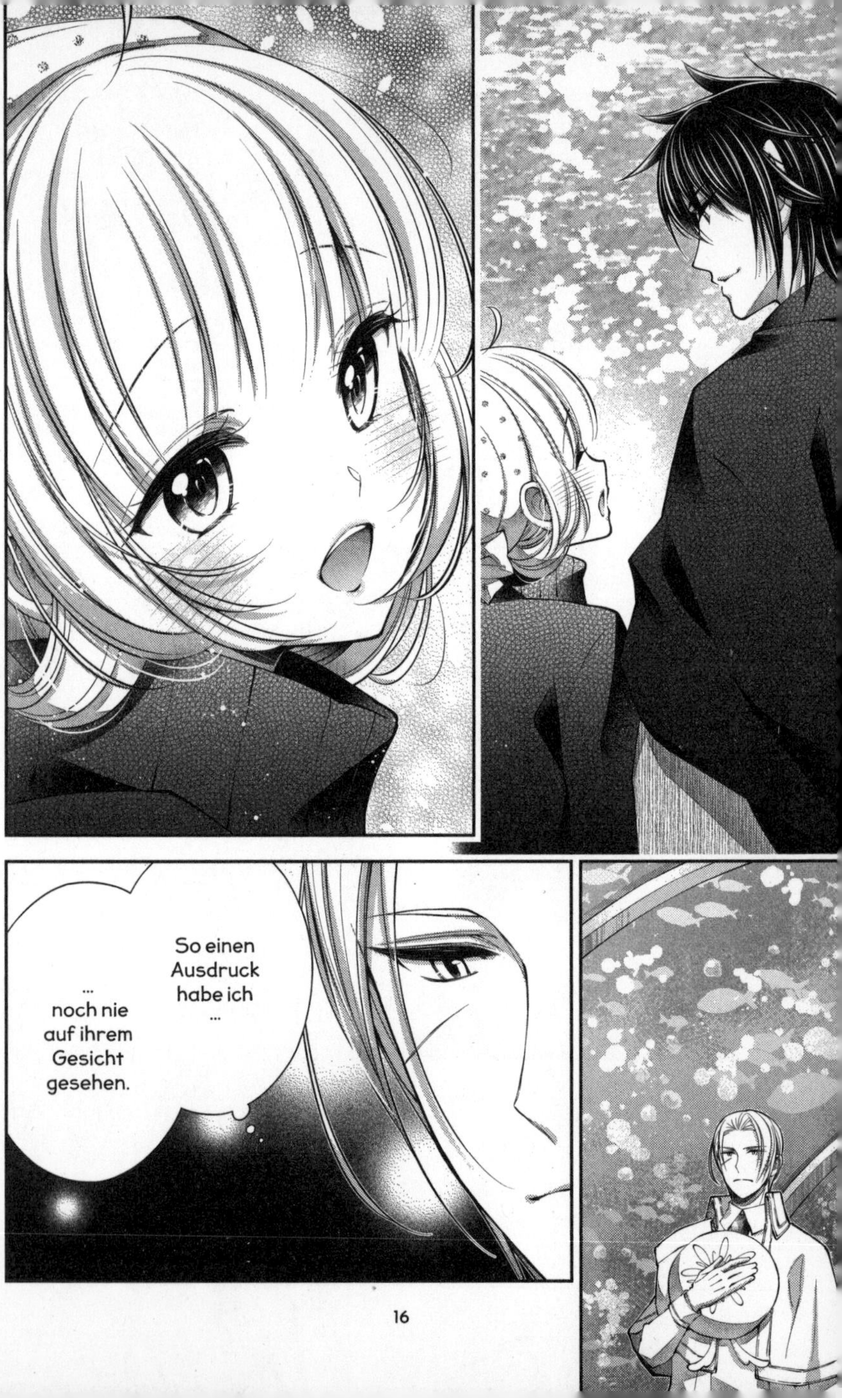

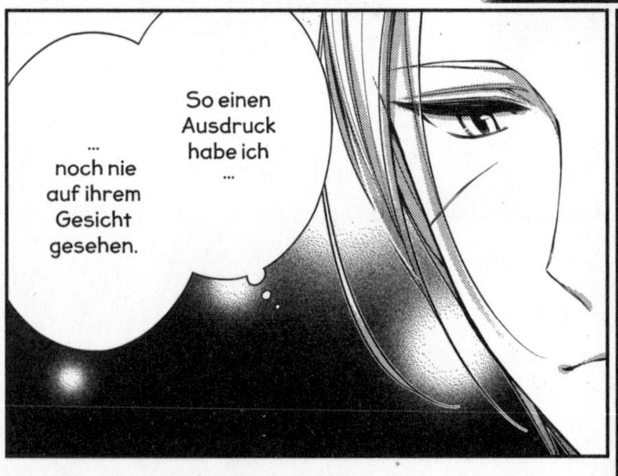
So einen Ausdruck habe ich ...
... noch nie auf ihrem Gesicht gesehen.

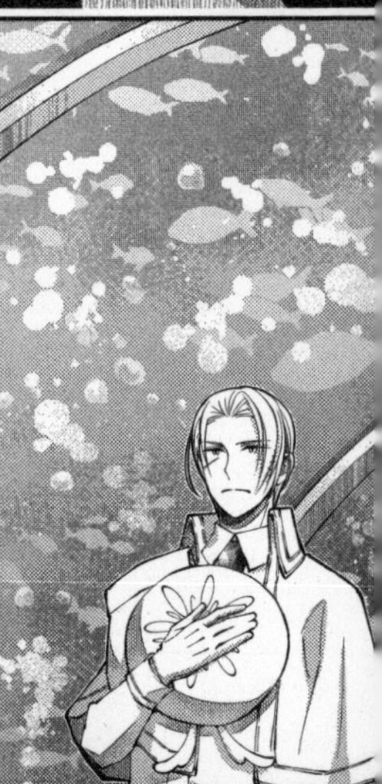

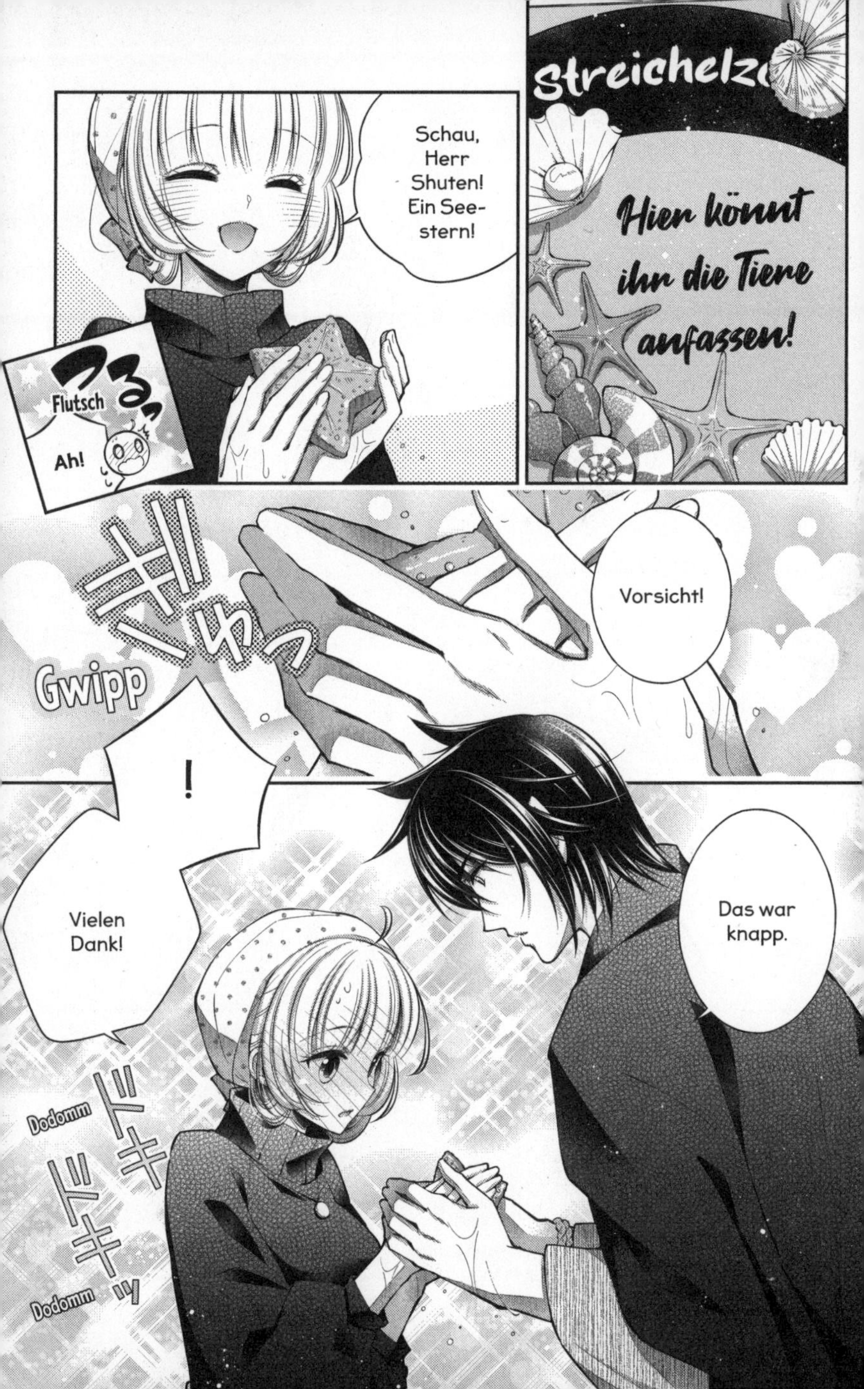
Streichelzo
Hier könnt ihr die Tiere anfassen!
Schau, Herr Shuten! Ein See-stern!
つるっ
Flutsch
Ah!
Vorsicht!
ぎゅっ
Gwipp
!
Das war knapp.
Vielen Dank!
ドキドキッ
Dodomm
Dodomm

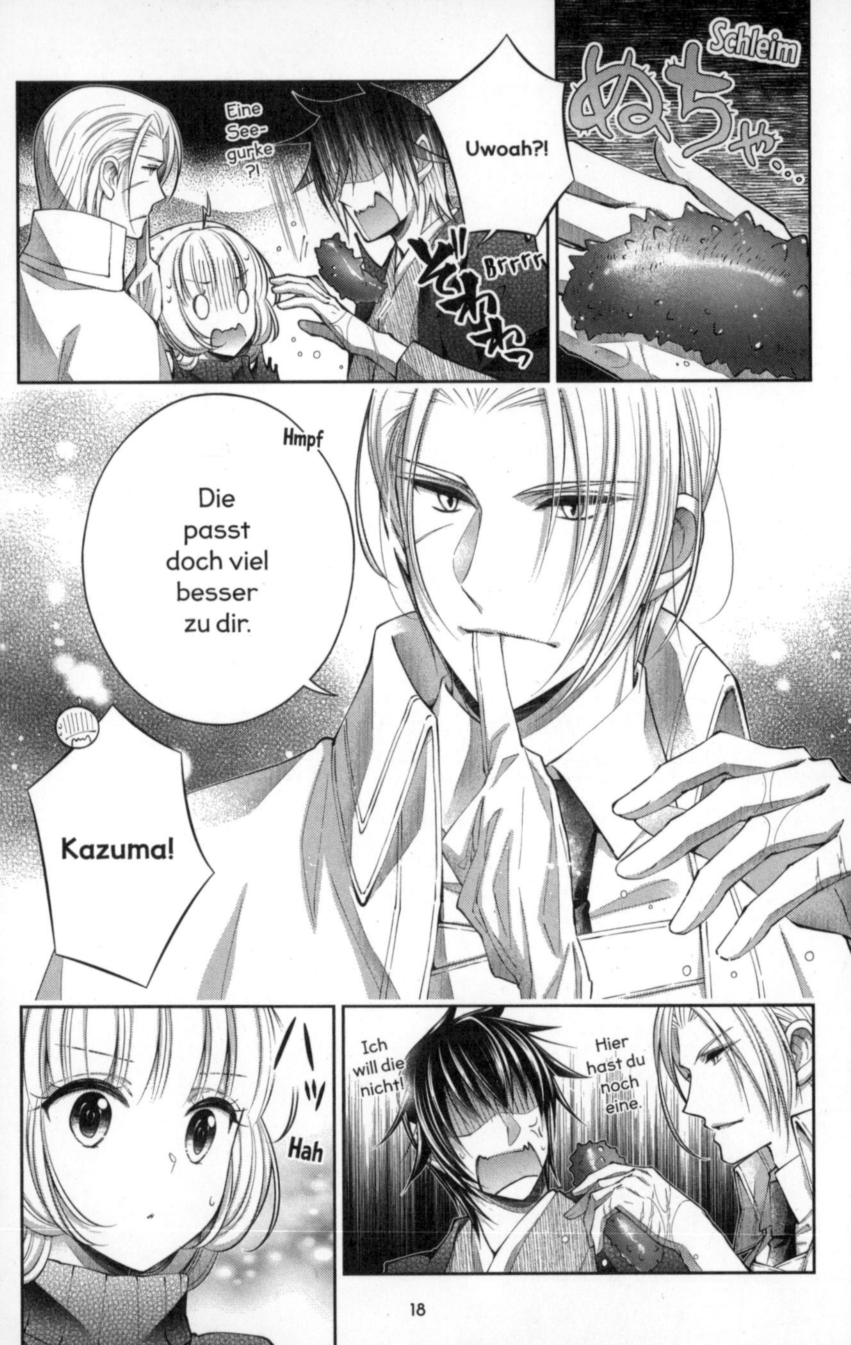
Schleim
ぬちゃ…
Uwoah?!
Eine See-gurke ?!
Brrrr
ぞわわっ
Hmpf
Die passt doch viel besser zu dir.
Kazuma!
Hah
Hier hast du noch eine.
Ich will die nicht!

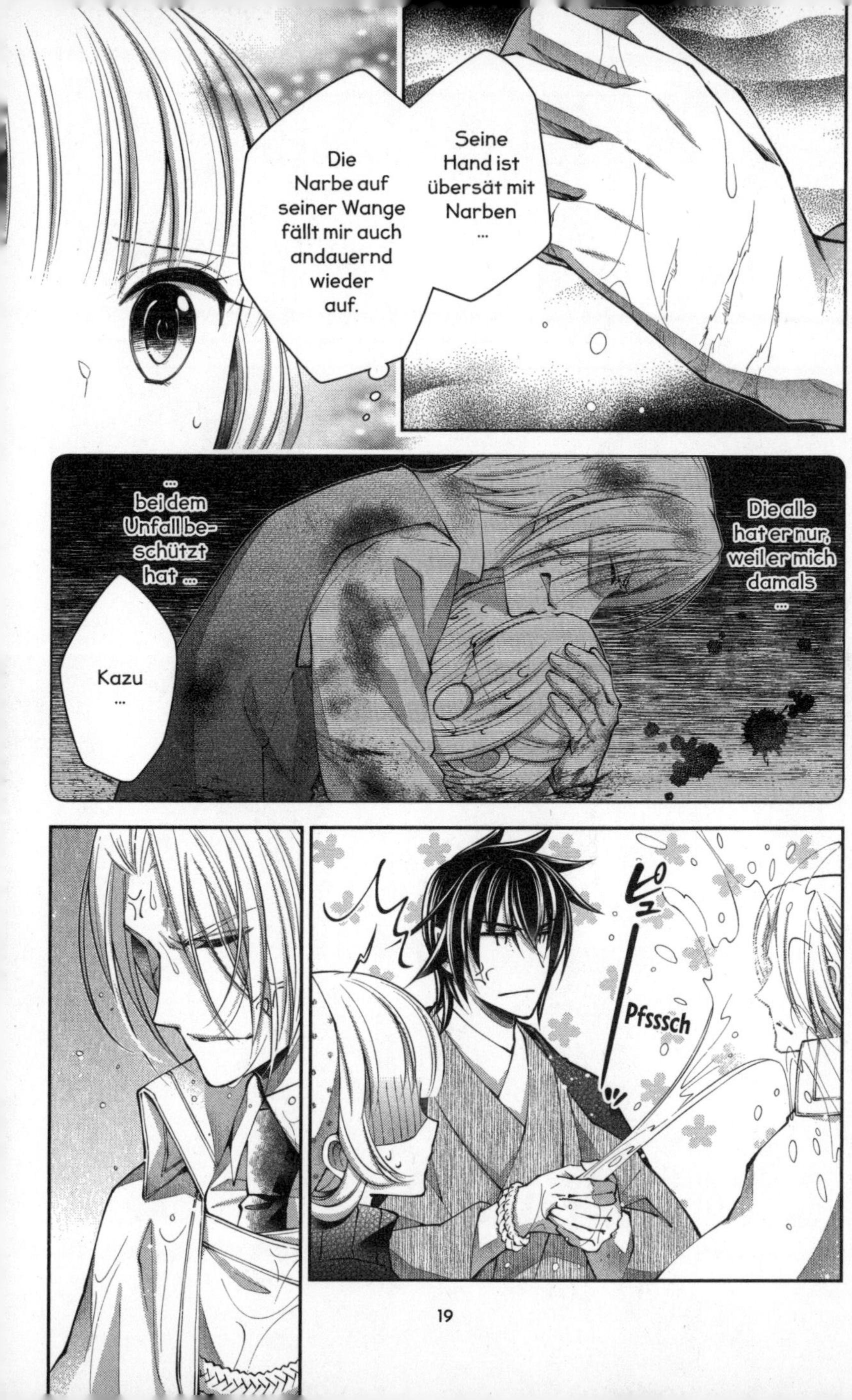

Seine Hand ist übersät mit Narben ...

Die Narbe auf seiner Wange fällt mir auch andauernd wieder auf.

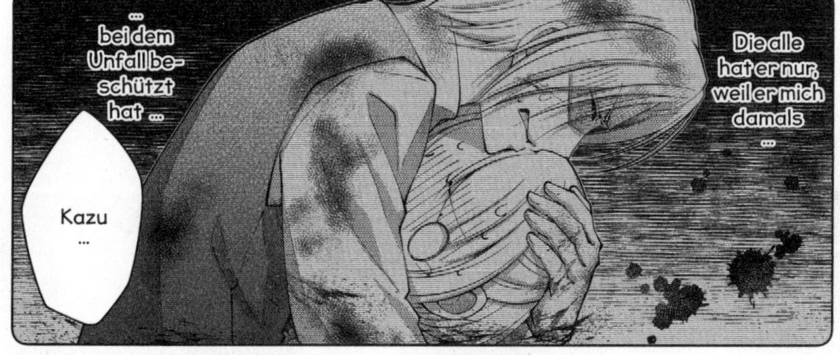

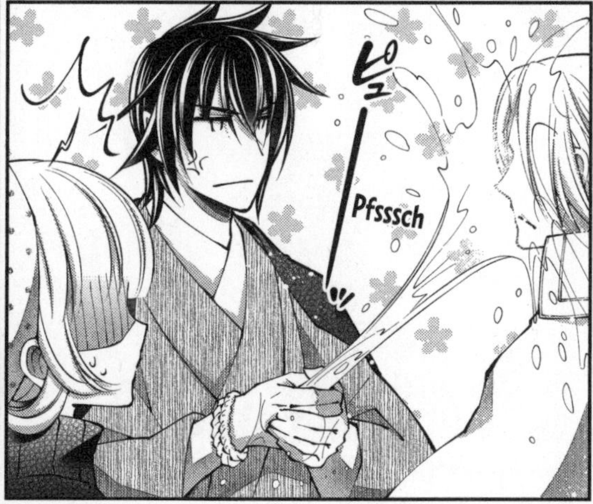

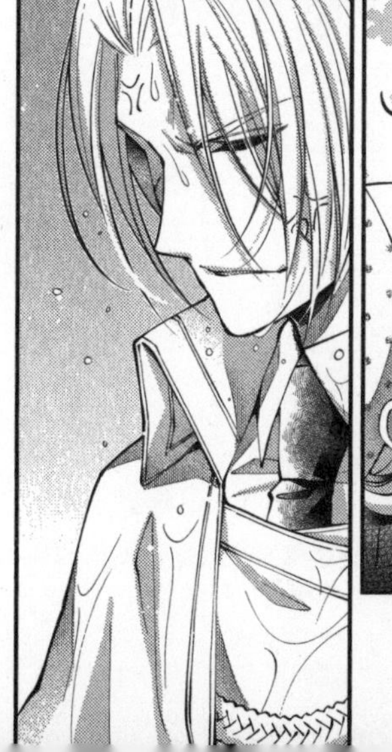

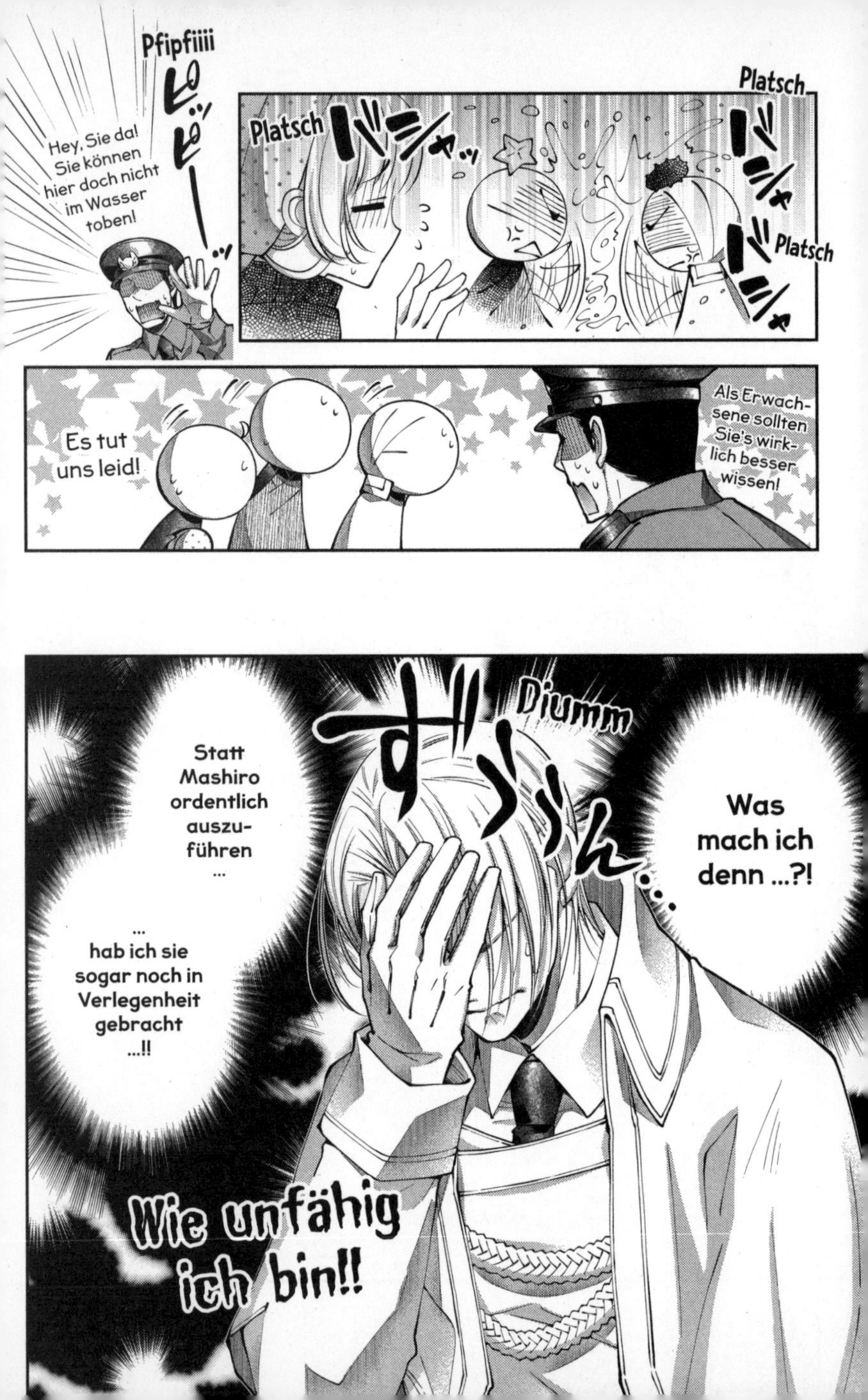

Platsch

Platsch

Platsch

Pfipfiiii

Hey, Sie da! Sie können hier doch nicht im Wasser toben!

Als Erwachsene sollten Sie's wirklich besser wissen!

Es tut uns leid!

Diumm

Was mach ich denn ...?!

Statt Mashiro ordentlich auszuführen ...

... hab ich sie sogar noch in Verlegenheit gebracht ...!!

Wie unfähig ich bin!!

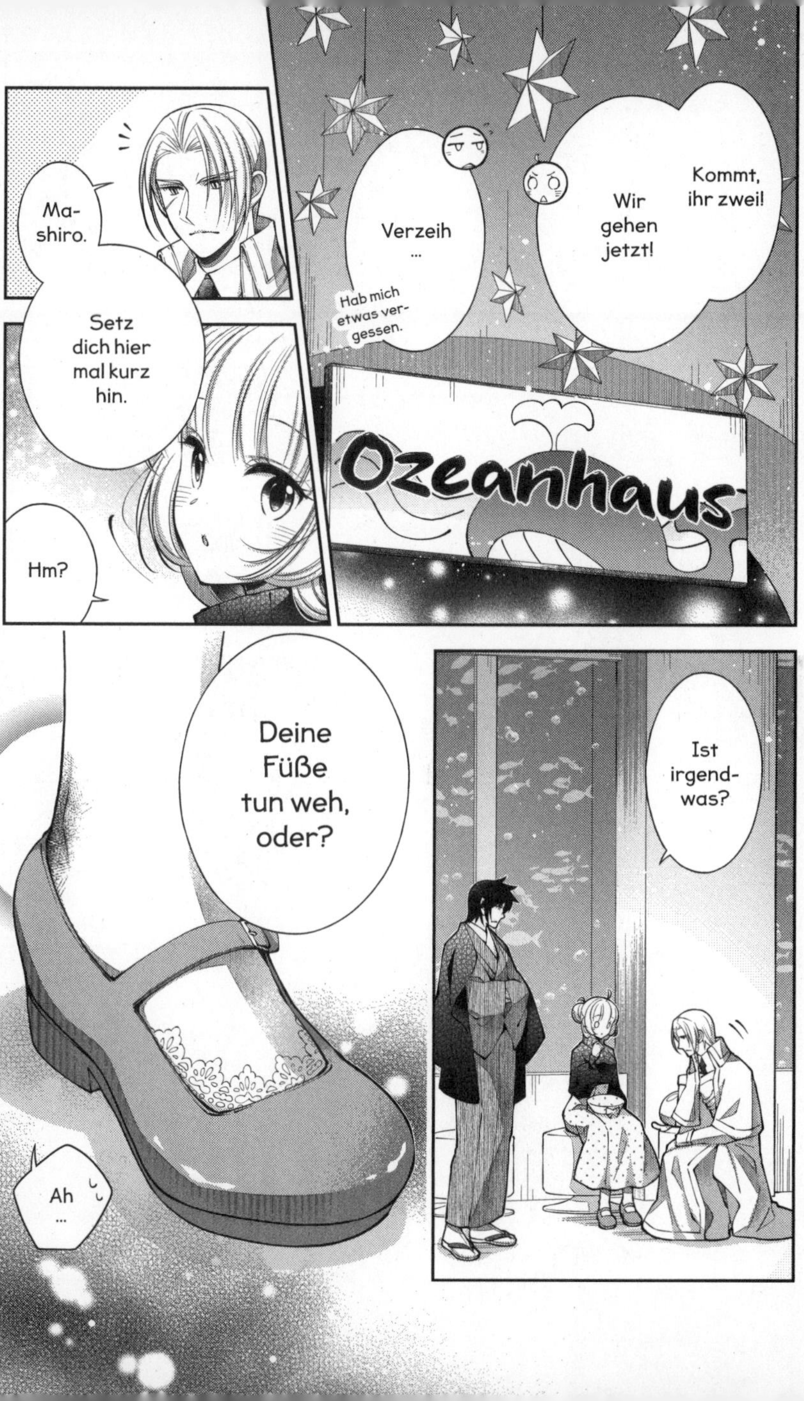

Kommt, ihr zwei!
Wir gehen jetzt!
Verzeih ...
Hab mich etwas vergessen.
Ozeanhaus
Ma-shiro.
Setz dich hier mal kurz hin.
Hm?

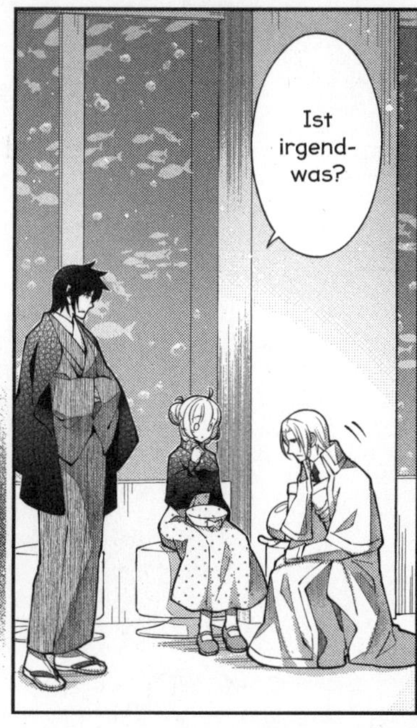

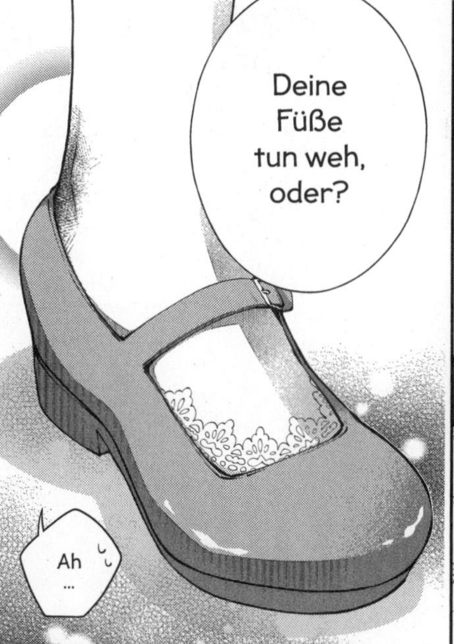

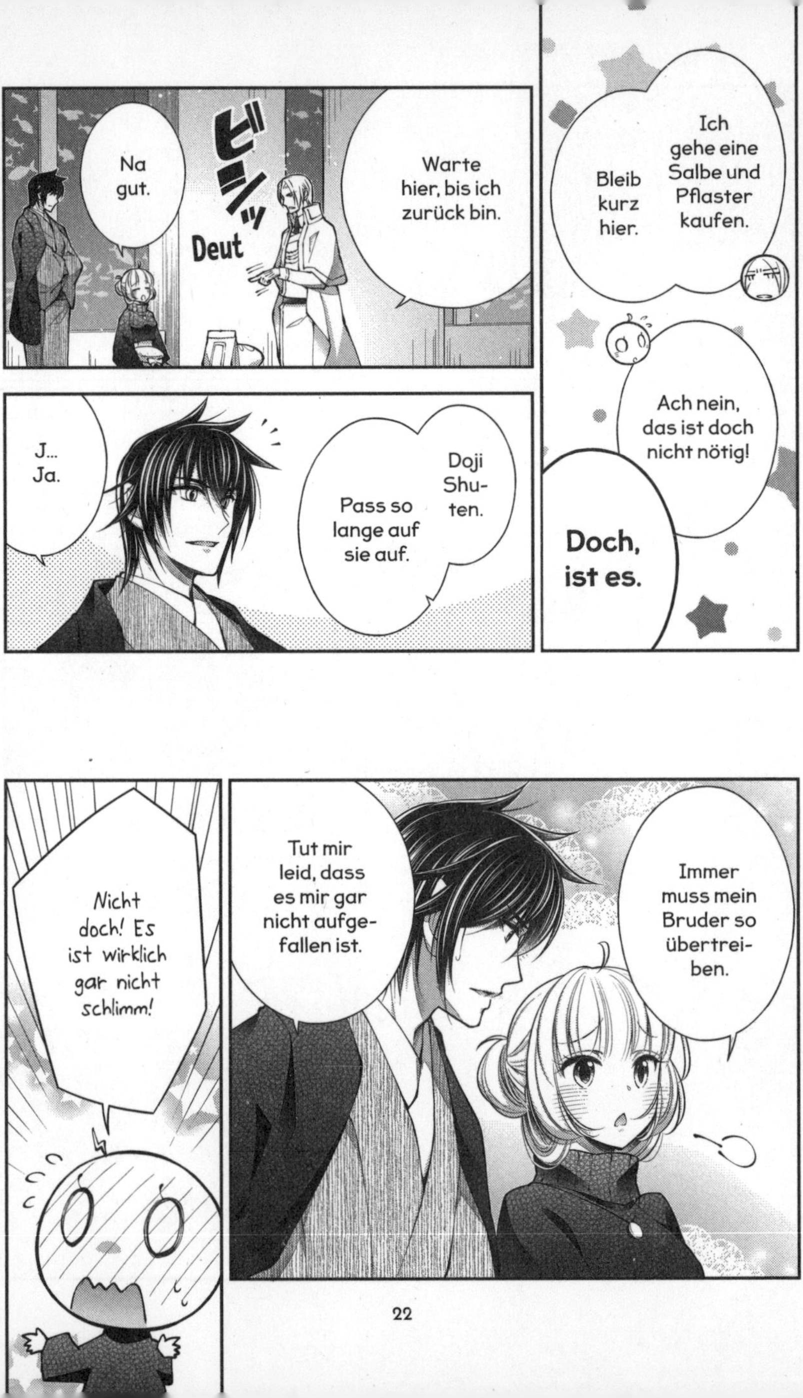

Ich gehe eine Salbe und Pflaster kaufen.

Bleib kurz hier.

Ach nein, das ist doch nicht nötig!

Doch, ist es.

Warte hier, bis ich zurück bin.

Deut

Na gut.

Doji Shuten.

Pass so lange auf sie auf.

J... Ja.

Immer muss mein Bruder so übertreiben.

Tut mir leid, dass es mir gar nicht aufgefallen ist.

Nicht doch! Es ist wirklich gar nicht schlimm!

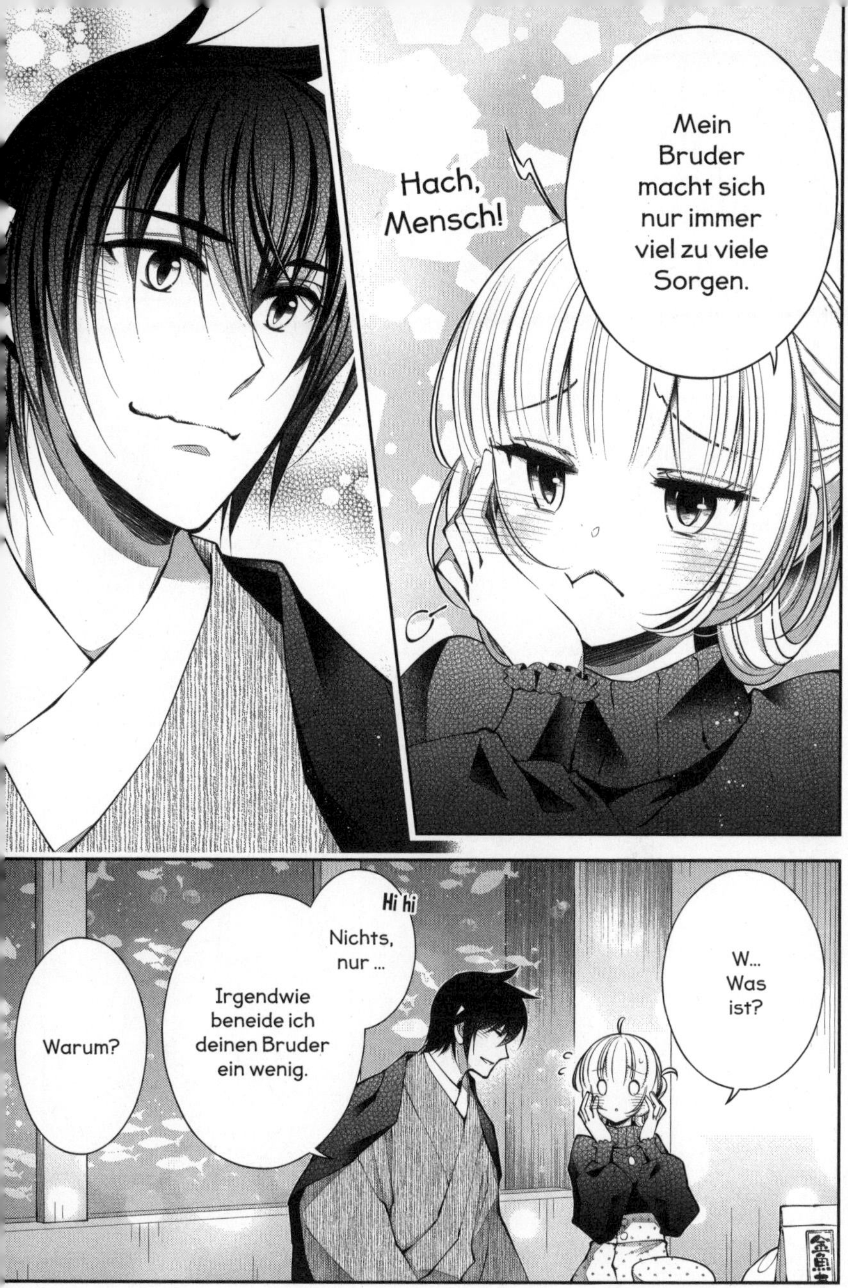

Mein Bruder macht sich nur immer viel zu viele Sorgen.

Hach, Mensch!

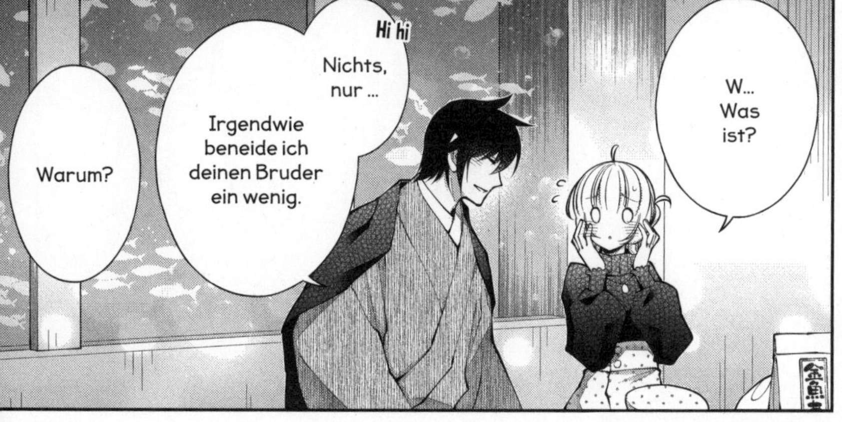

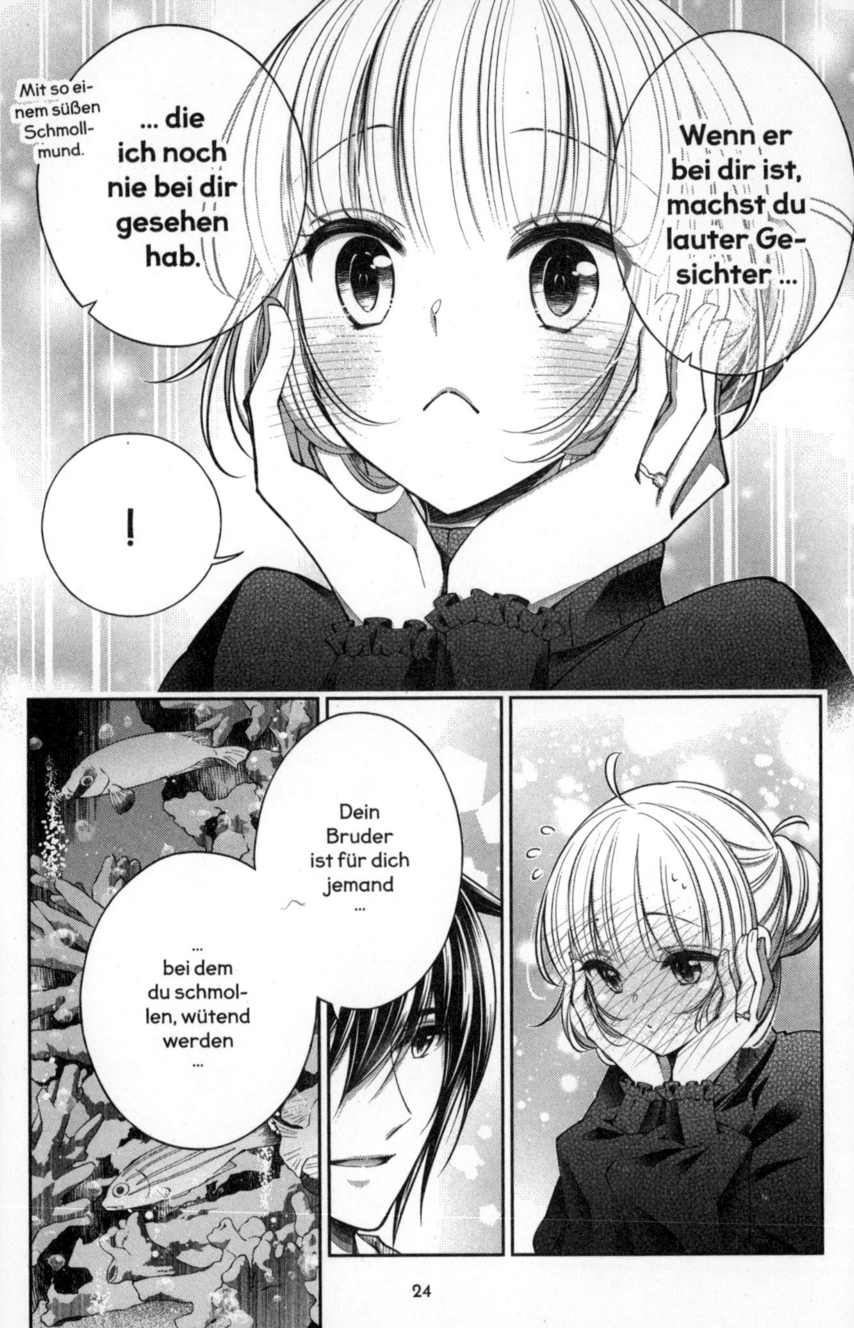
Wenn er bei dir ist, machst du lauter Gesichter ...
... die ich noch nie bei dir gesehen hab.
Mit so einem süßen Schmollmund.
!
Dein Bruder ist für dich jemand ...
... bei dem du schmollen, wütend werden ...

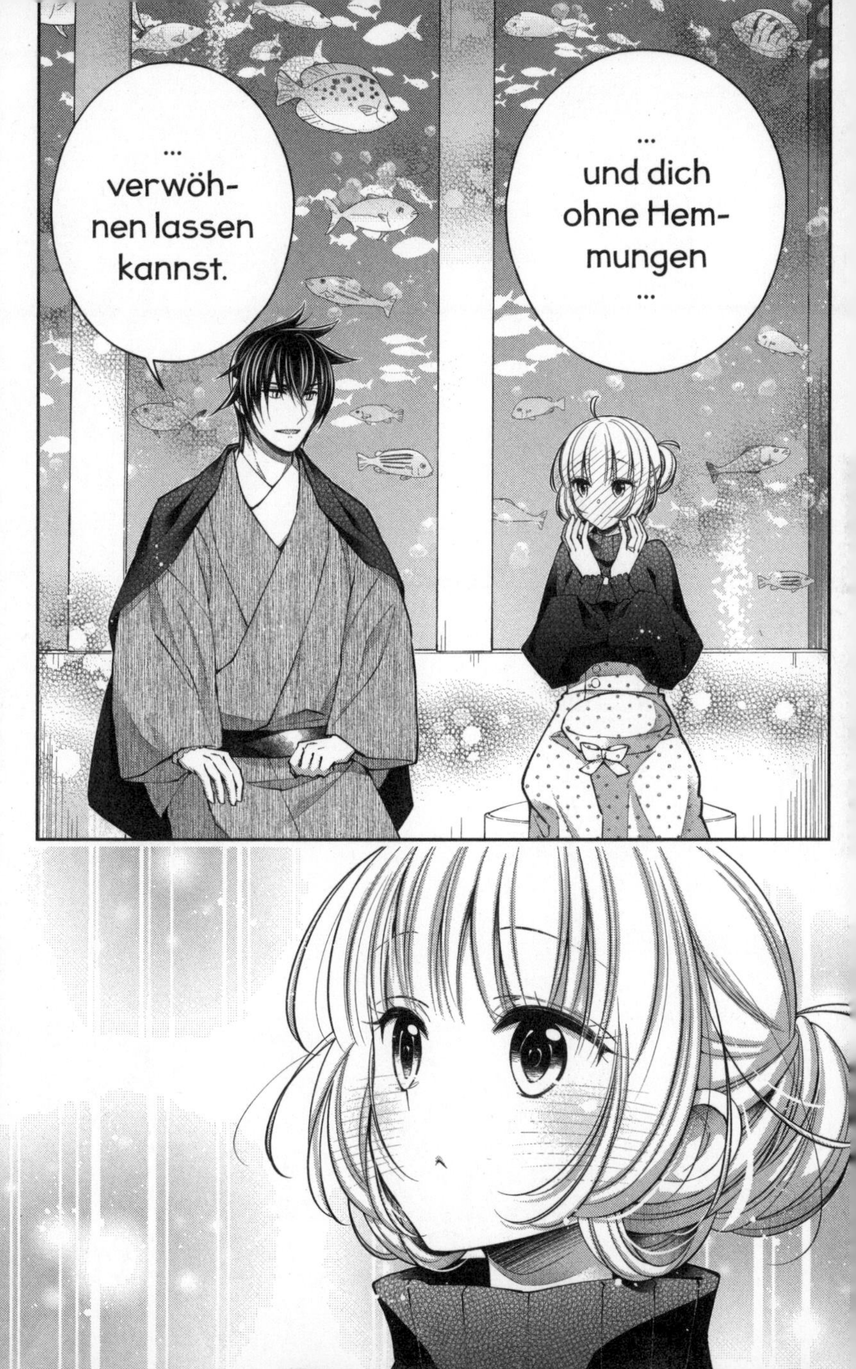
... und dich ohne Hem-mungen ...
... verwöh-nen lassen kannst.

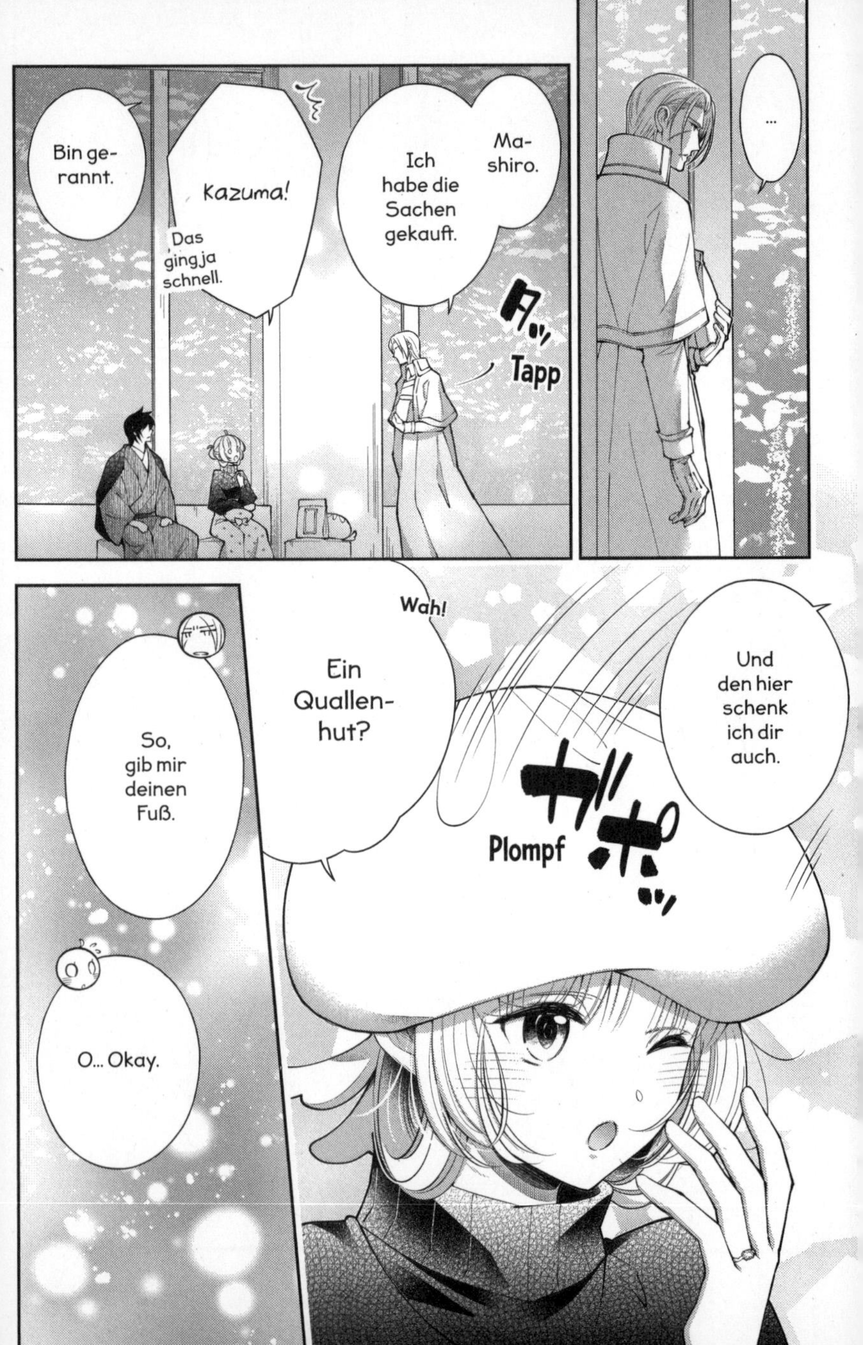
...
Ma-shiro.
Ich habe die Sachen gekauft.
Kazuma!
Das gingja schnell.
Bin ge-rannt.
Tapp
Und den hier schenk ich dir auch.
Plompf
Wah!
Ein Quallen-hut?
So, gib mir deinen Fuß.
O... Okay.

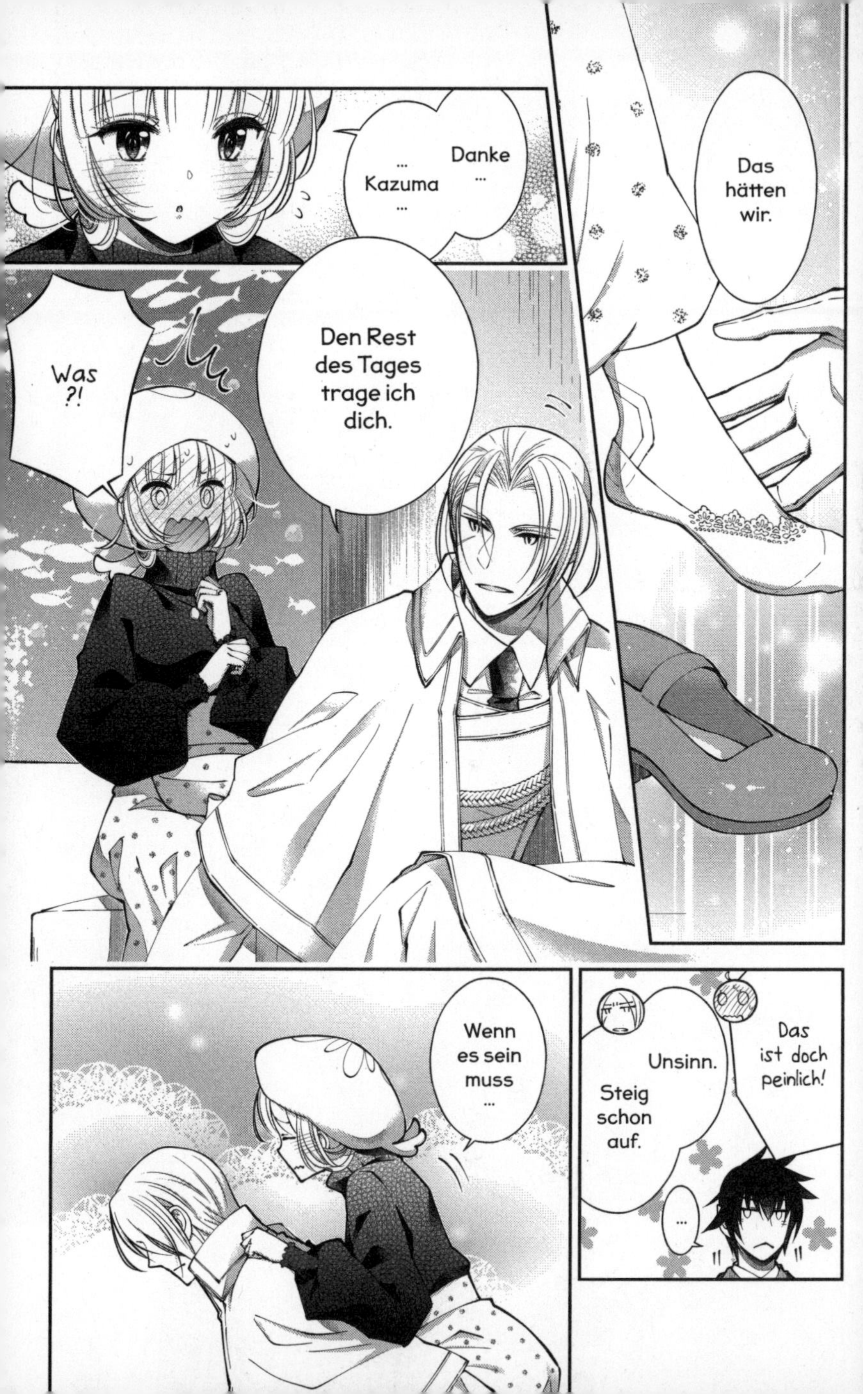
Das hätten wir.
Danke … Kazuma …
Den Rest des Tages trage ich dich.
Was ?!
Das ist doch peinlich!
Unsinn. Steig schon auf.
…
Wenn es sein muss …

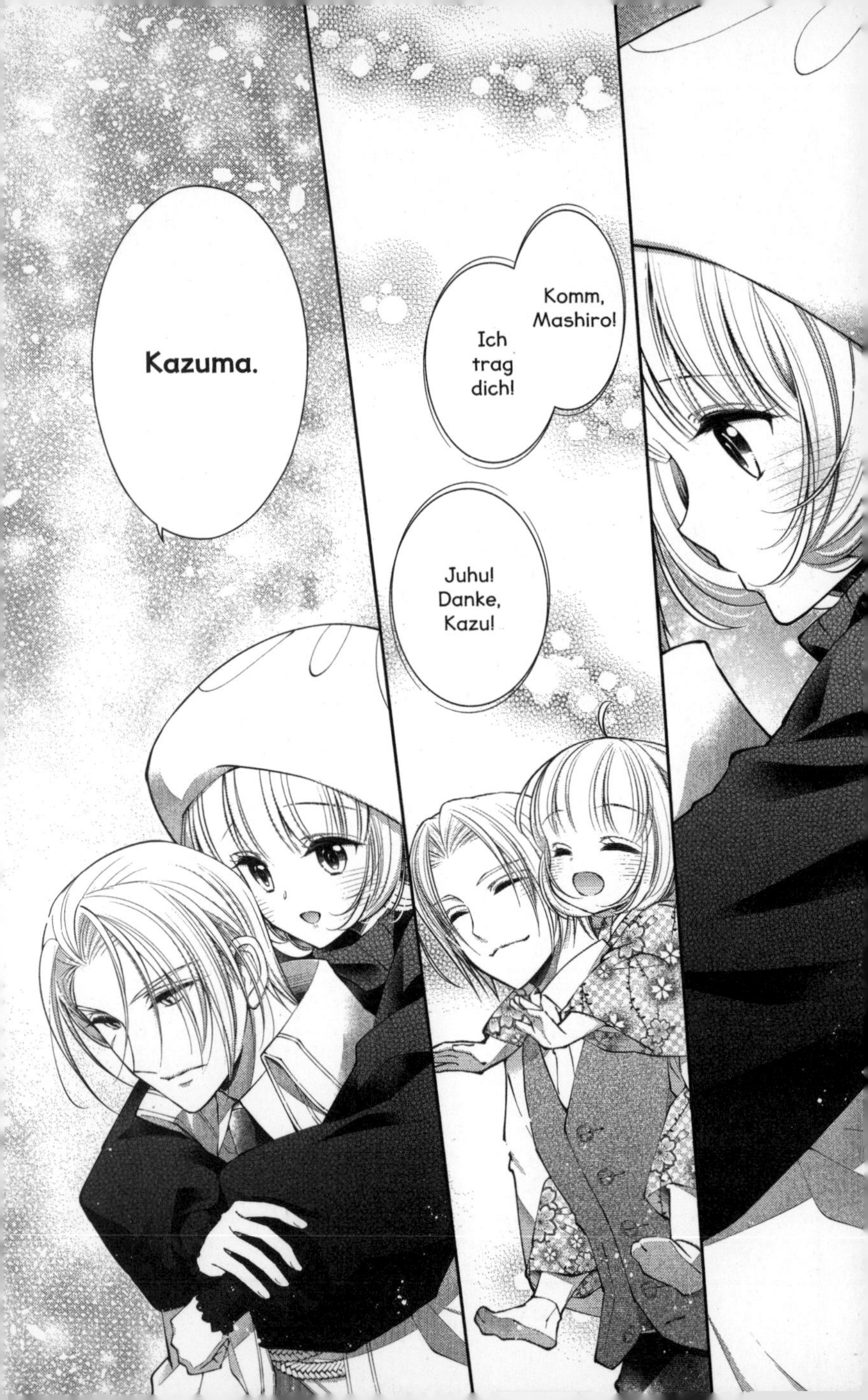
Komm, Mashiro! Ich trag dich!
Juhu! Danke, Kazu!
Kazuma.

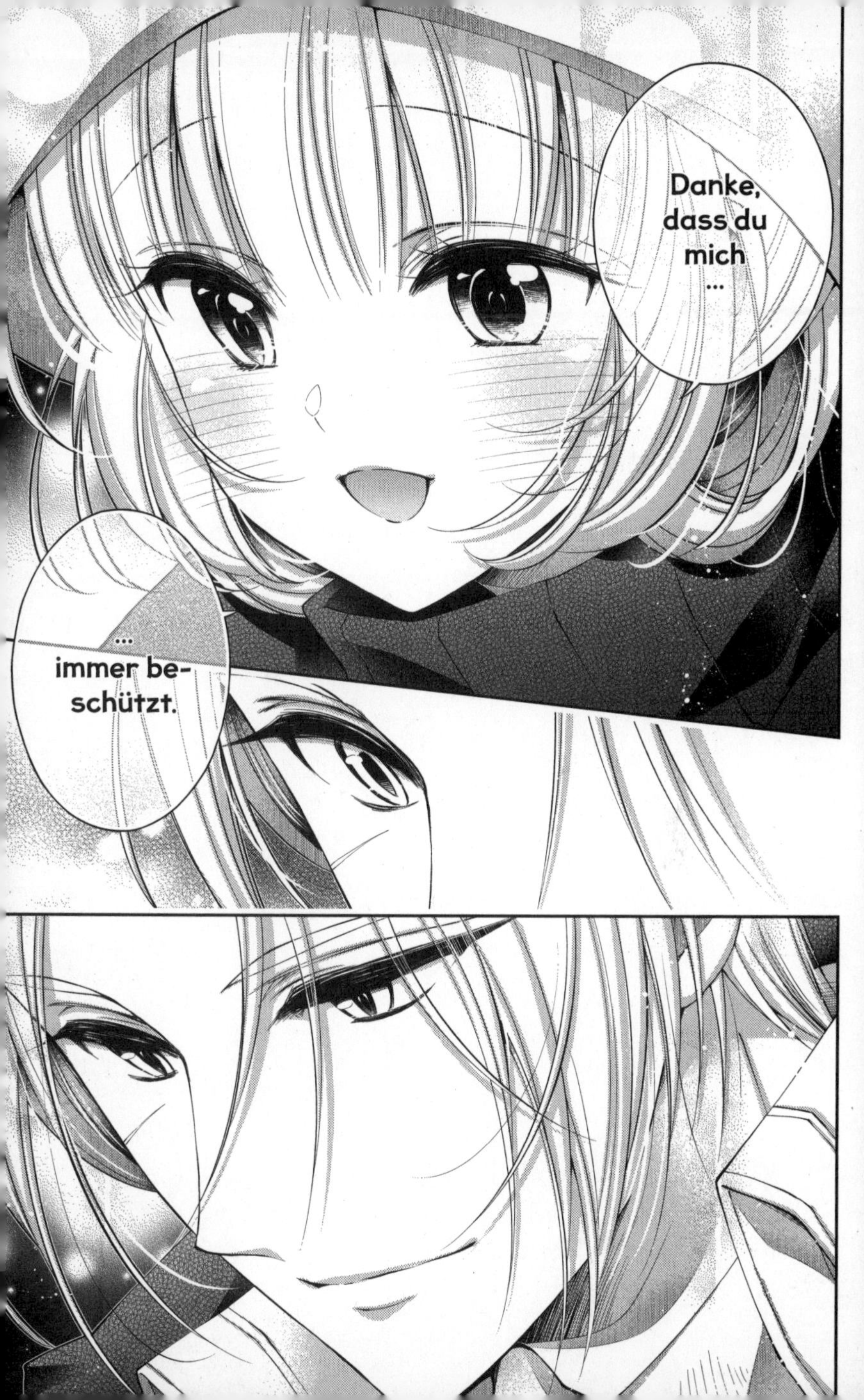
Danke, dass du mich …
… immer beschützt.

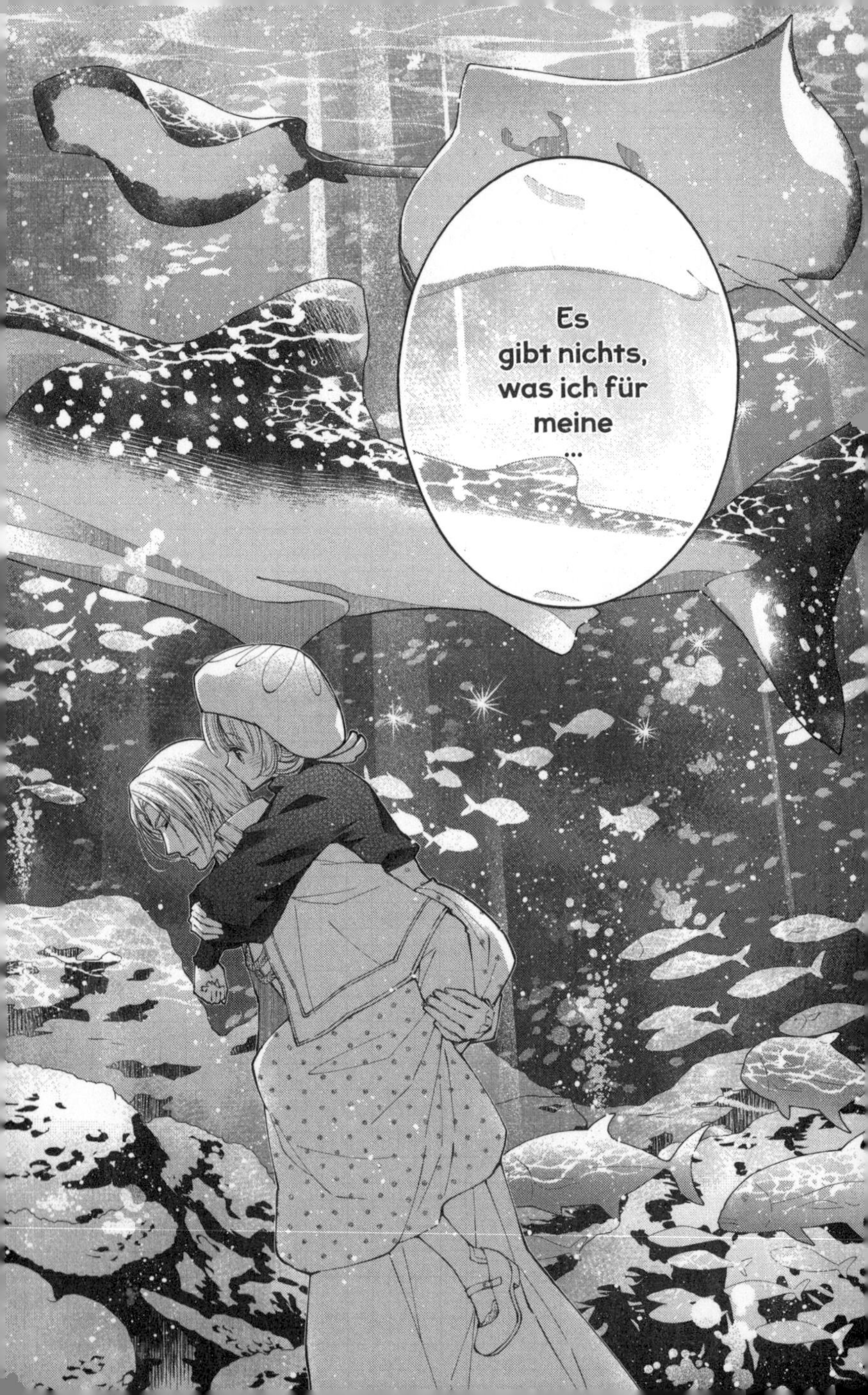
Es gibt nichts, was ich für meine ...

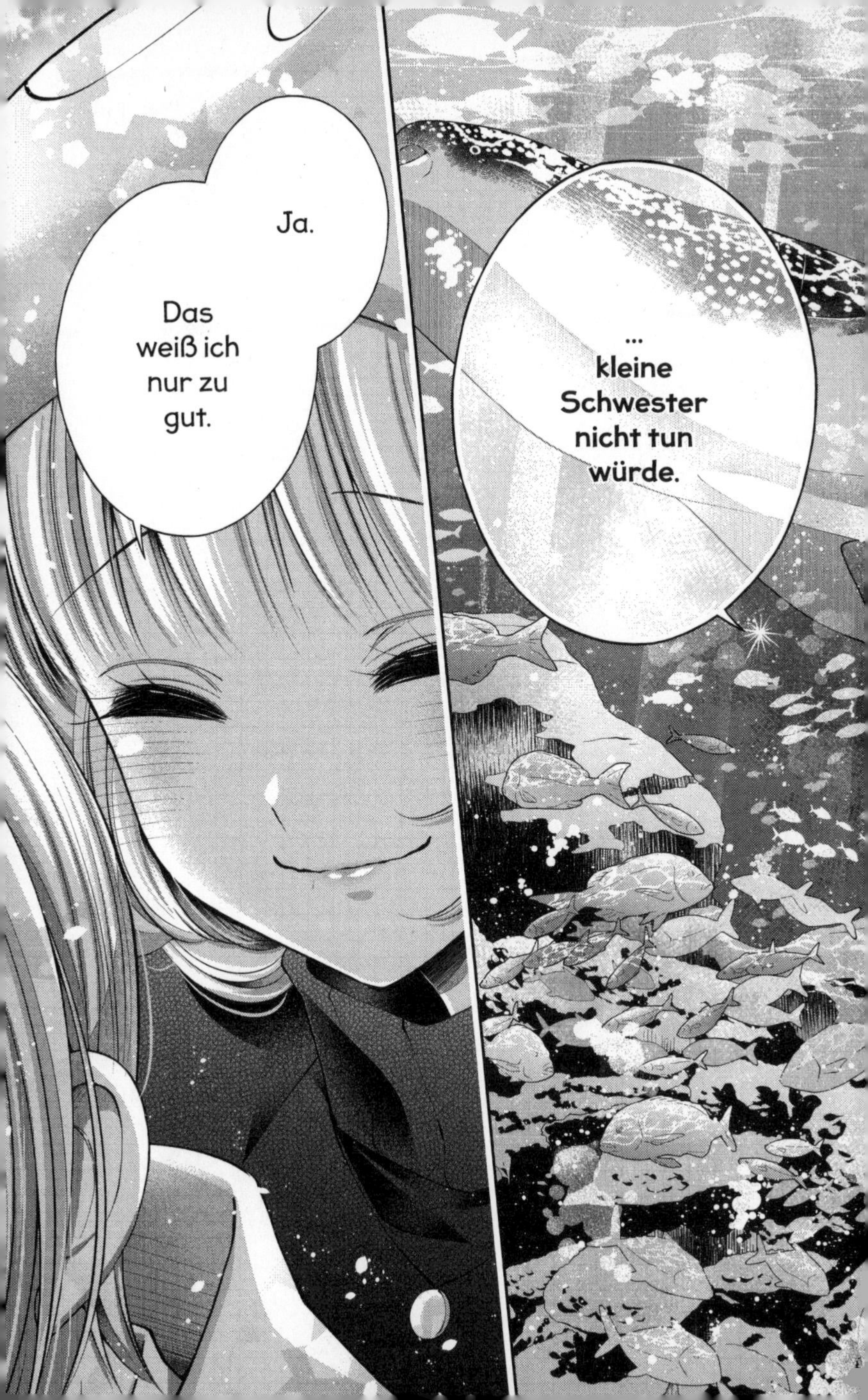
... kleine Schwester nicht tun würde.
Ja.
Das weiß ich nur zu gut.

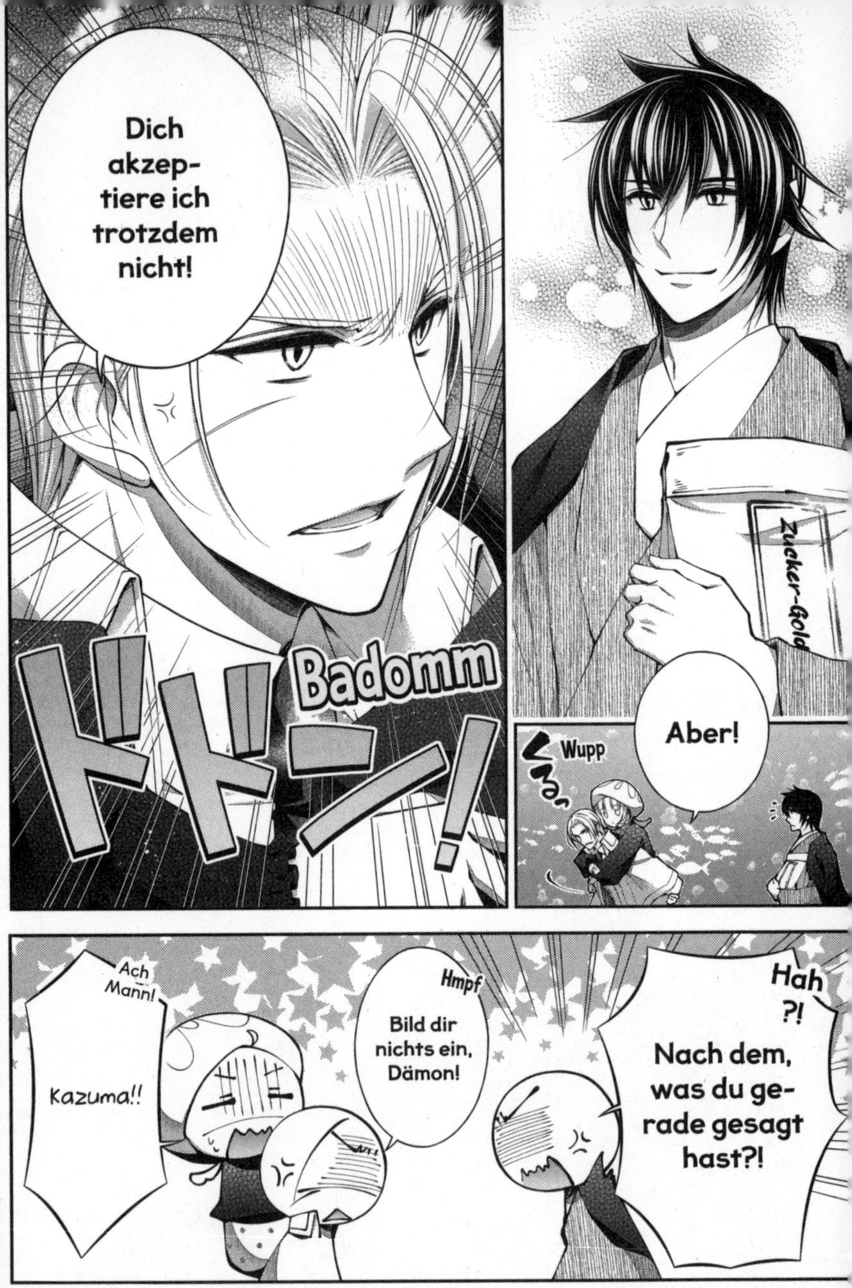

Zucker-Gold

Wupp

Aber!

Dich akzeptiere ich trotzdem nicht!

Badomm

ドドーン!

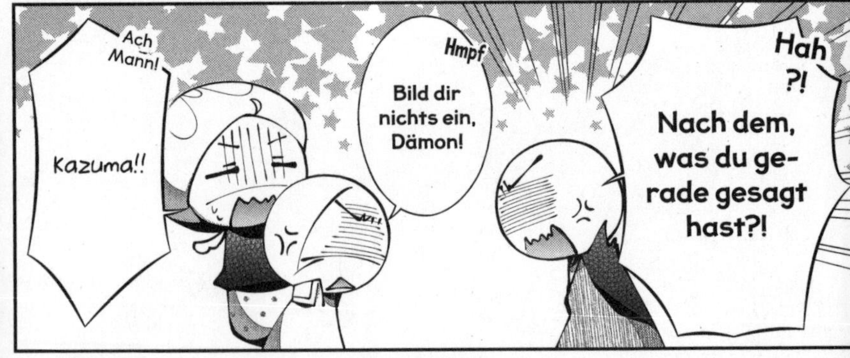

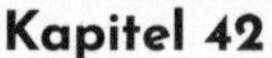

Kapitel 42

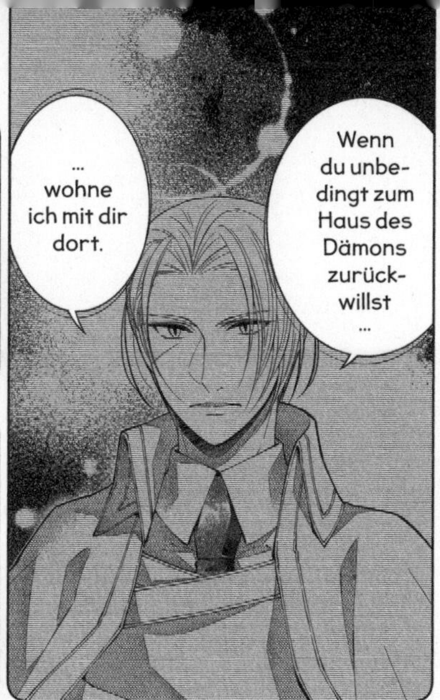
Wenn du unbedingt zum Haus des Dämons zurückwillst ...
... wohne ich mit dir dort.

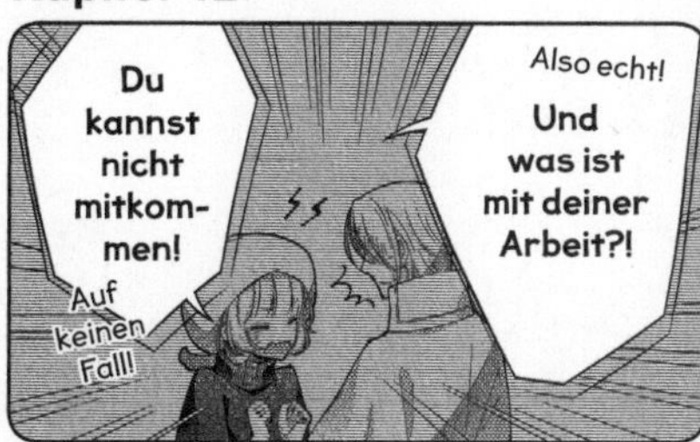
Also echt!
Und was ist mit deiner Arbeit?!
Du kannst nicht mitkommen!
Auf keinen Fall!

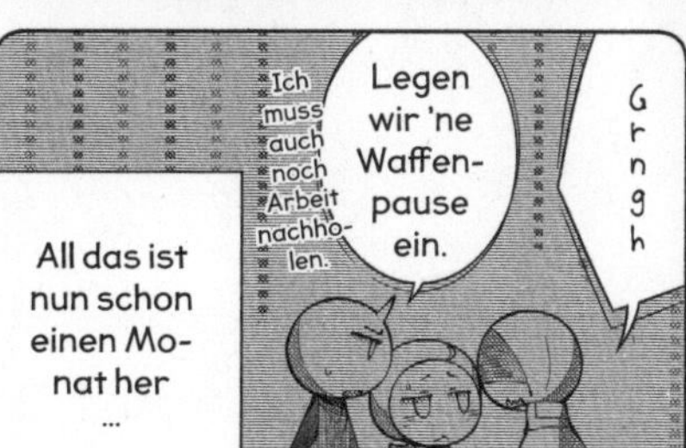
Grngh
Legen wir 'ne Waffenpause ein.
Ich muss auch noch Arbeit nachholen.
All das ist nun schon einen Monat her ...

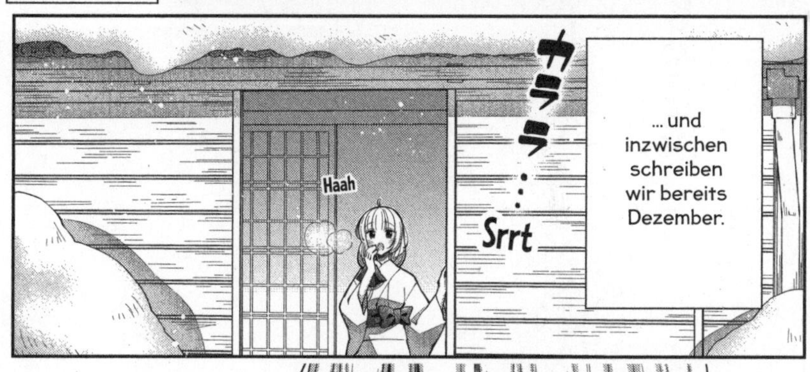
... und inzwischen schreiben wir bereits Dezember.
Srrt
Haah

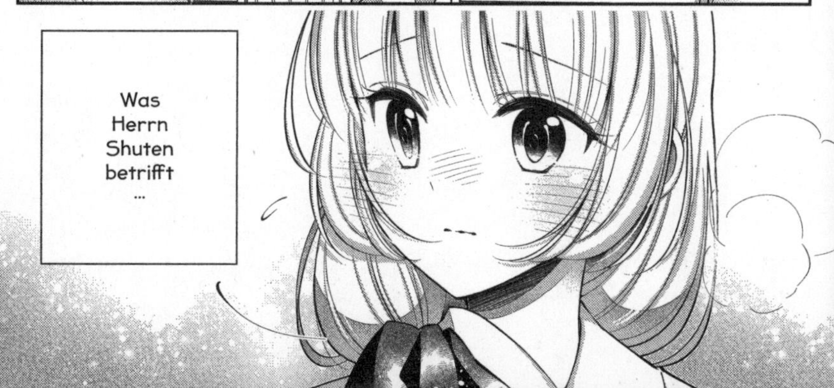
Was Herrn Shuten betrifft ...

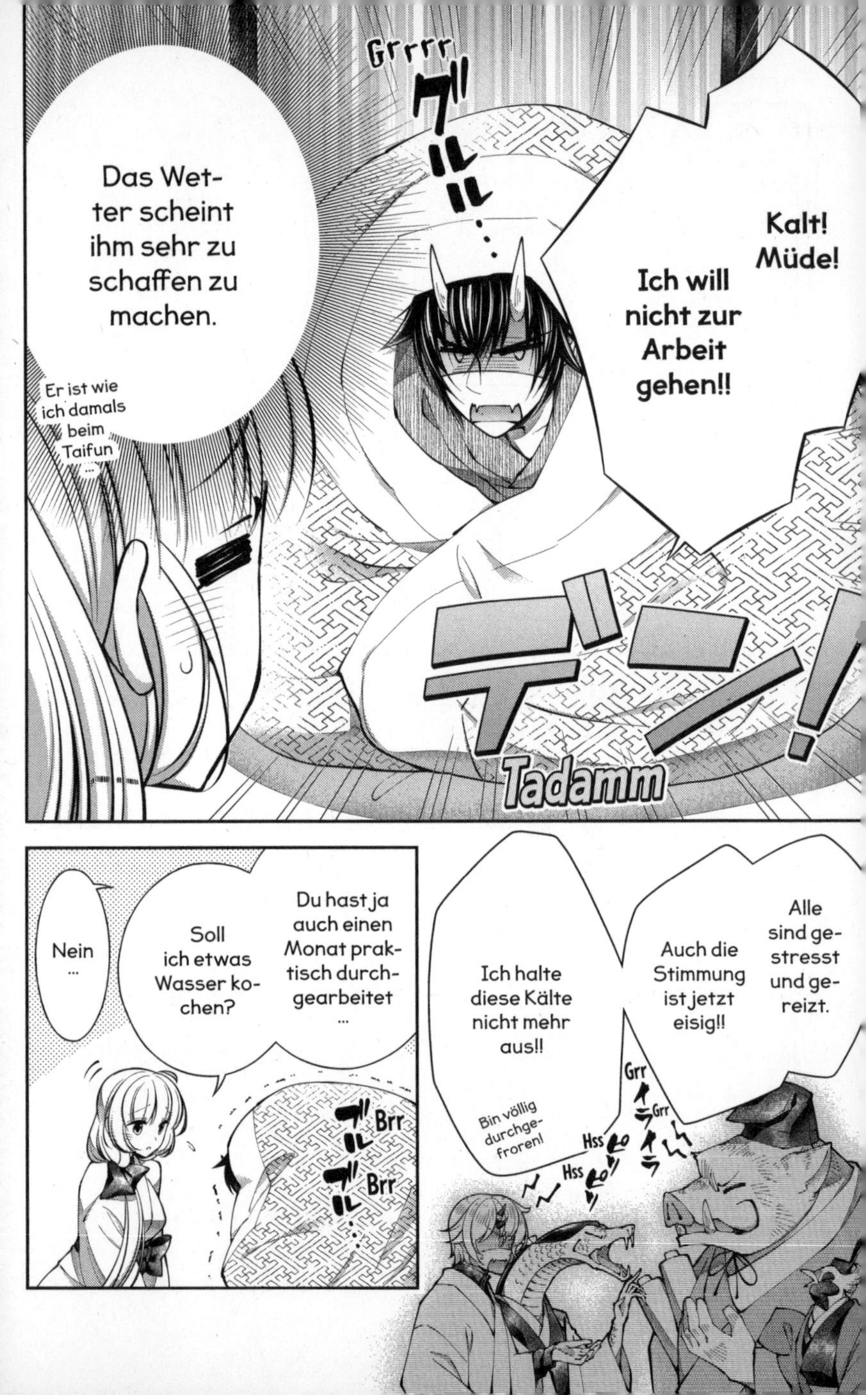
Grrrr
Kalt! Müde!
Ich will nicht zur Arbeit gehen!!
Das Wetter scheint ihm sehr zu schaffen zu machen.
Er ist wie ich damals beim Taifun ...
Tadamm
Alle sind gestresst und gereizt.
Auch die Stimmung ist jetzt eisig!!
Ich halte diese Kälte nicht mehr aus!!
Bin völlig durchgefroren!
Grr
Grr
Hss
Hss
Du hast ja auch einen Monat praktisch durchgearbeitet ...
Soll ich etwas Wasser kochen?
Nein ...
Brr
Brr

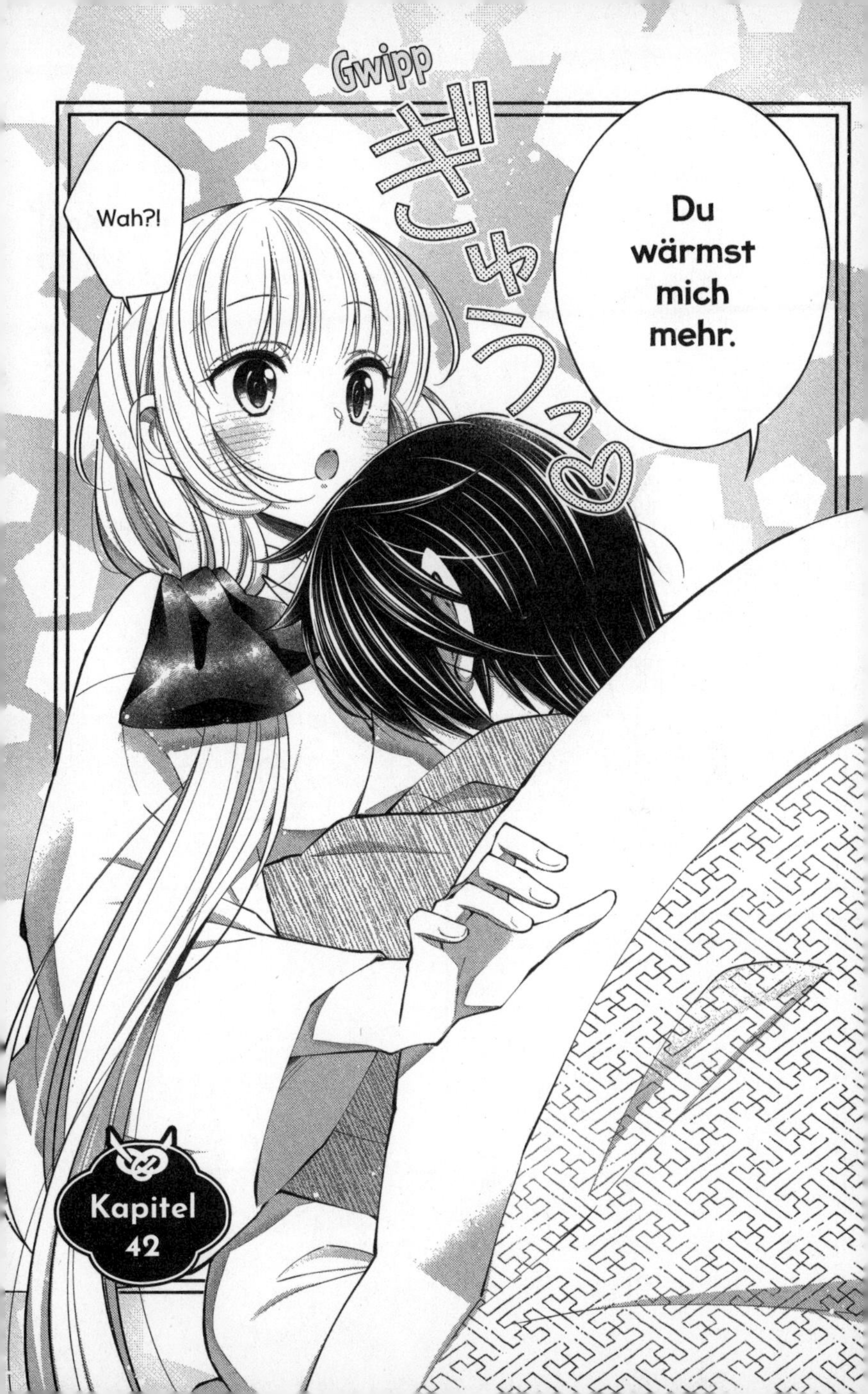
Du wärmst mich mehr.
Gwipp
ぎゅううっ
Wah?!
Kapitel 42

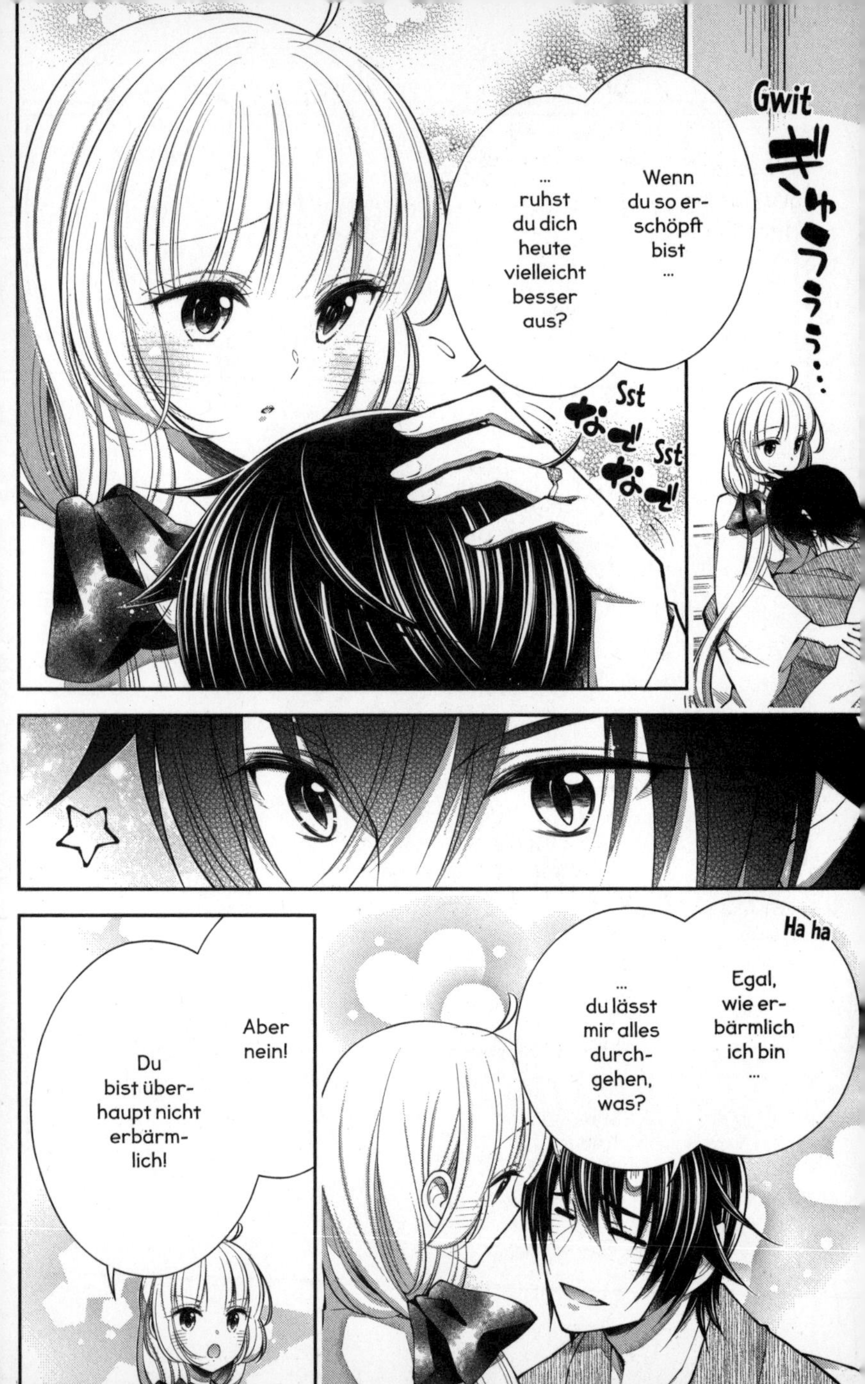
Gwit
ぎゅううう…
Wenn du so erschöpft bist …
… ruhst du dich heute vielleicht besser aus?
Sst なで Sst なで
Ha ha
Egal, wie erbärmlich ich bin …
… du lässt mir alles durchgehen, was?
Aber nein!
Du bist überhaupt nicht erbärmlich!

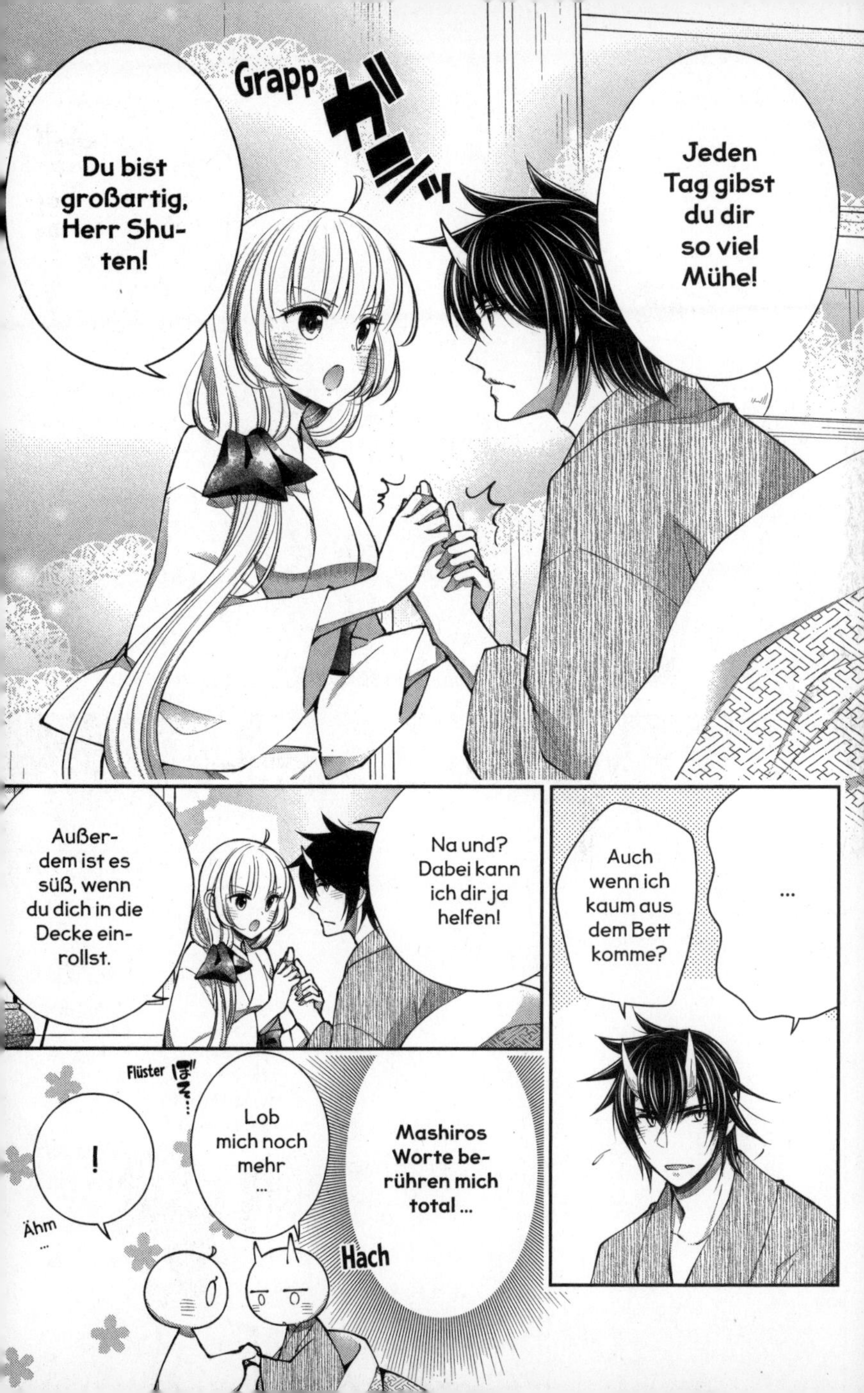
Jeden Tag gibst du dir so viel Mühe!
Grapp
Du bist großartig, Herr Shu-ten!
Na und? Dabei kann ich dir ja helfen!
Außer-dem ist es süß, wenn du dich in die Decke ein-rollst.
...
Auch wenn ich kaum aus dem Bett komme?
Mashiros Worte be-rühren mich total ...
Hach
Flüster
Lob mich noch mehr ...
!
Ähm ...

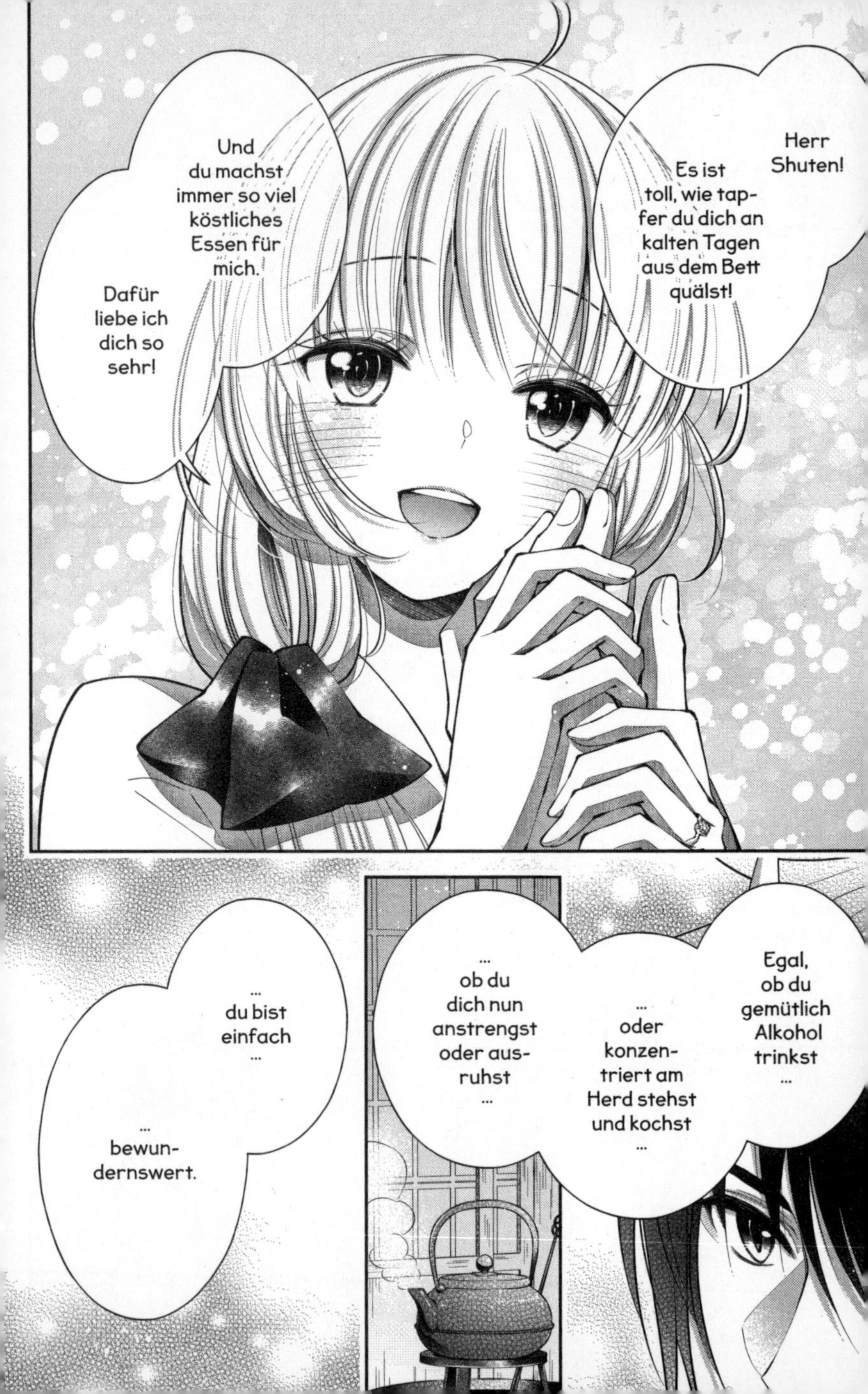
Herr Shuten!
Es ist toll, wie tapfer du dich an kalten Tagen aus dem Bett quälst!
Und du machst immer so viel köstliches Essen für mich.
Dafür liebe ich dich so sehr!
Egal, ob du gemütlich Alkohol trinkst ...
... oder konzentriert am Herd stehst und kochst ...
... ob du dich nun anstrengst oder ausruhst ...
... du bist einfach ...
... bewundernswert.

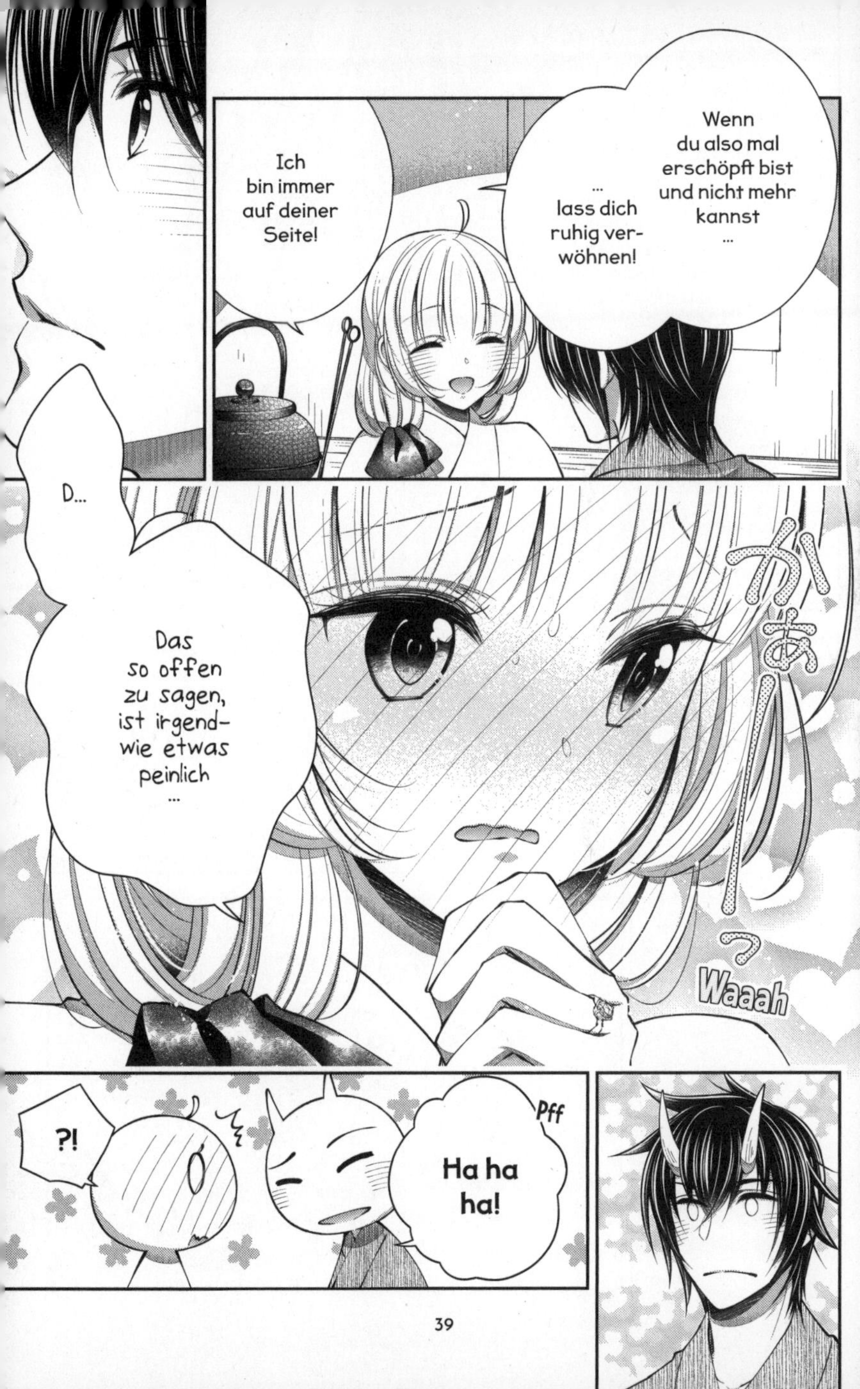
Wenn du also mal erschöpft bist und nicht mehr kannst ...
... lass dich ruhig verwöhnen!
Ich bin immer auf deiner Seite!
かぁーっ
Waaah
D...
Das so offen zu sagen, ist irgendwie etwas peinlich ...
Pff
Ha ha ha!
?!

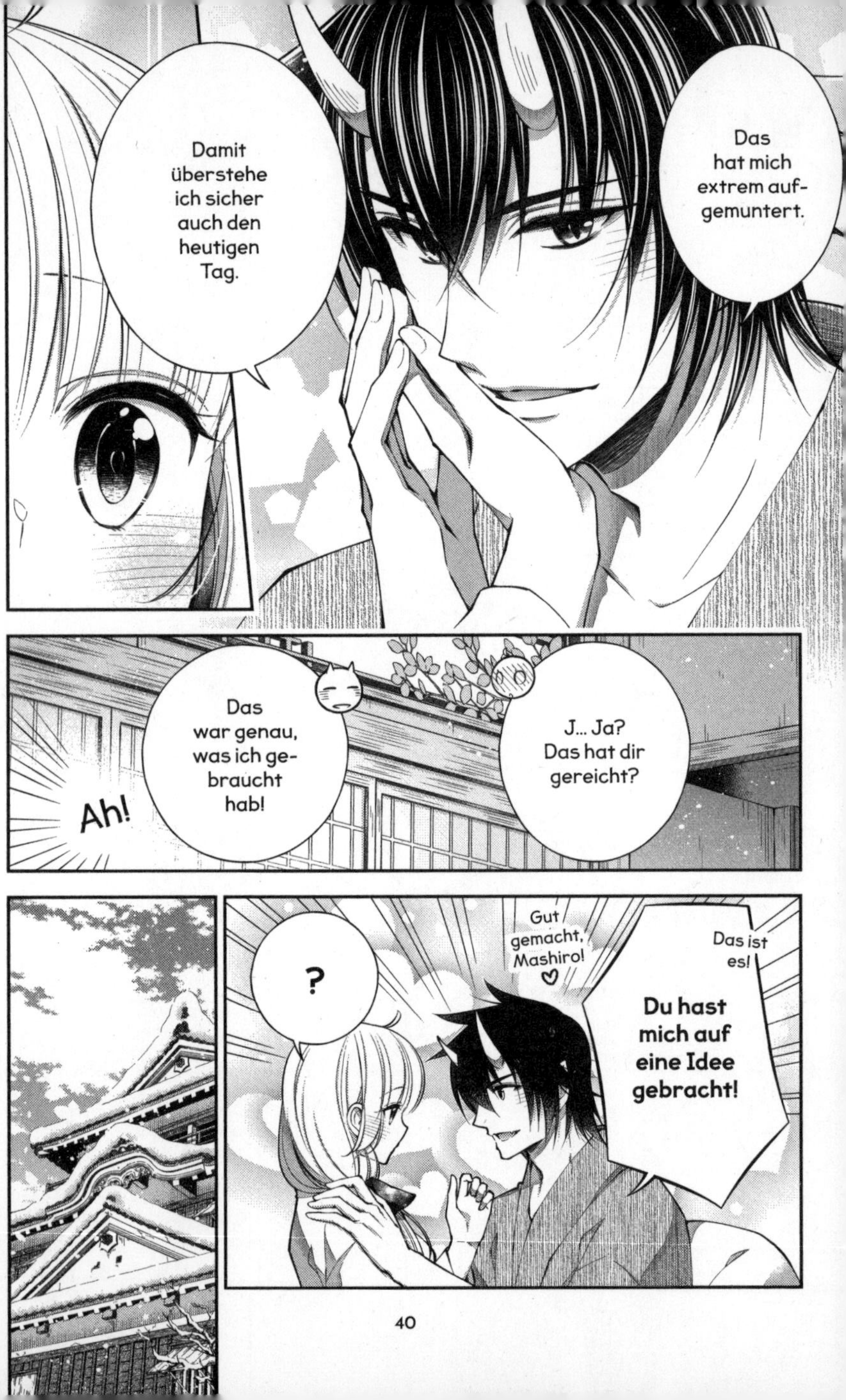

Das hat mich extrem aufgemuntert.

Damit überstehe ich sicher auch den heutigen Tag.

J... Ja? Das hat dir gereicht?

Ah!

Das war genau, was ich gebraucht hab!

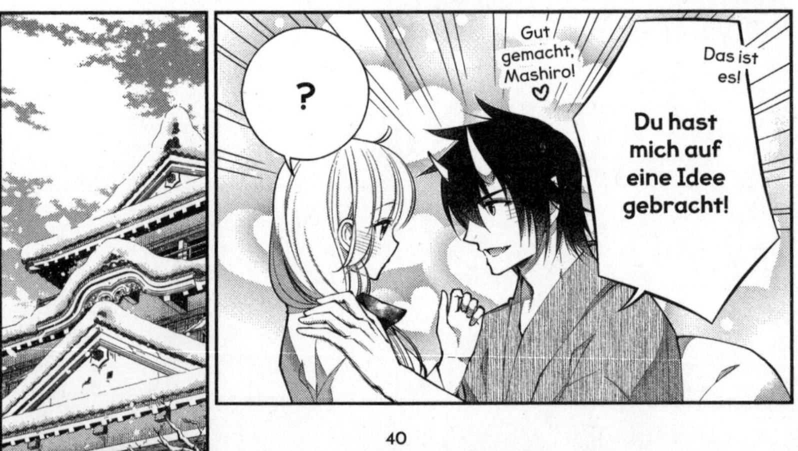

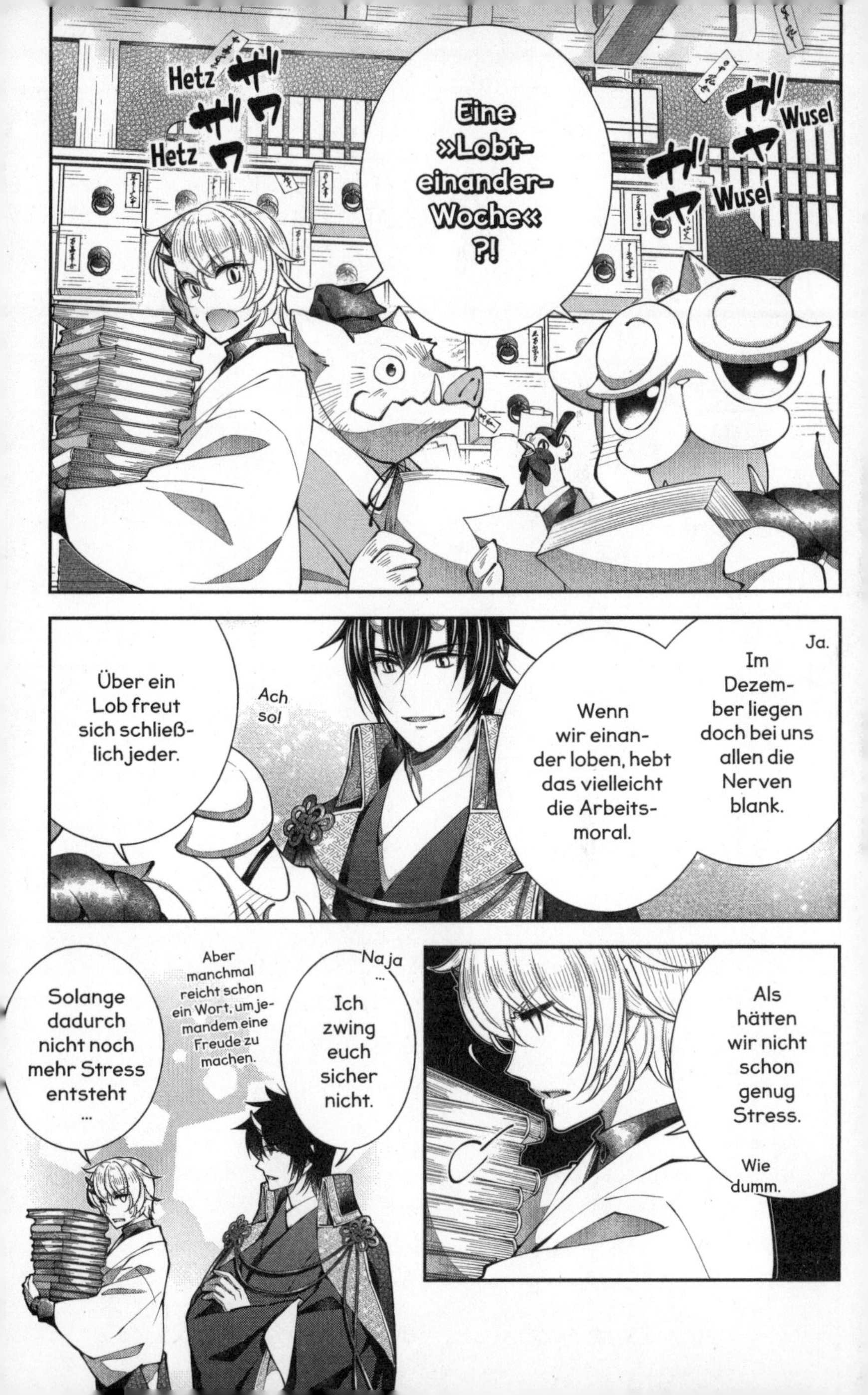

Wusel Wusel
Eine »Lobt-einander-Woche«?!
Hetz Hetz

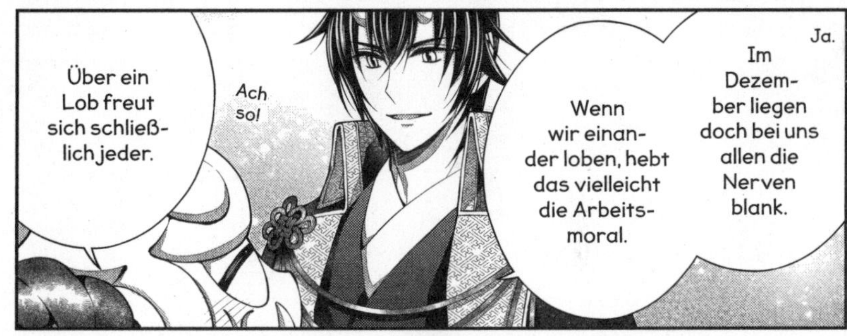

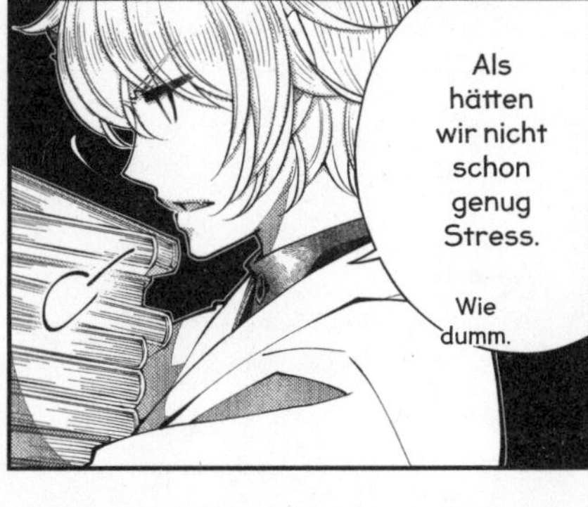

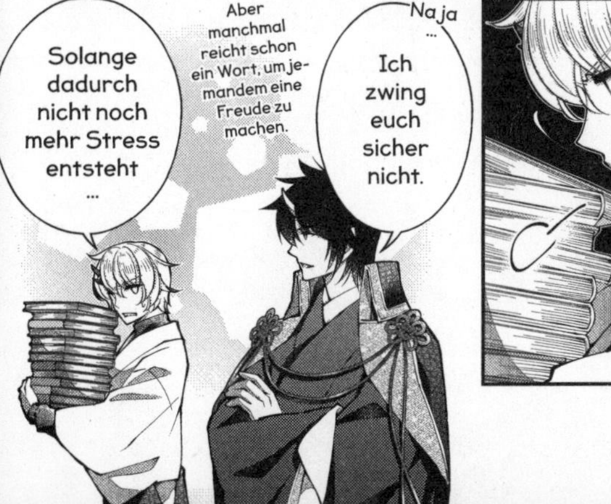

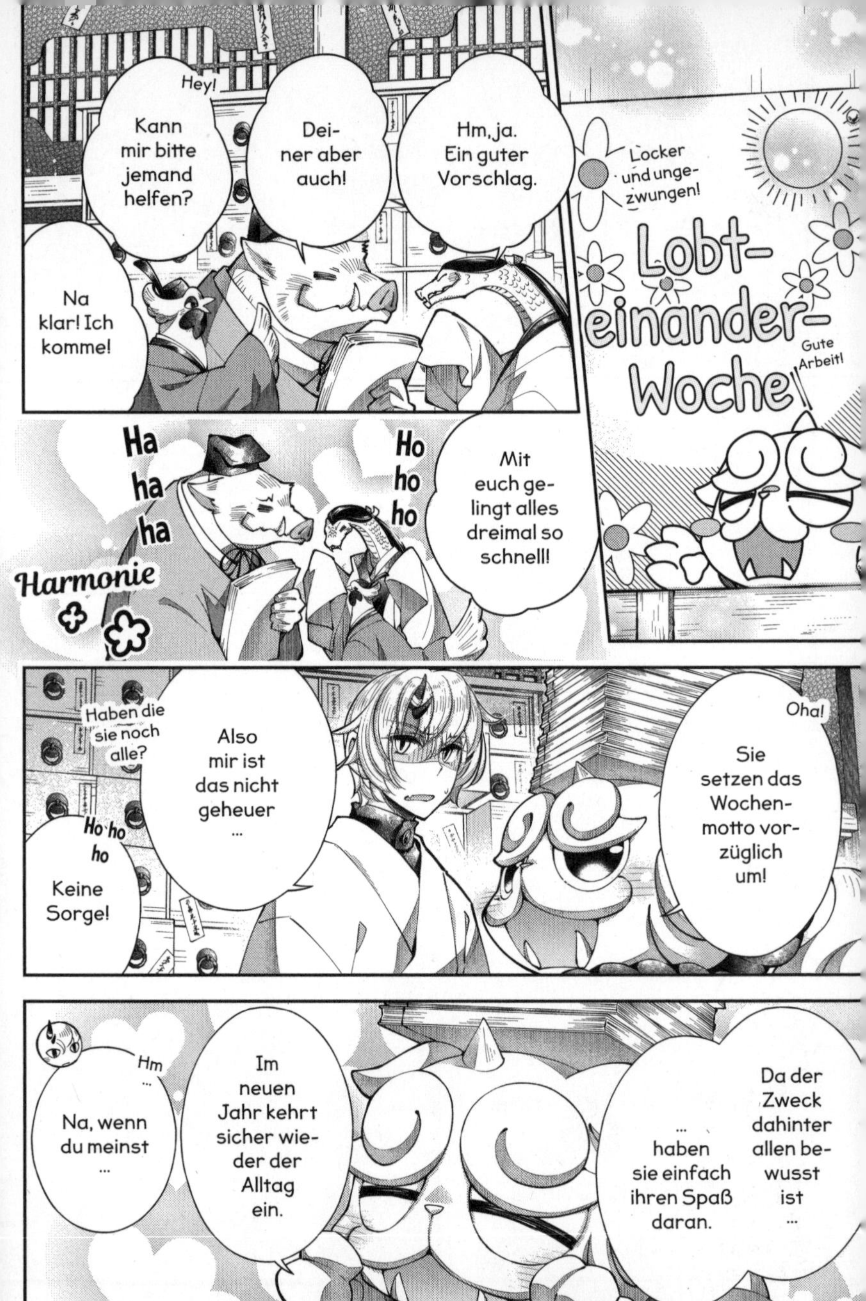
Lobt-einander-Woche
Locker und unge-zwungen!
Gute Arbeit!
Hm, ja. Ein guter Vorschlag.
Dei-ner aber auch!
Hey!
Kann mir bitte jemand helfen?
Na klar! Ich komme!
Mit euch ge-lingt alles dreimal so schnell!
Ho ho ho
Ha ha ha
Harmonie
Oha!
Sie setzen das Wochen-motto vor-züglich um!
Also mir ist das nicht geheuer ...
Haben die sie noch alle?
Ho ho ho
Keine Sorge!
Da der Zweck dahinter allen be-wusst ist ...
... haben sie einfach ihren Spaß daran.
Im neuen Jahr kehrt sicher wie-der der Alltag ein.
Hm ...
Na, wenn du meinst ...

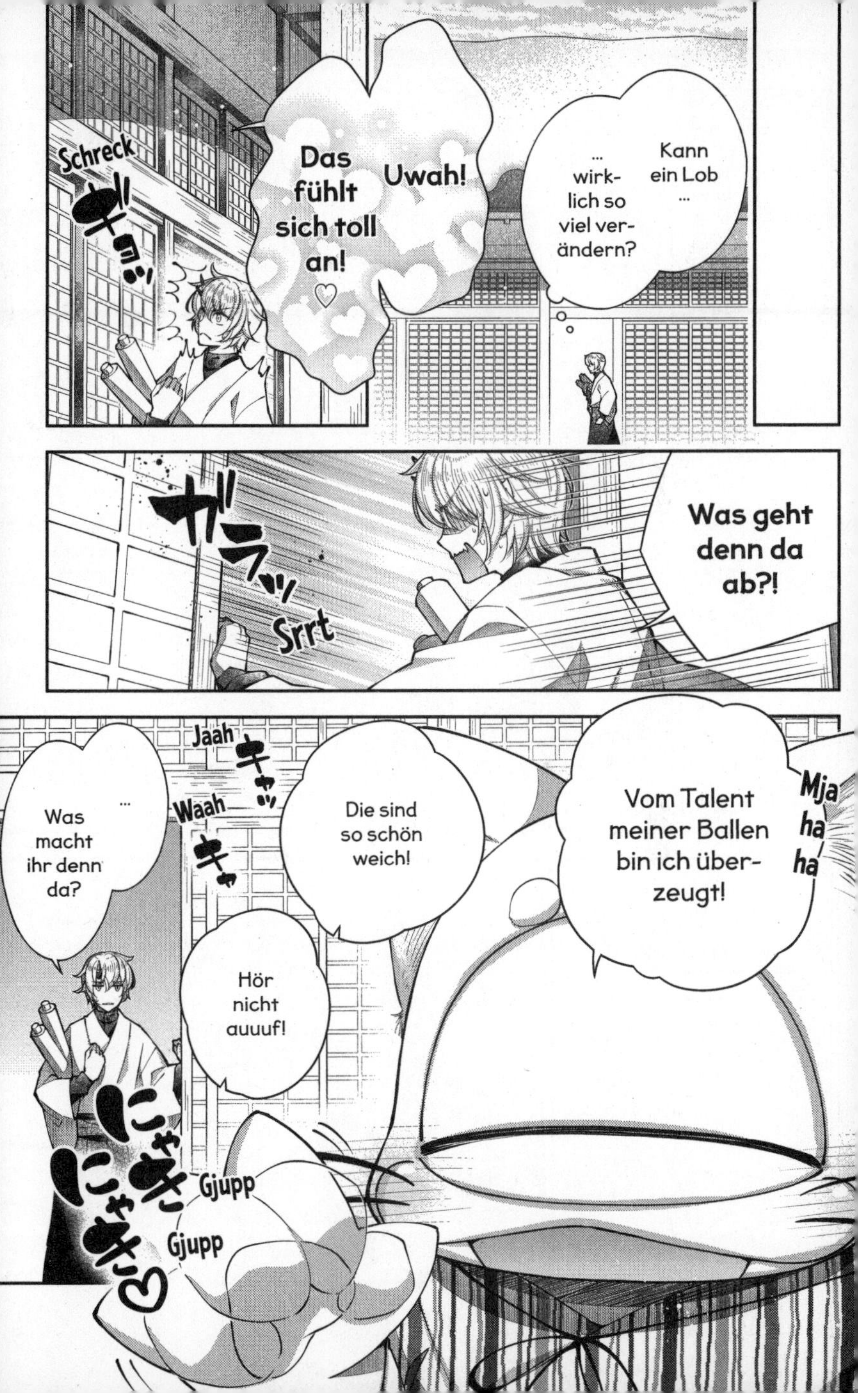
Kann ein Lob …
… wirklich so viel verändern?
Uwah!
Das fühlt sich toll an! ♡
Schreck
Was geht denn da ab?!
Srrt
Vom Talent meiner Ballen bin ich überzeugt!
Mja ha ha ha
Die sind so schön weich!
Jaah
Waah
… Was macht ihr denn da?
Hör nicht auuuf!
Gjupp
Gjupp

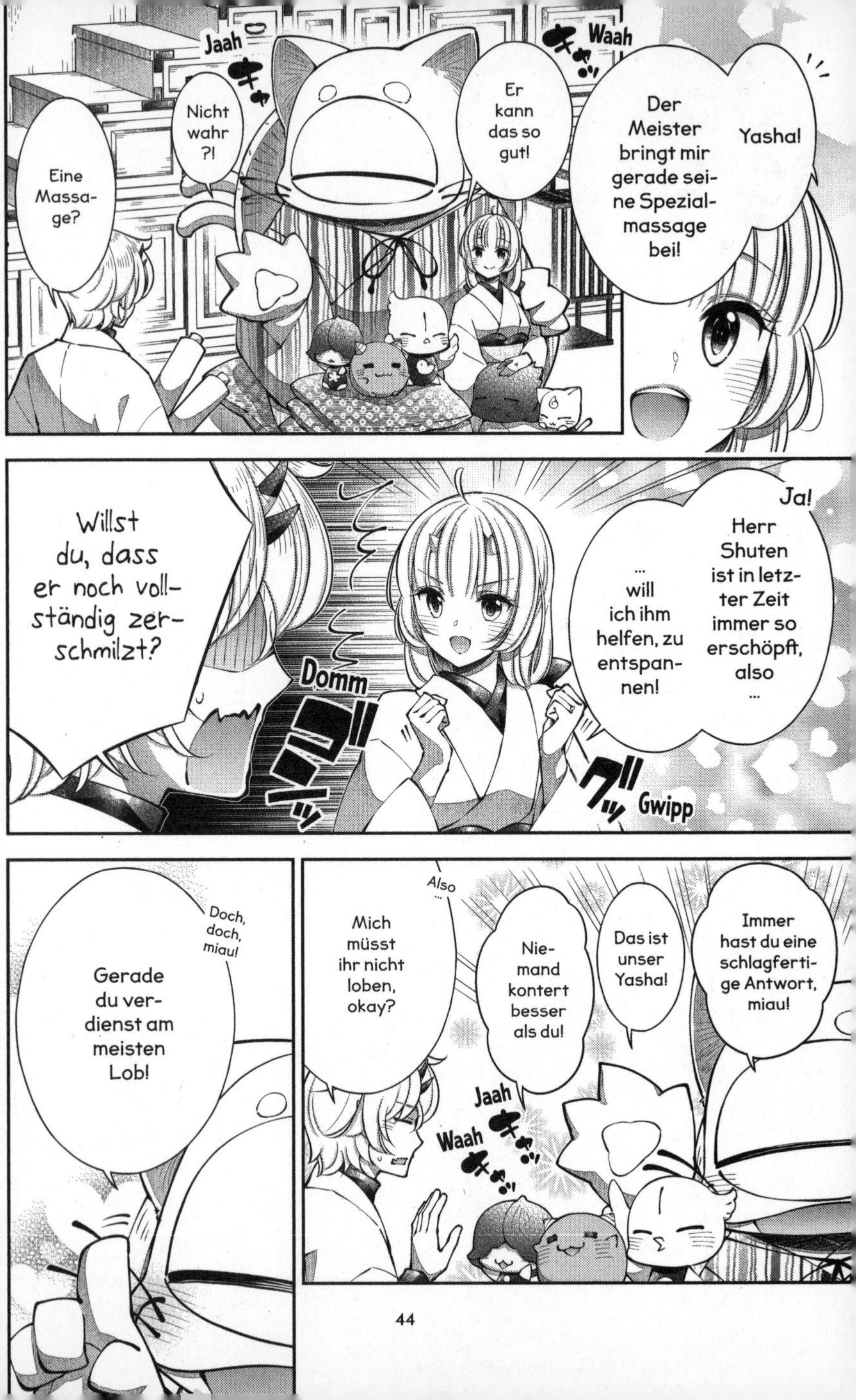

Waah

Yasha!

Der Meister bringt mir gerade seine Spezialmassage bei!

Er kann das so gut!

Jaah

Nicht wahr?!

Eine Massage?

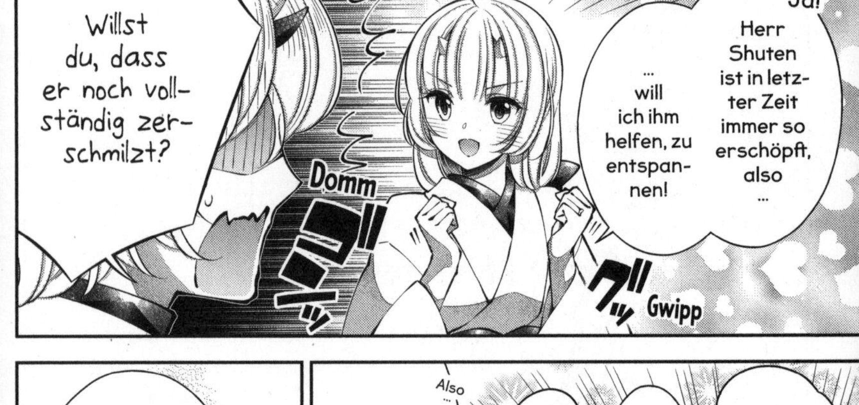

Immer hast du eine schlagfertige Antwort, miau!

Das ist unser Yasha!

Niemand kontert besser als du!

Jaah

Waah

Also ...

Mich müsst ihr nicht loben, okay?

Doch, doch, miau!

Gerade du verdienst am meisten Lob!

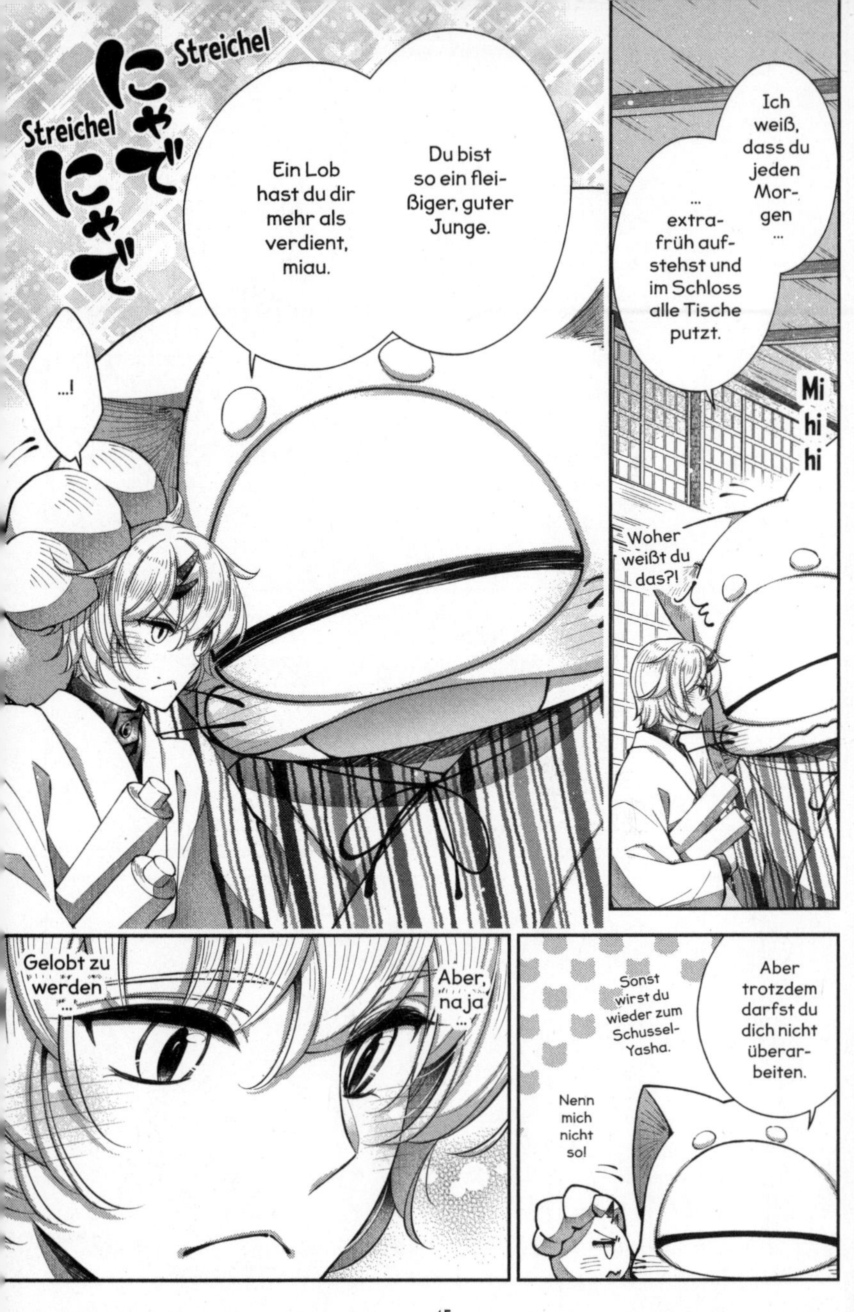

Ich weiß, dass du jeden Morgen …
… extrafrüh aufstehst und im Schloss alle Tische putzt.
Mi hi hi
Woher weißt du das?!
Du bist so ein fleißiger, guter Junge.
Ein Lob hast du dir mehr als verdient, miau.
Streichel
にゃでにゃで
Streichel
…!
Aber trotzdem darfst du dich nicht überarbeiten.
Sonst wirst du wieder zum Schussel-Yasha.
Nenn mich nicht so!
Aber, na ja …
Gelobt zu werden …

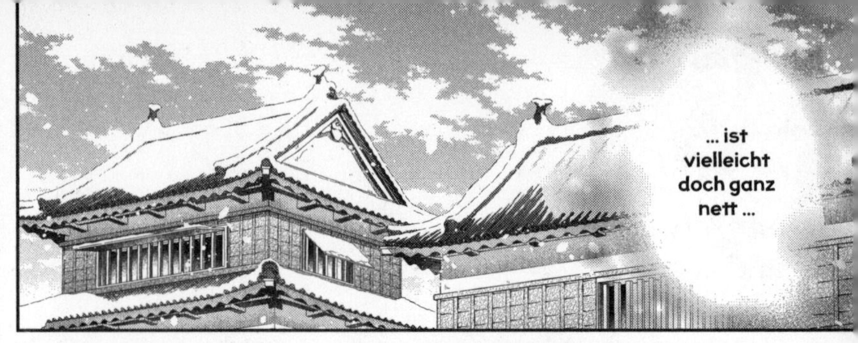

... ist vielleicht doch ganz nett ...

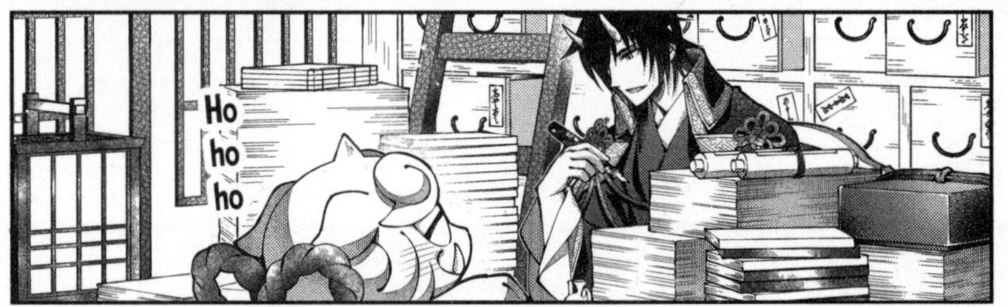

Ho ho ho

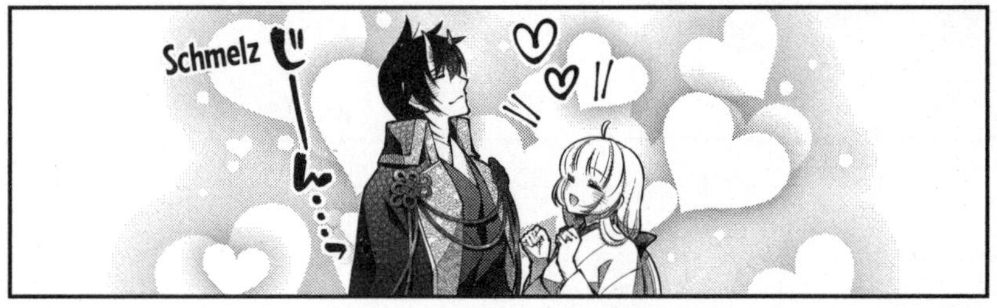

Schmelz じ ー ん...

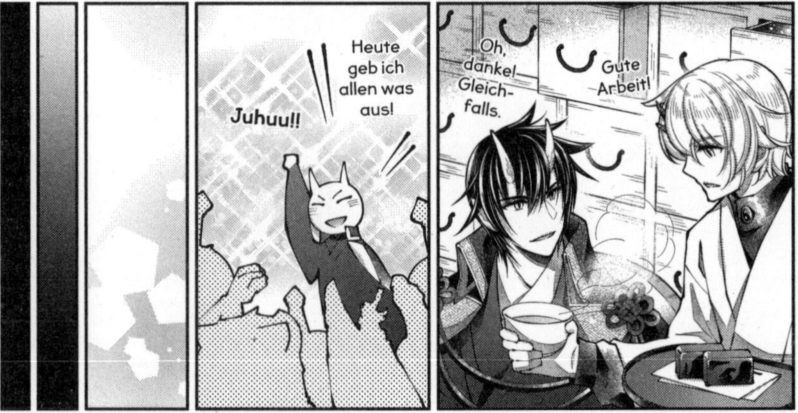

Gute Arbeit!
Oh, danke! Gleichfalls.
Heute geb ich allen was aus!
Juhuu!!

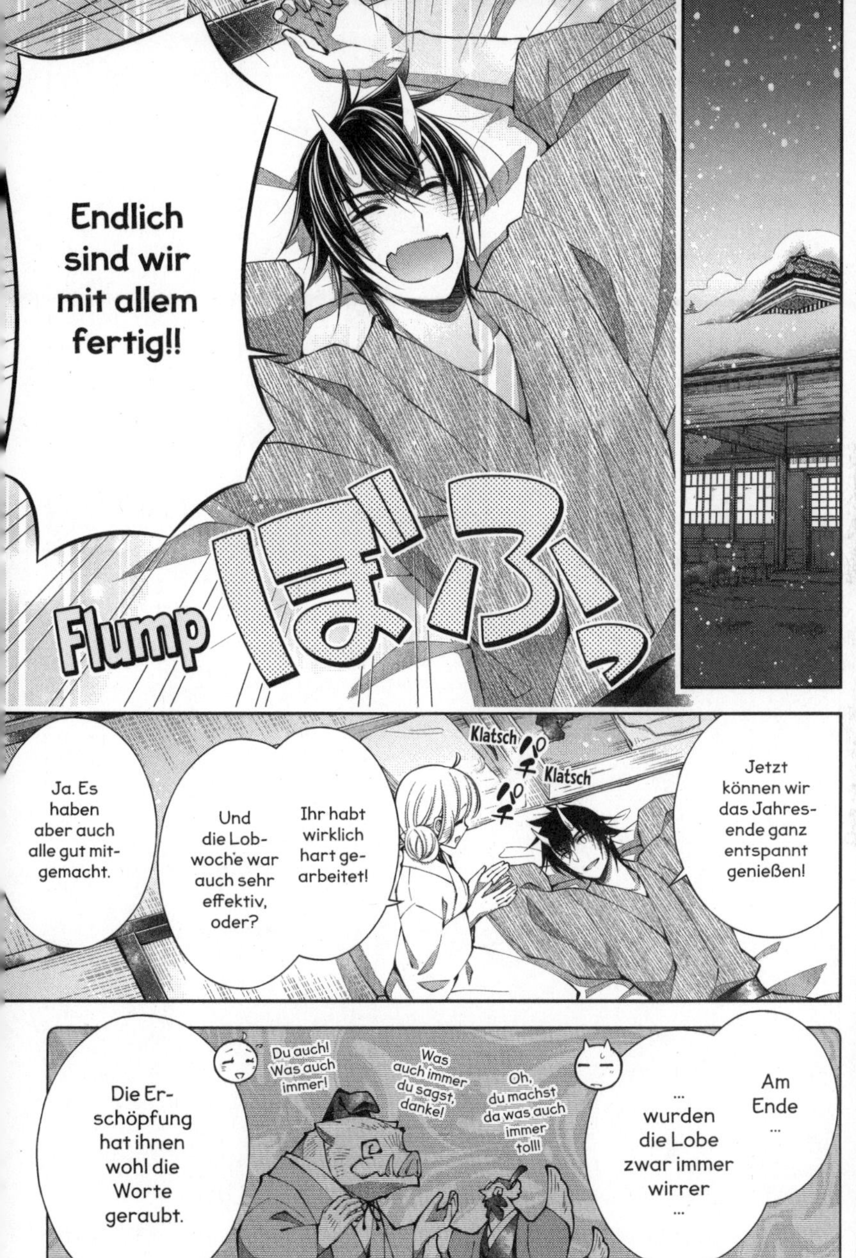
Endlich sind wir mit allem fertig!!
Flump
ぼふっ
Jetzt können wir das Jahresende ganz entspannt genießen!
Klatsch
パチ
Klatsch
パチ
Ihr habt wirklich hart gearbeitet!
Und die Lobwoche war auch sehr effektiv, oder?
Ja. Es haben aber auch alle gut mitgemacht.
Am Ende …
… wurden die Lobe zwar immer wirrer …
Oh, du machst da was auch immer toll!
Was auch immer du sagst, danke!
Du auch! Was auch immer!
Die Erschöpfung hat ihnen wohl die Worte geraubt.

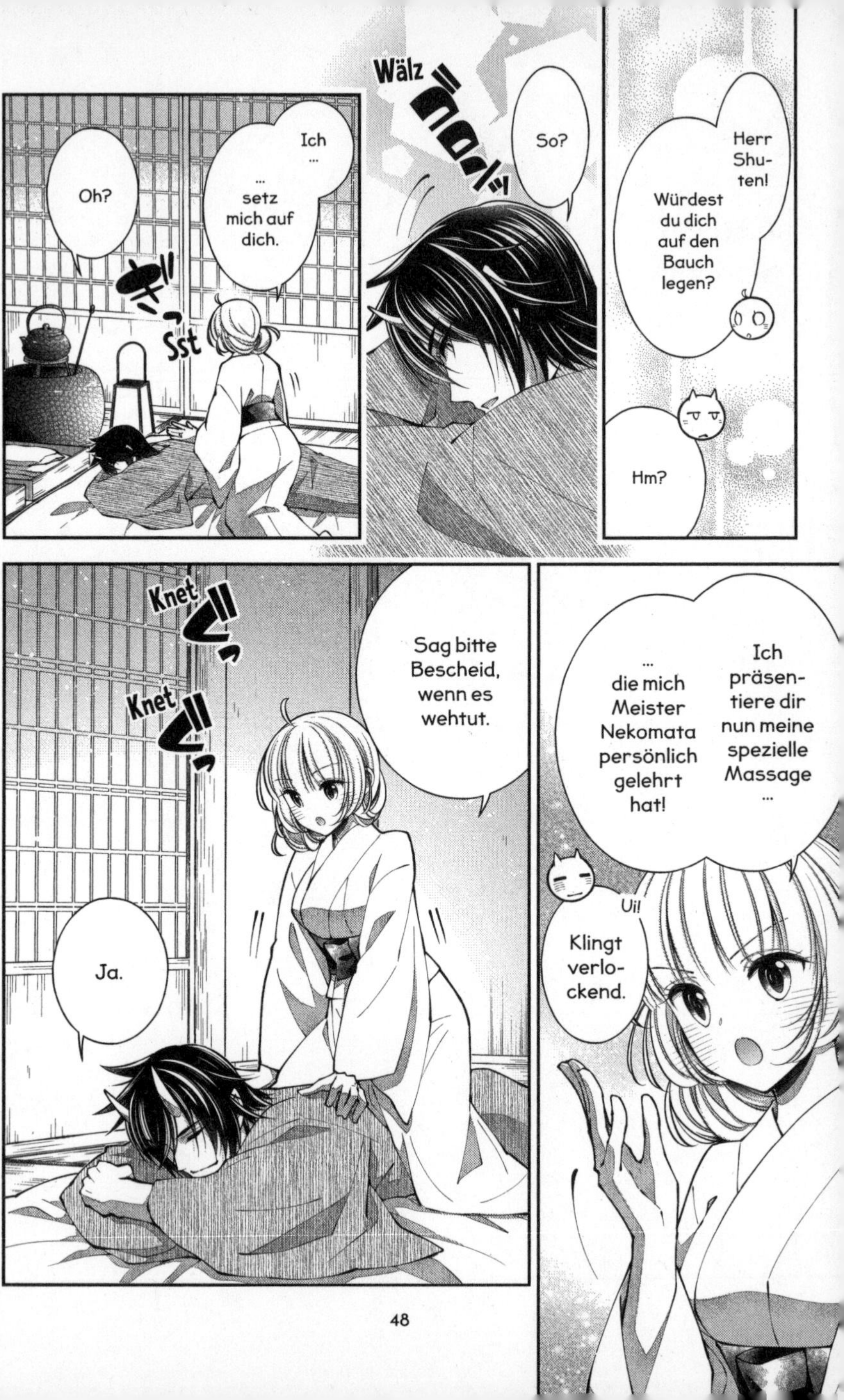

Herr Shuten! Würdest du dich auf den Bauch legen?

Hm?

Wälz

So?

Ich ... ... setz mich auf dich.

Oh?

Sst

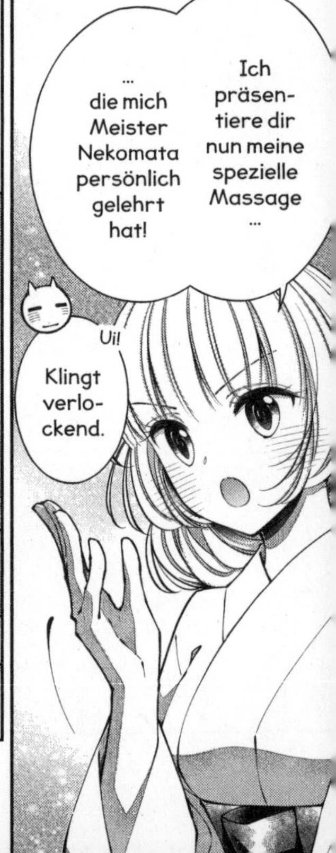

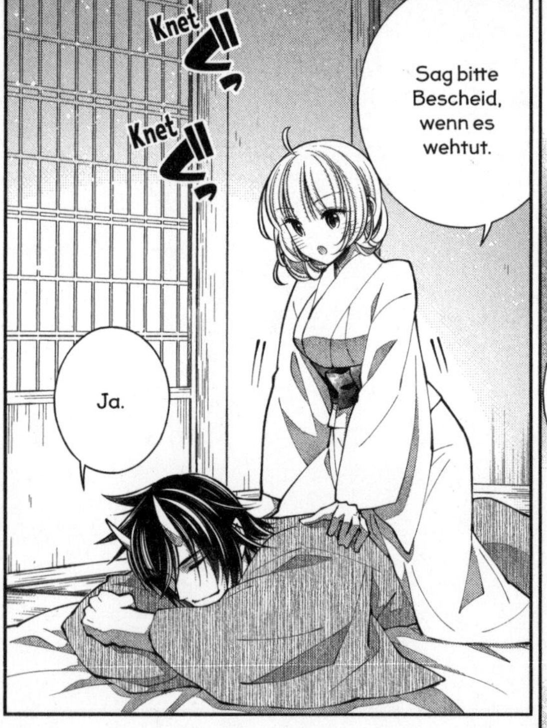

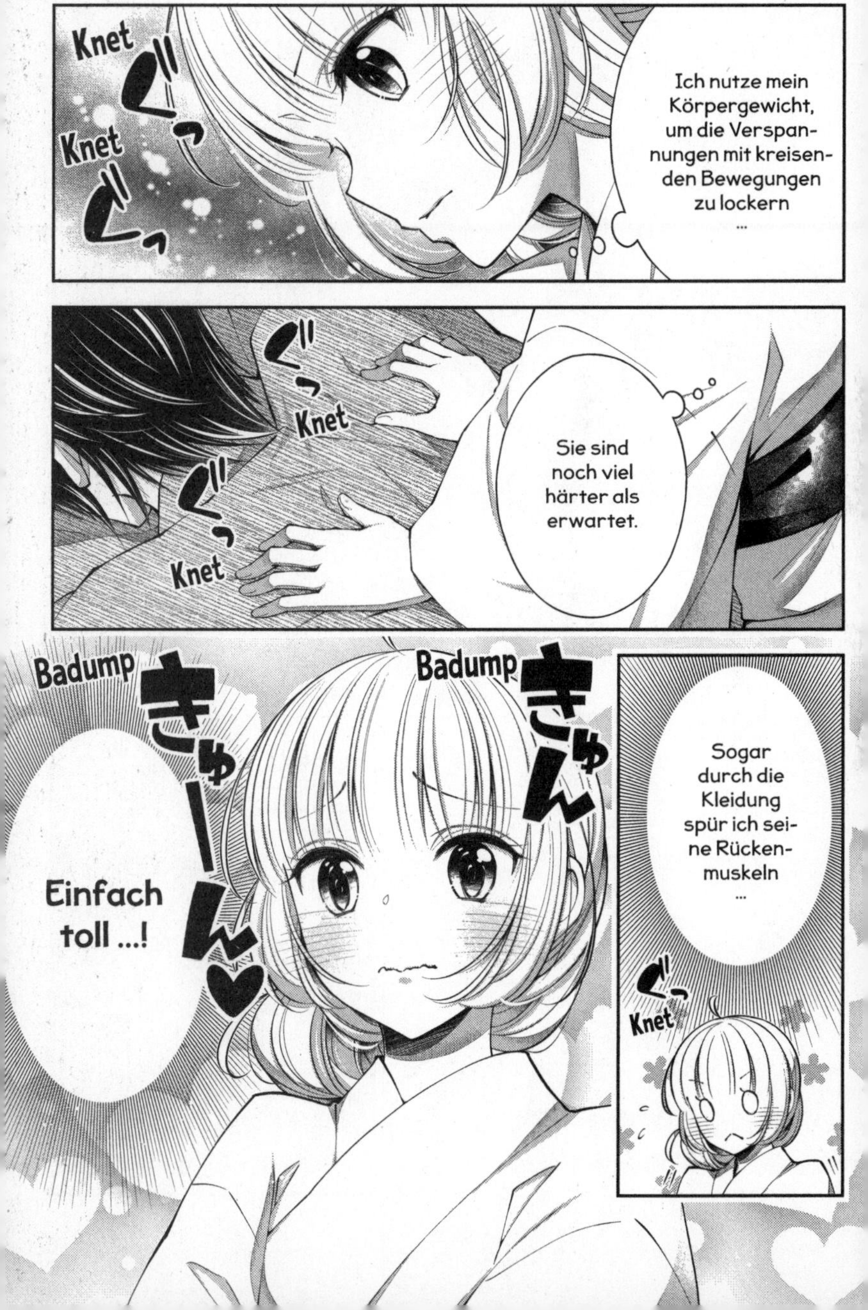

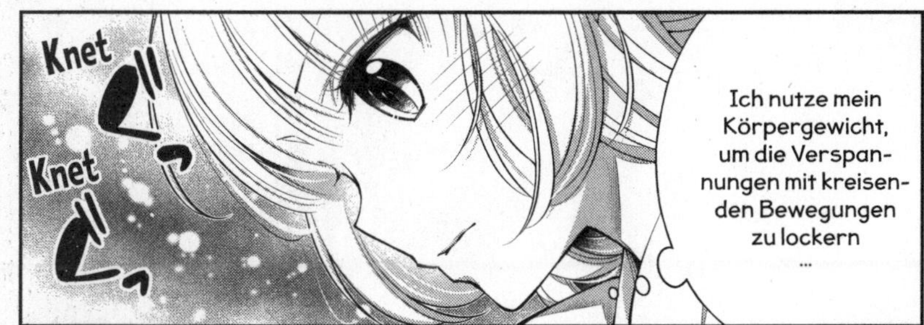

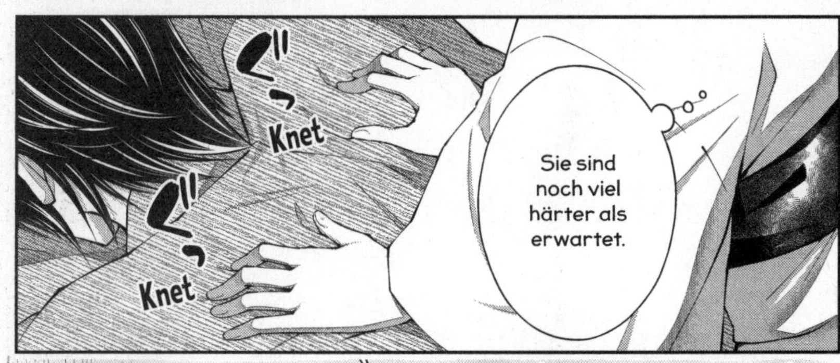

Sogar durch die Kleidung spür ich seine Rückenmuskeln ...

Knet

Badump

きゅん

Badump

きゅーん

Einfach toll ...!

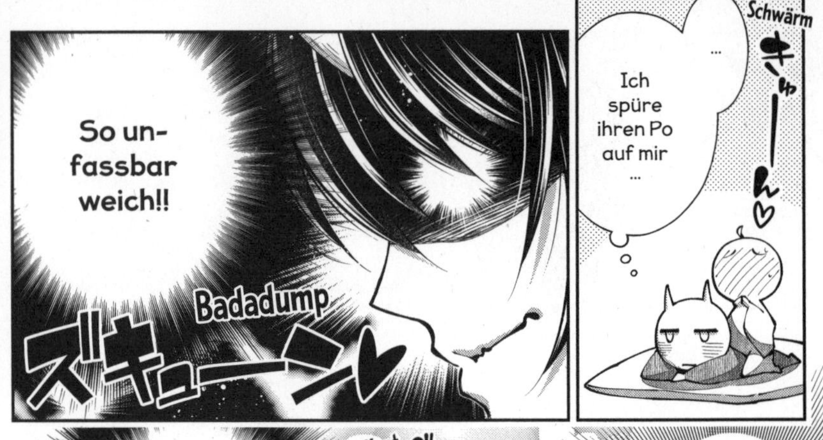

Schwärm
…
Ich spüre ihren Po auf mir …
So un-fassbar weich!!
Badadump

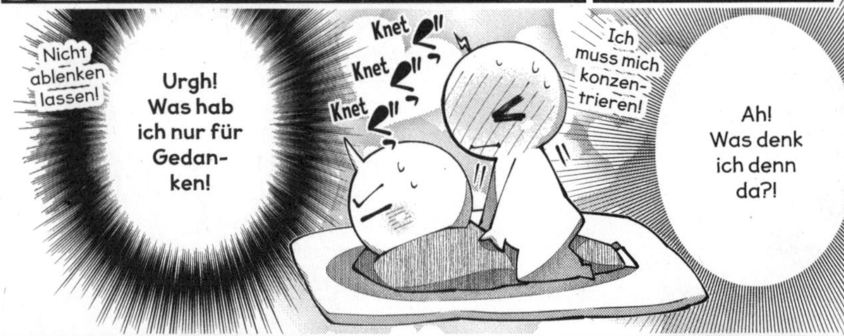

Ah! Was denk ich denn da?!
Ich muss mich konzen-trieren!
Knet
Knet
Knet
Urgh! Was hab ich nur für Gedan-ken!
Nicht ablenken lassen!

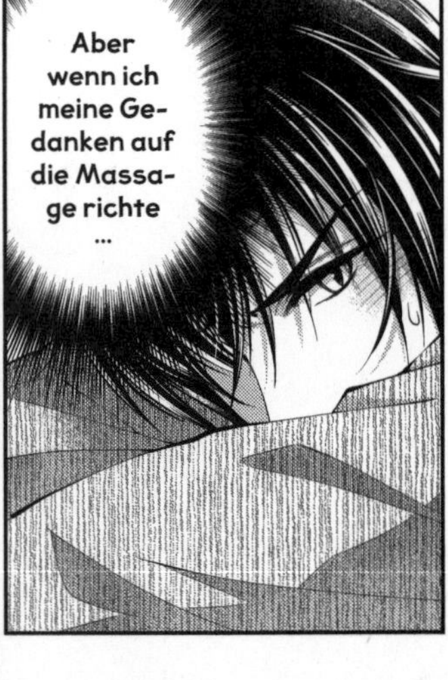

Aber wenn ich meine Ge-danken auf die Massa-ge richte …

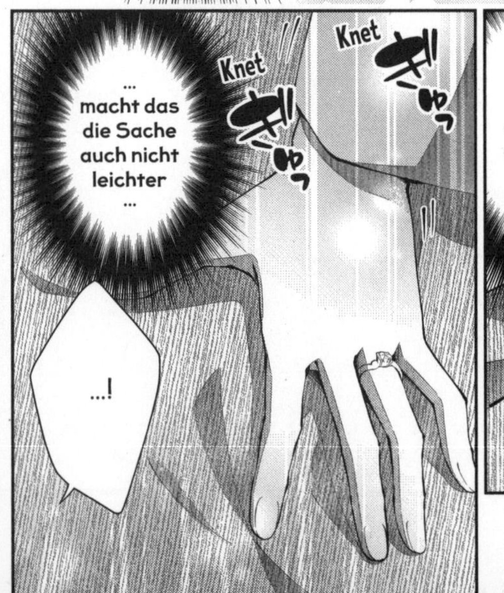

Knet
Knet
… macht das die Sache auch nicht leichter …
…!

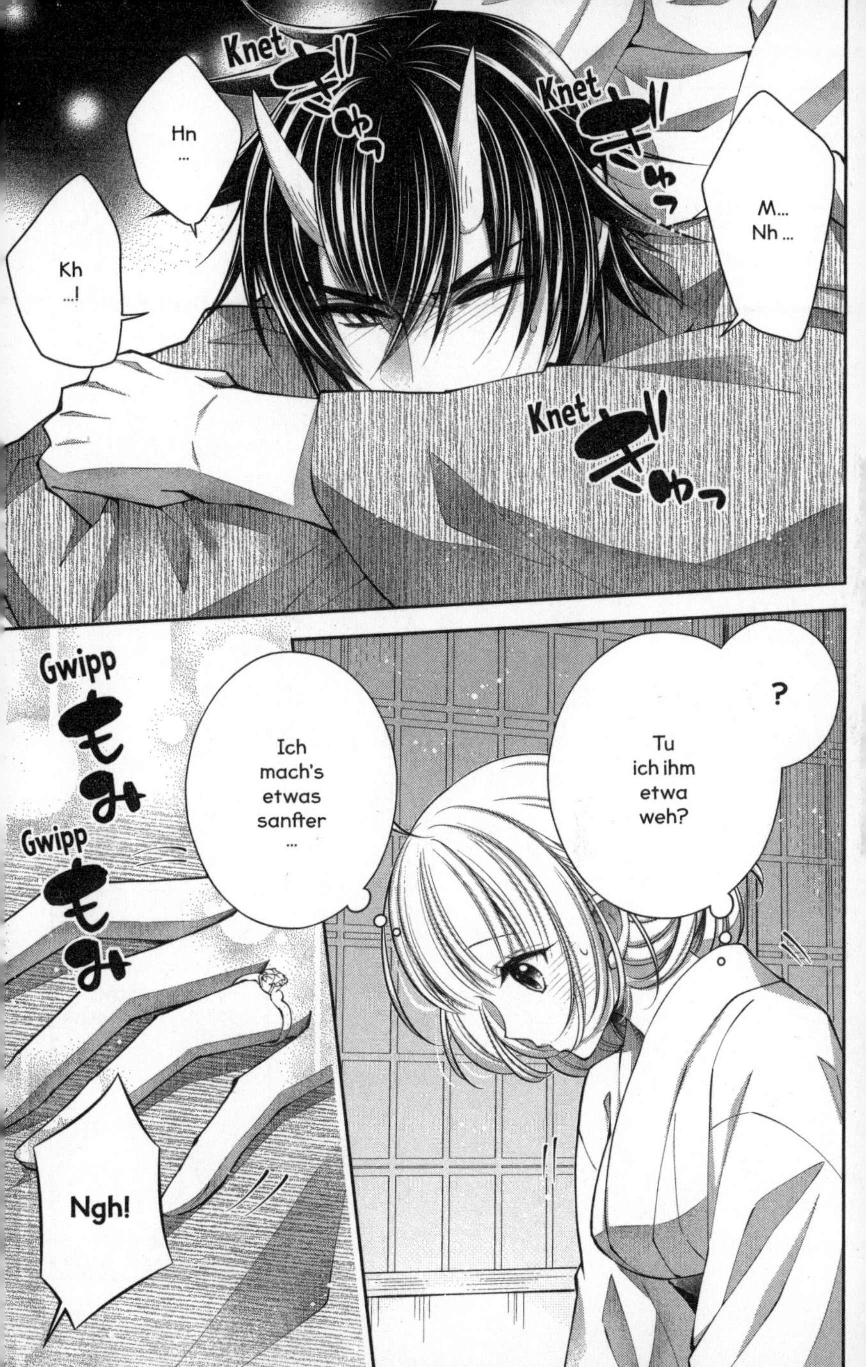
Knet ぎゅっ
Knet ぎゅっ
M...
Nh ...
Hn
...
Kh
...!
Knet ぎゅっ
?
Tu
ich ihm
etwa
weh?
Ich
mach's
etwas
sanfter
...
Gwipp もみ
Gwipp もみ
Ngh!

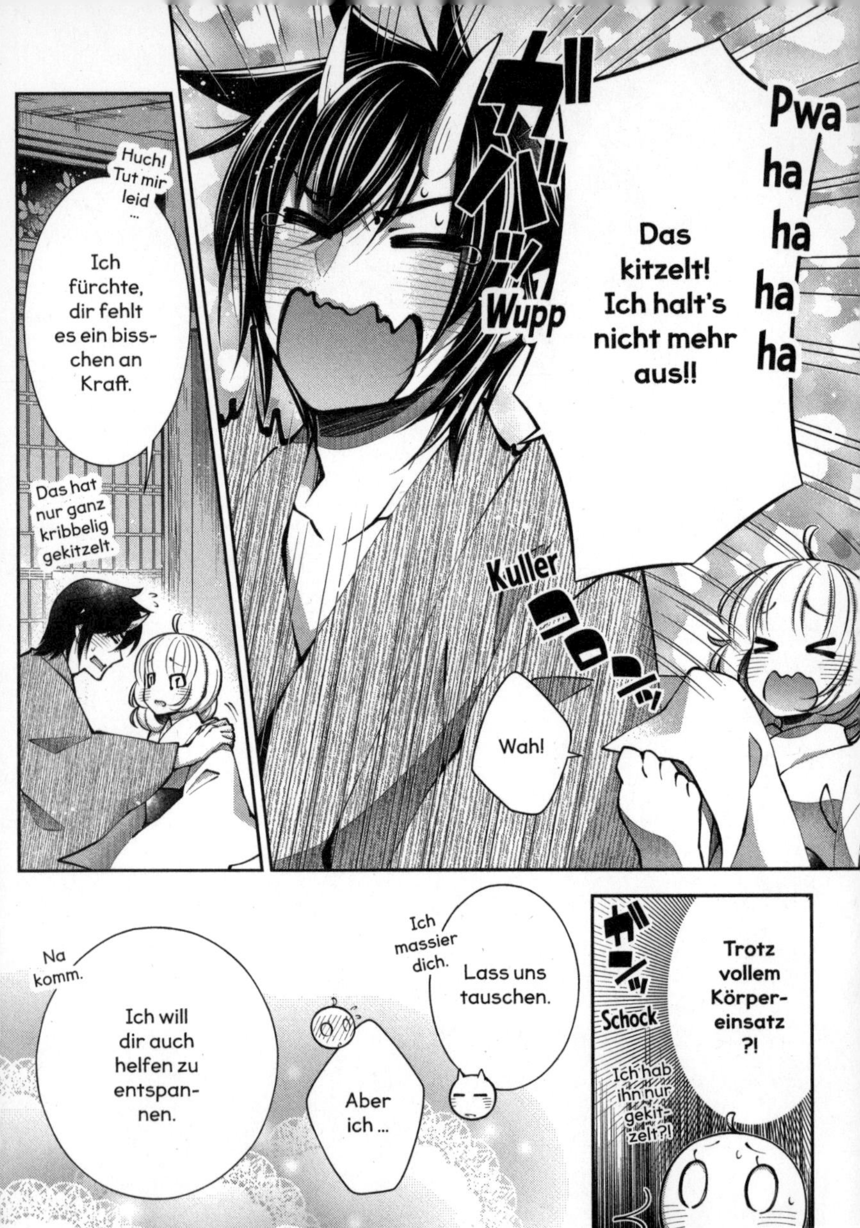
Pwa ha ha ha ha ha
Das kitzelt! Ich halt's nicht mehr aus!!
Wupp
Kuller
Wah!
Huch! Tut mir leid ...
Ich fürchte, dir fehlt es ein bisschen an Kraft.
Das hat nur ganz kribbelig gekitzelt.
Schock
Trotz vollem Körpereinsatz?!
Ich hab ihn nur gekitzelt?!
Ich massier dich.
Lass uns tauschen.
Aber ich ...
Na komm.
Ich will dir auch helfen zu entspannen.

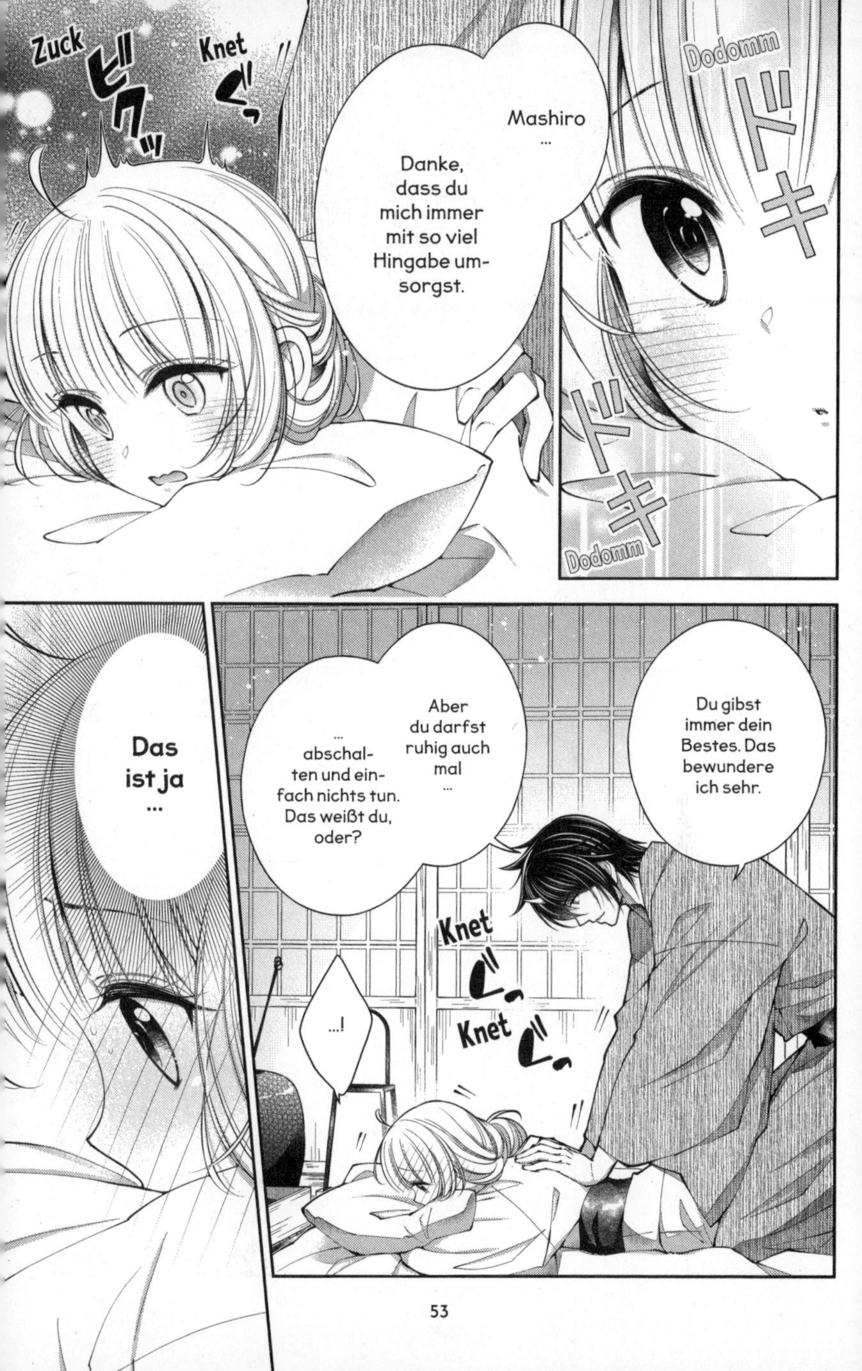
Dodomm
Mashiro …
Danke, dass du mich immer mit so viel Hingabe umsorgst.
Zuck
Knet
Dodomm
Du gibst immer dein Bestes. Das bewundere ich sehr.
Aber du darfst ruhig auch mal …
… abschalten und einfach nichts tun. Das weißt du, oder?
Knet
Knet
…!
Das ist ja …

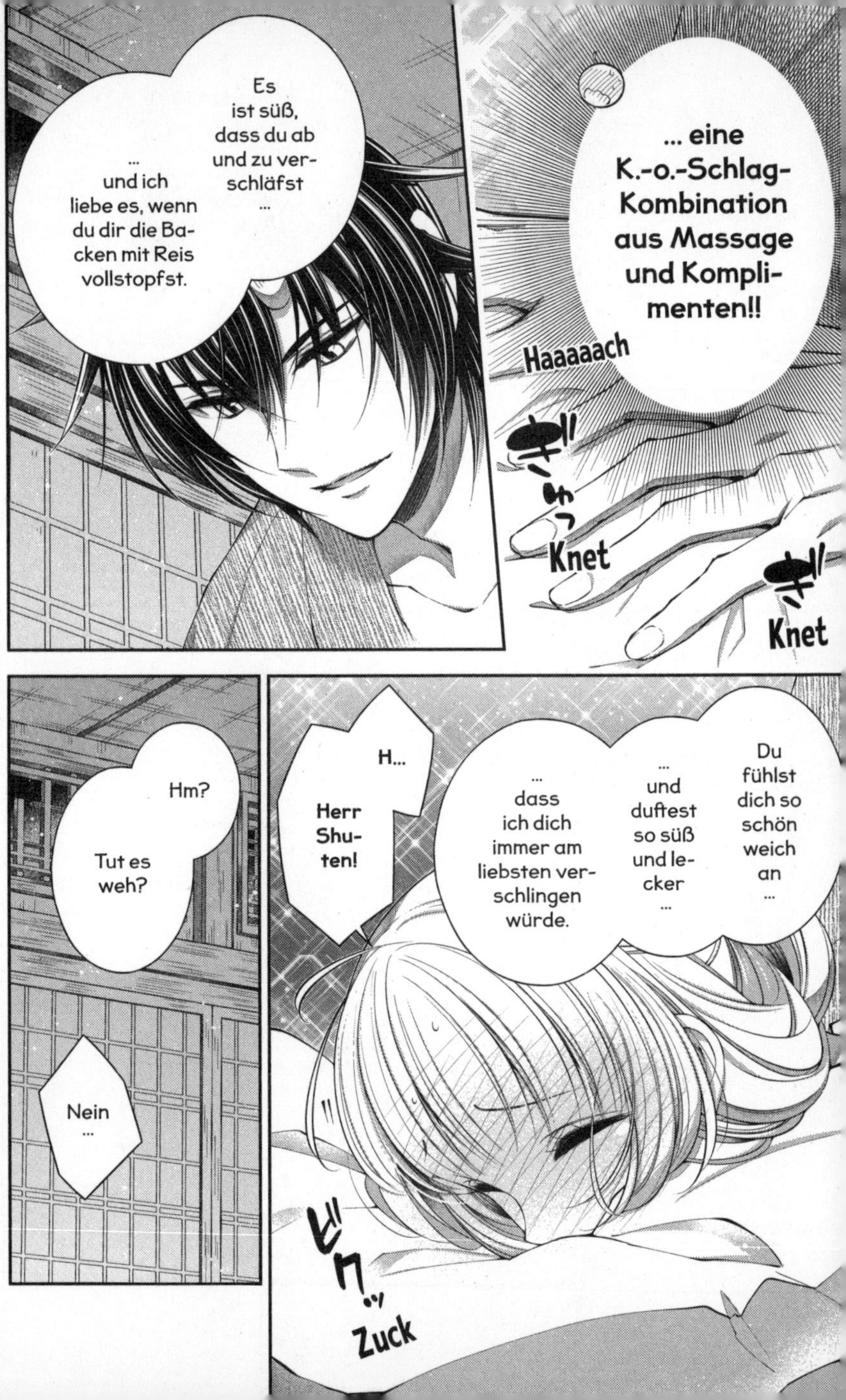

... eine K.-o.-Schlag-Kombination aus Massage und Komplimenten!!

Haaaaach

Knet

Knet

Es ist süß, dass du ab und zu verschläfst ...

... und ich liebe es, wenn du dir die Backen mit Reis vollstopfst.

Du fühlst dich so schön weich an ...

... und duftest so süß und lecker ...

... dass ich dich immer am liebsten verschlingen würde.

H... Herr Shuten!

Zuck

Hm? Tut es weh?

Nein ...

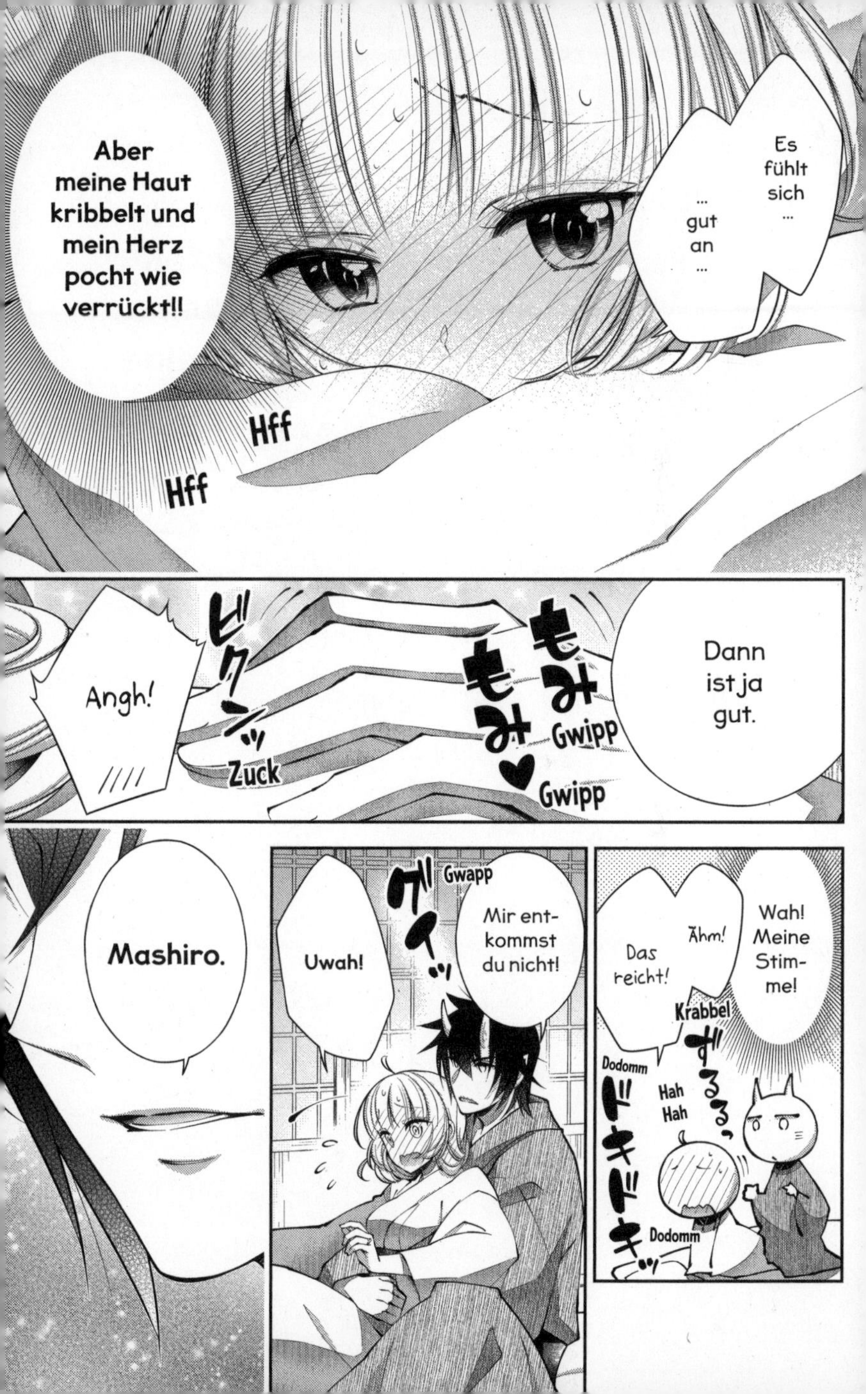

Es fühlt sich ...
... gut an ...
Aber meine Haut kribbelt und mein Herz pocht wie verrückt!!
Hff
Hff
Dann ist ja gut.
もみもみ
Gwipp
Gwipp
ビクッ
Zuck
Angh!
Wah! Meine Stimme!
Ähm!
Das reicht!
Krabbel
ずるる
Hah Hah
ドキドキ
Dodomm
Dodomm
Mir entkommst du nicht!
グイッ
Gwapp
Uwah!
Mashiro.

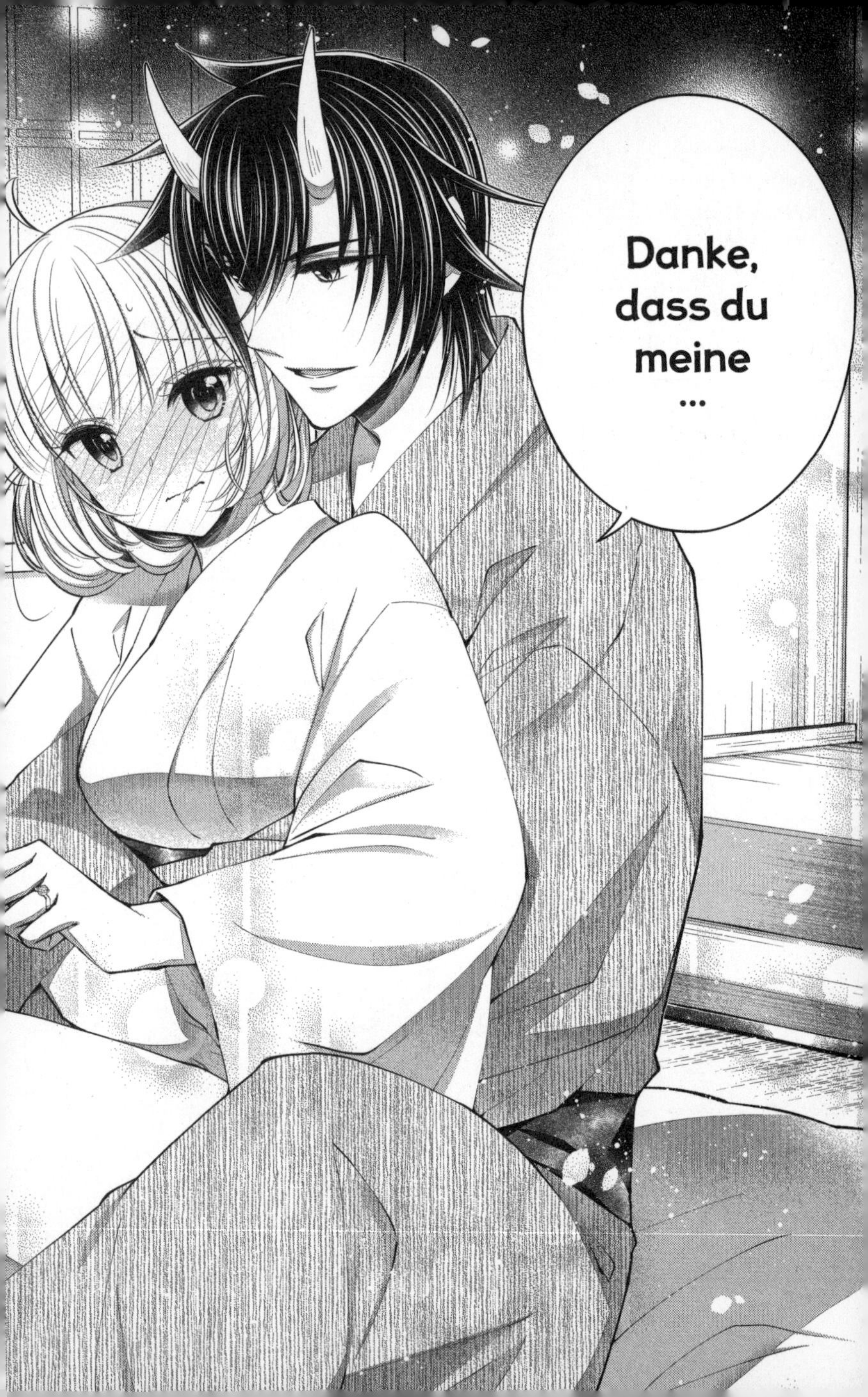
Danke, dass du meine …

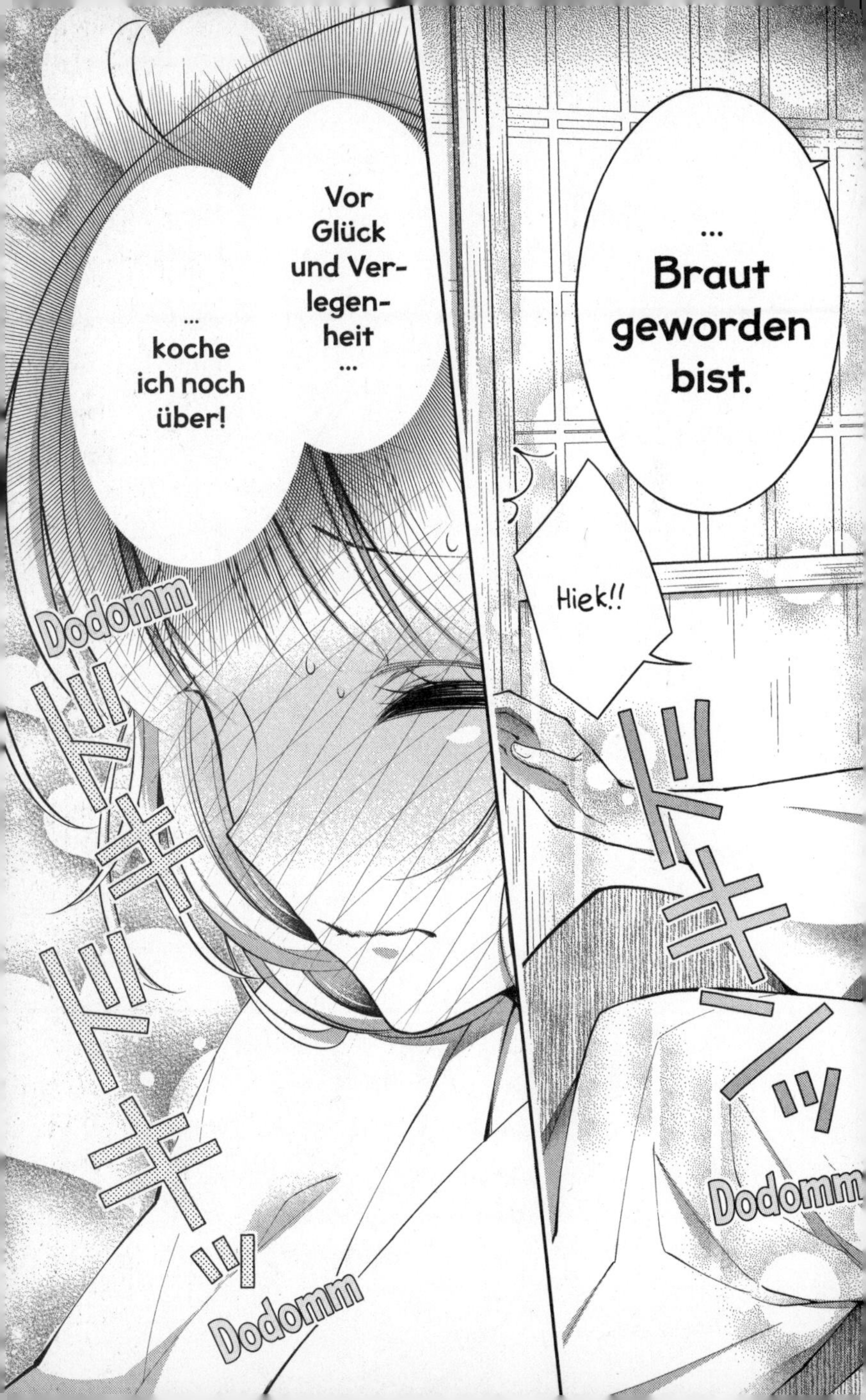

... Braut geworden bist.
Hiek!!
ドキーッ
Dodomm
Vor Glück und Verlegenheit ...
... koche ich noch über!
Dodomm
ドキドキッ
Dodomm

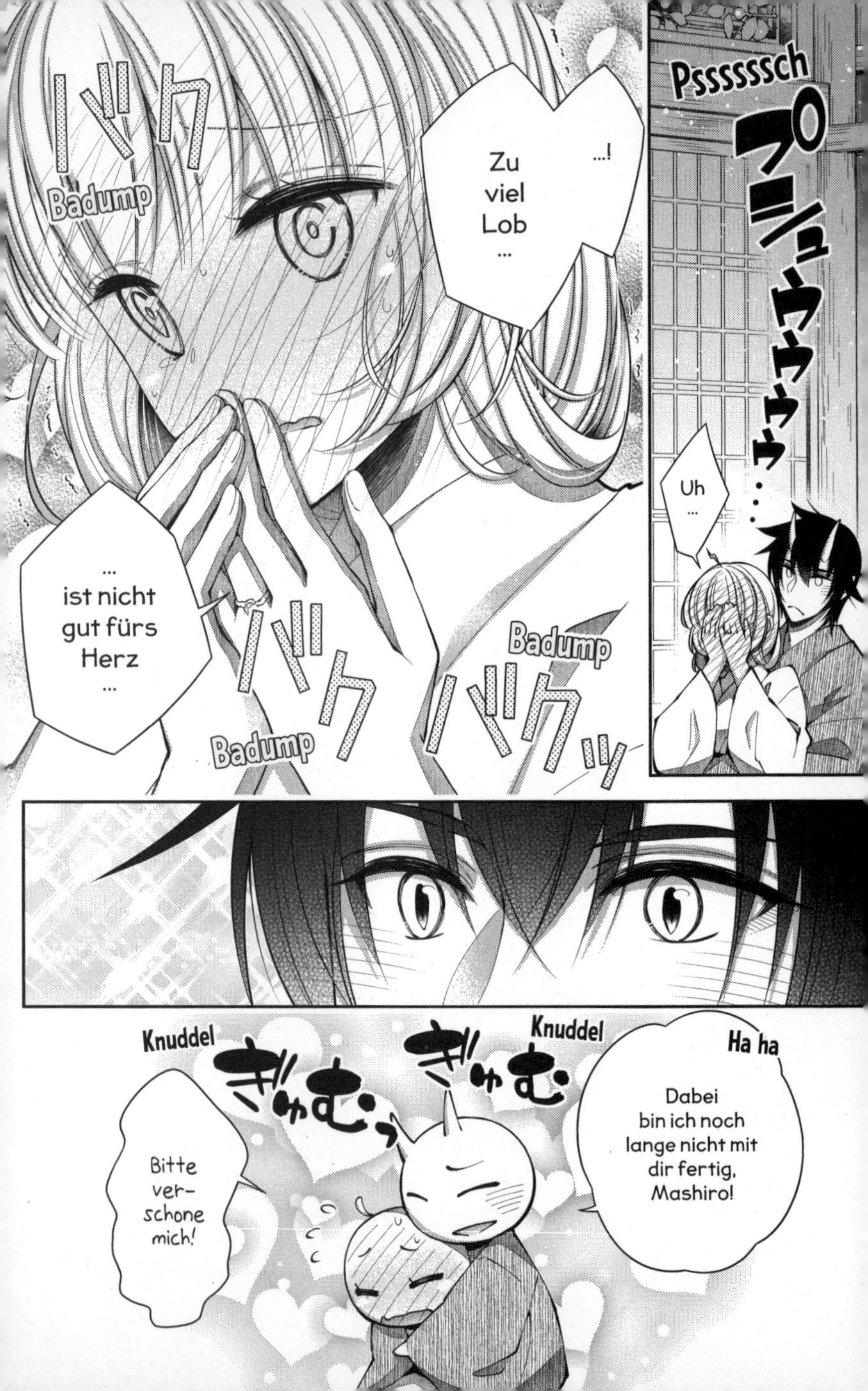

Pssssssch
プシュウウウウウ…
Zu viel Lob …
…!
Badump
… ist nicht gut fürs Herz …
Badump
Badump
Uh …
Knuddel
Knuddel
Ha ha
Dabei bin ich noch lange nicht mit dir fertig, Mashiro!
Bitte ver-schone mich!

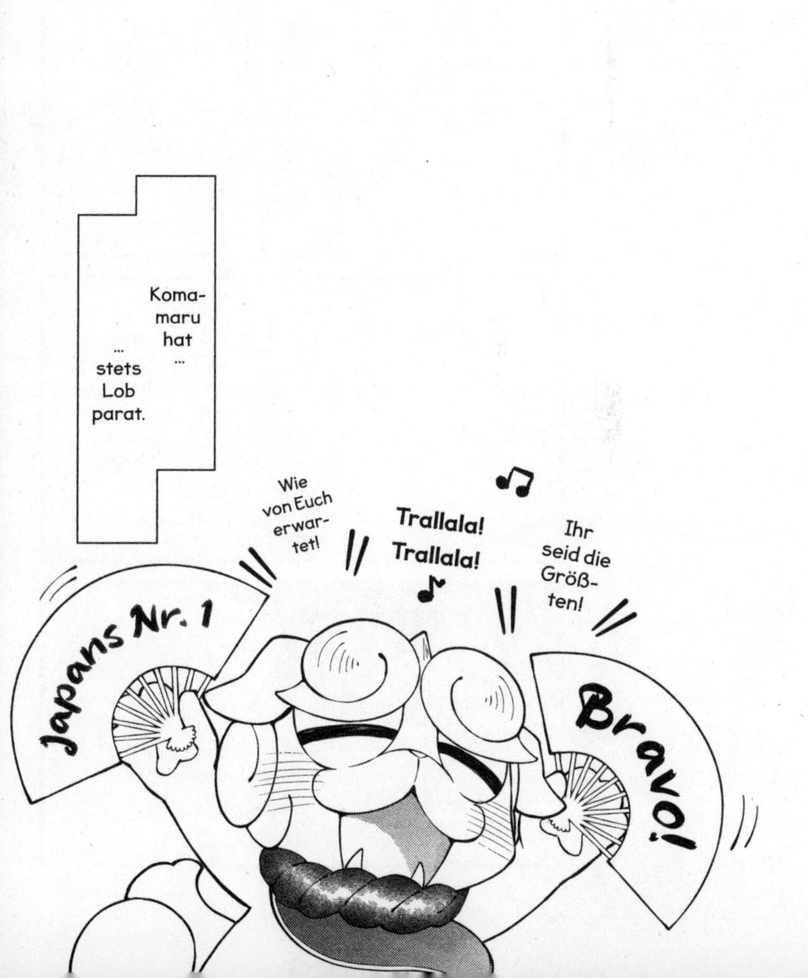
Komamaru hat ...
... stets Lob parat.
Bravo!
Ihr seid die Größten!
Trallala! Trallala!
Wie von Euch erwartet!
Japans Nr. 1

Lobversuch

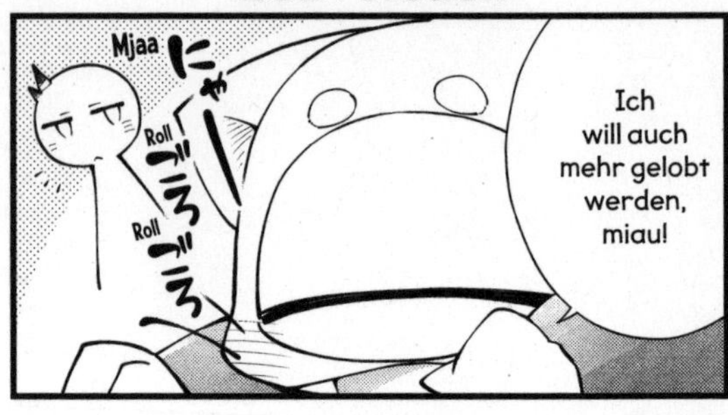

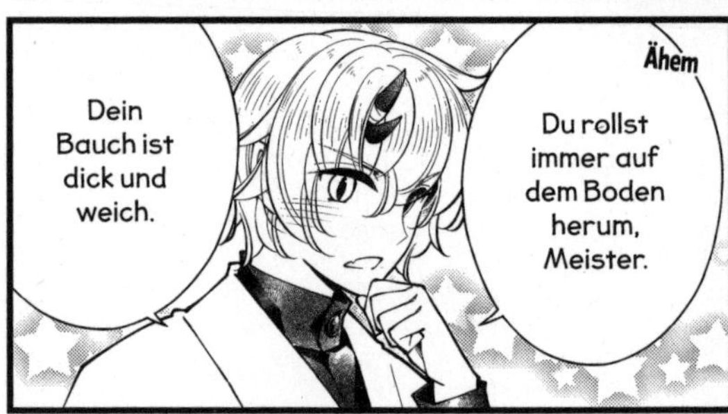

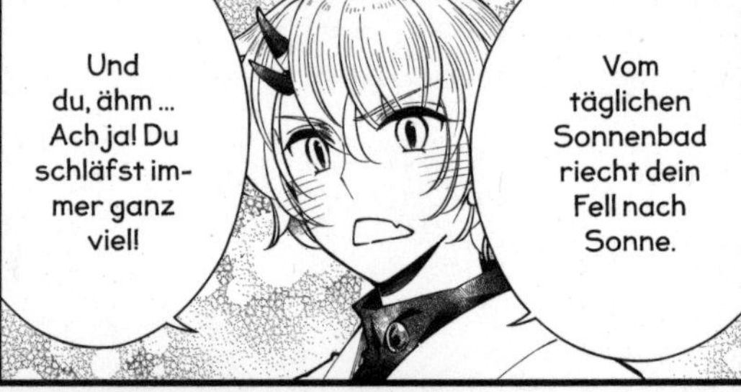

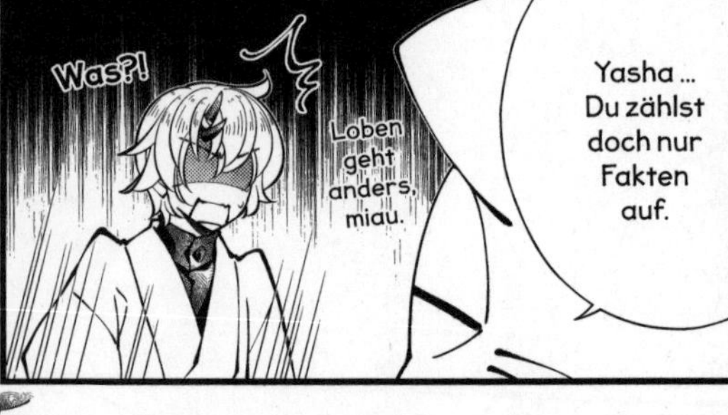

Lob-nachhilfe

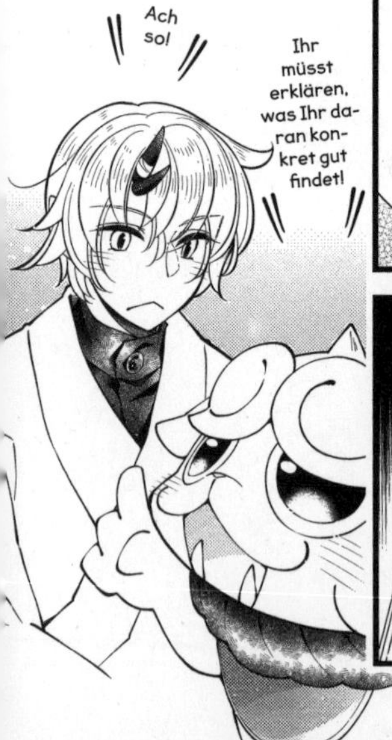

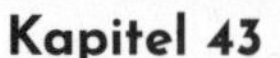

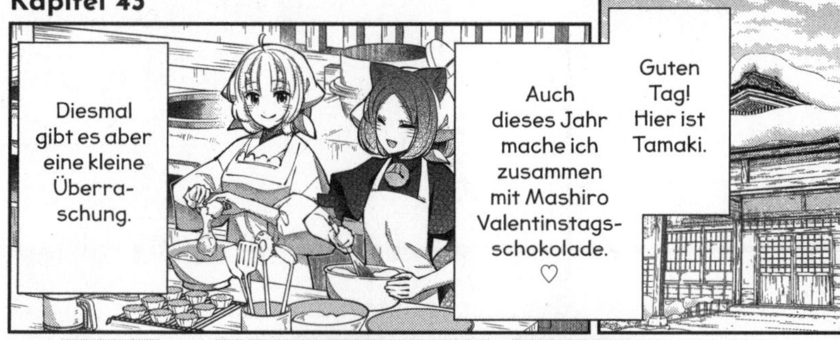

Dieser Liebestrank wurde nach einem Geheimrezept der Fuchsgeister hergestellt.

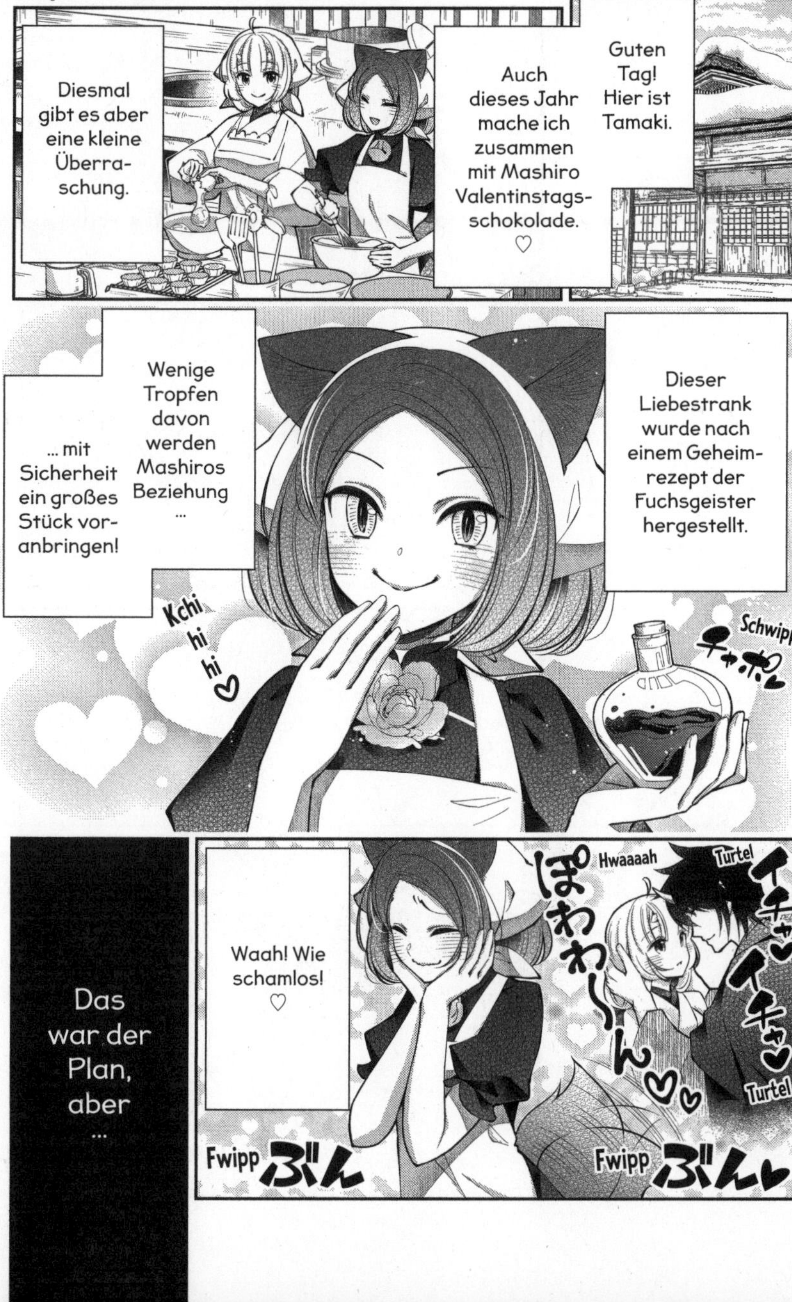

Schwipp チャポ♥

Wenige Tropfen davon werden Mashiros Beziehung ...

... mit Sicherheit ein großes Stück voranbringen!

Kchi hi hi ♡

Turtel イチャ♥ イチャ♥ Turtel

Hwaaaah ぽわわ～ん♥ ♥

Waah! Wie schamlos! ♡

Fwipp ぶん♥

Fwipp ぶん

Das war der Plan, aber ...

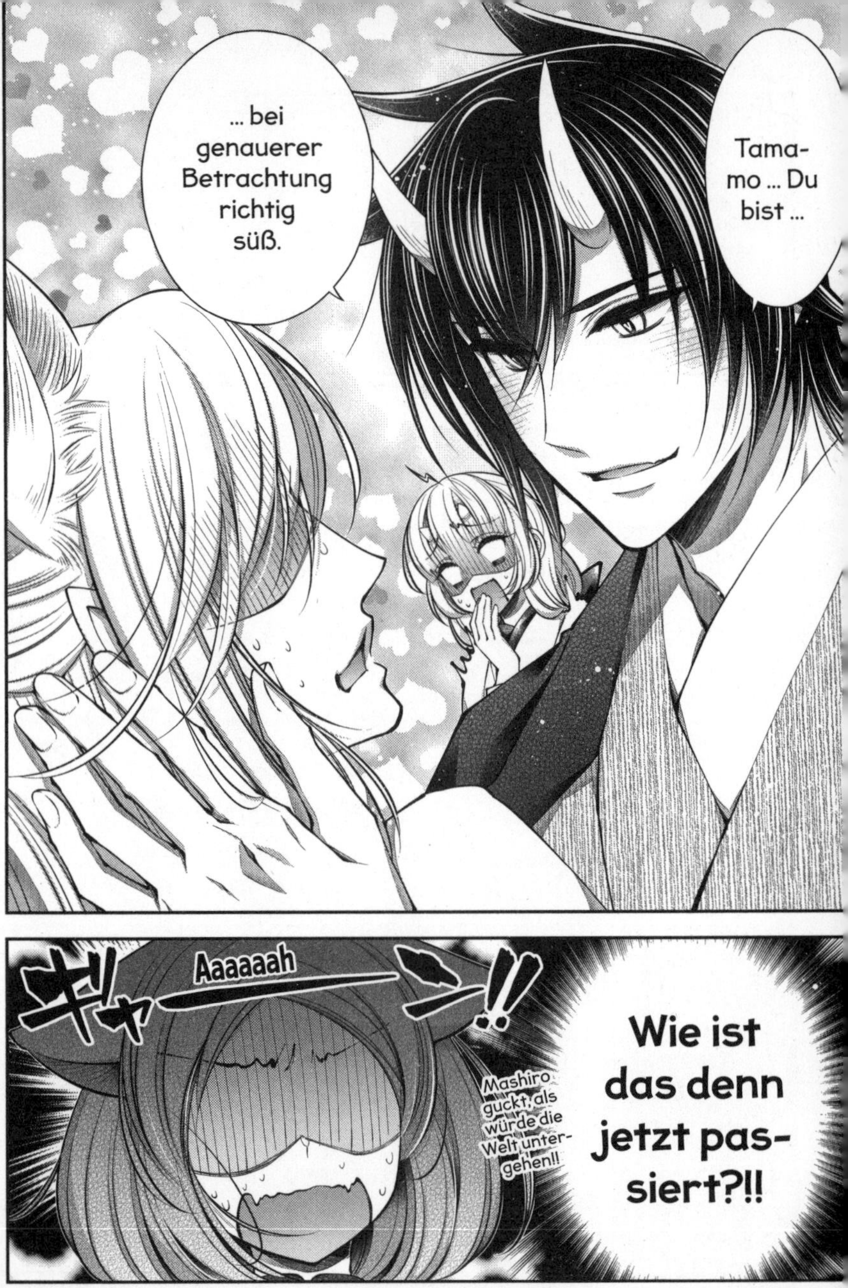

Tamamo ... Du bist ...

... bei genauerer Betrachtung richtig süß.

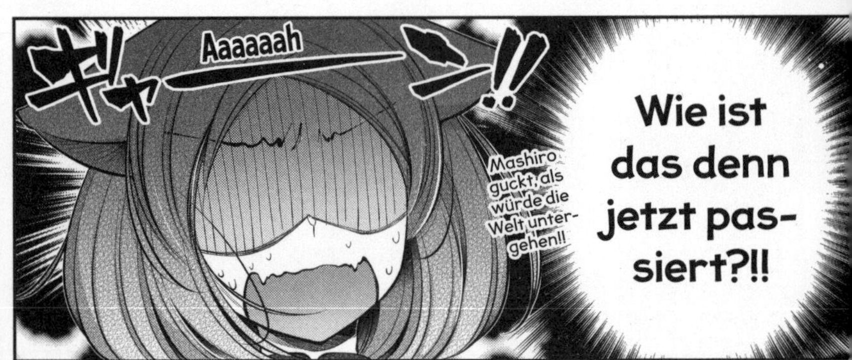

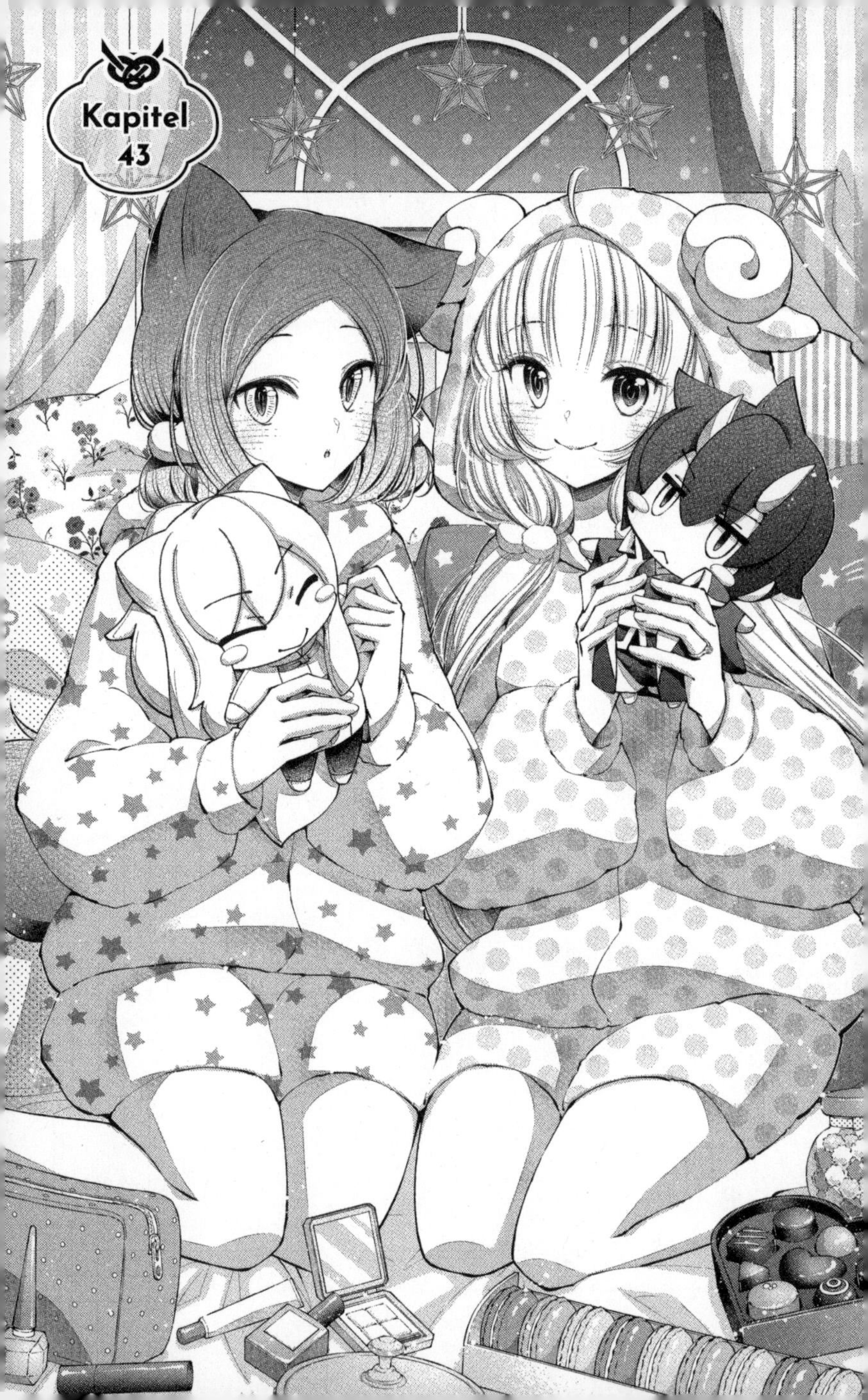
Kapitel
43

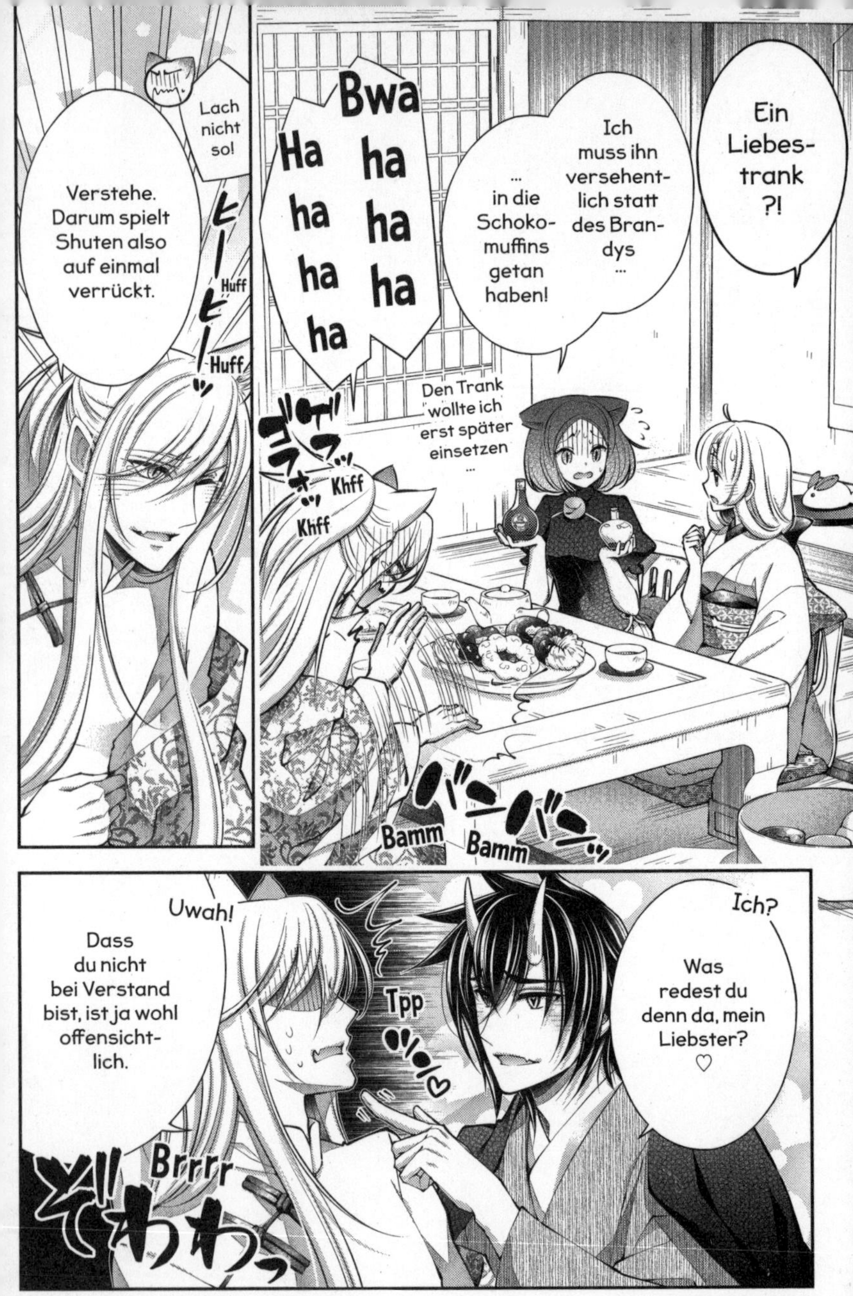
Ein Liebes-trank ?!
Ich muss ihn versehentlich statt des Brandys ...
... in die Schoko-muffins getan haben!
Bwa Ha ha ha ha ha ha ha ha
Den Trank wollte ich erst später einsetzen ...
Khff
Khff
Bamm
Bamm
Lach nicht so!
Verstehe. Darum spielt Shuten also auf einmal verrückt.
Huff
Huff
Ich?
Was redest du denn da, mein Liebster? ♡
Tpp
Uwah!
Dass du nicht bei Verstand bist, ist ja wohl offensicht-lich.
Brrrr

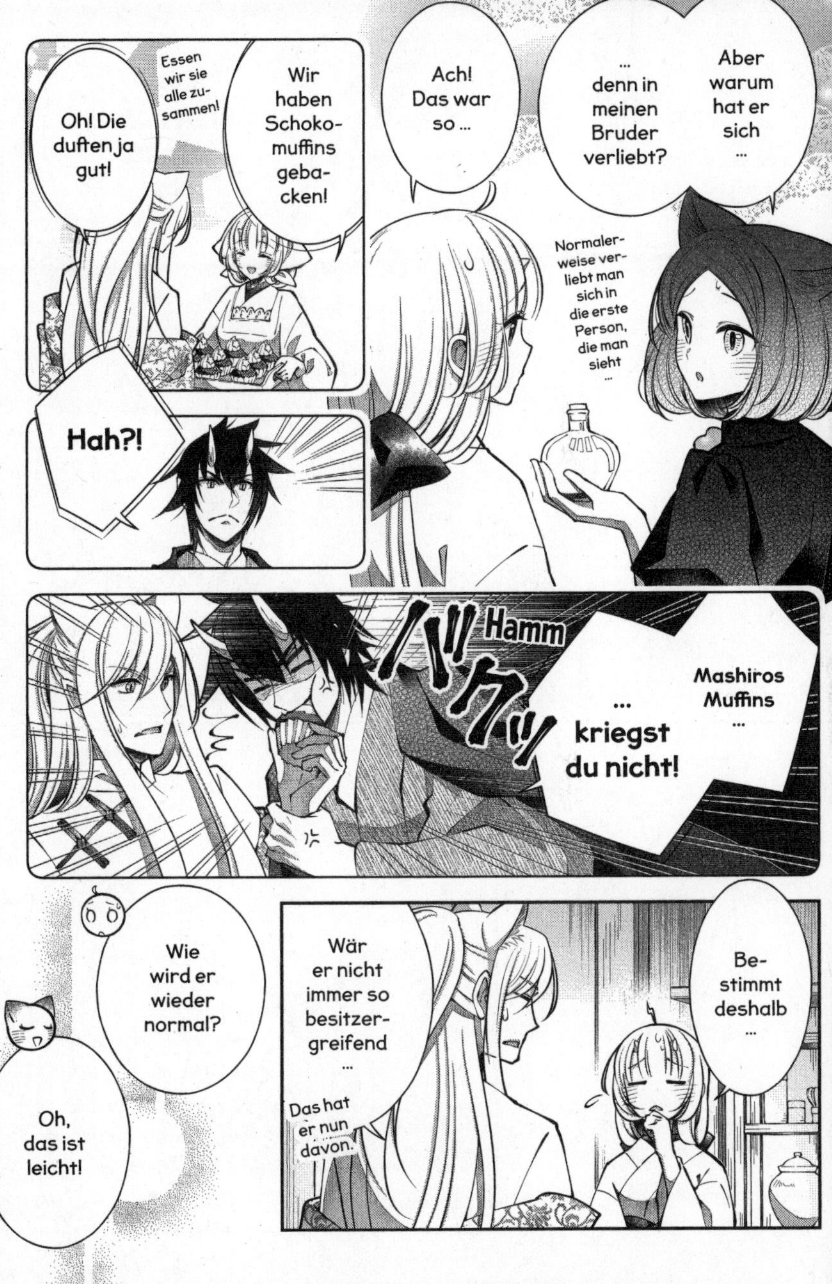
Aber warum hat er sich …
… denn in meinen Bruder verliebt?
Ach! Das war so …
Normalerweise verliebt man sich in die erste Person, die man sieht …
Wir haben Schokomuffins gebacken!
Essen wir sie alle zusammen!
Oh! Die duften ja gut!
Hah?!
Hamm
Mashiros Muffins …
… kriegst du nicht!
Bestimmt deshalb …
Wär er nicht immer so besitzergreifend …
Das hat er nun davon.
Wie wird er wieder normal?
Oh, das ist leicht!

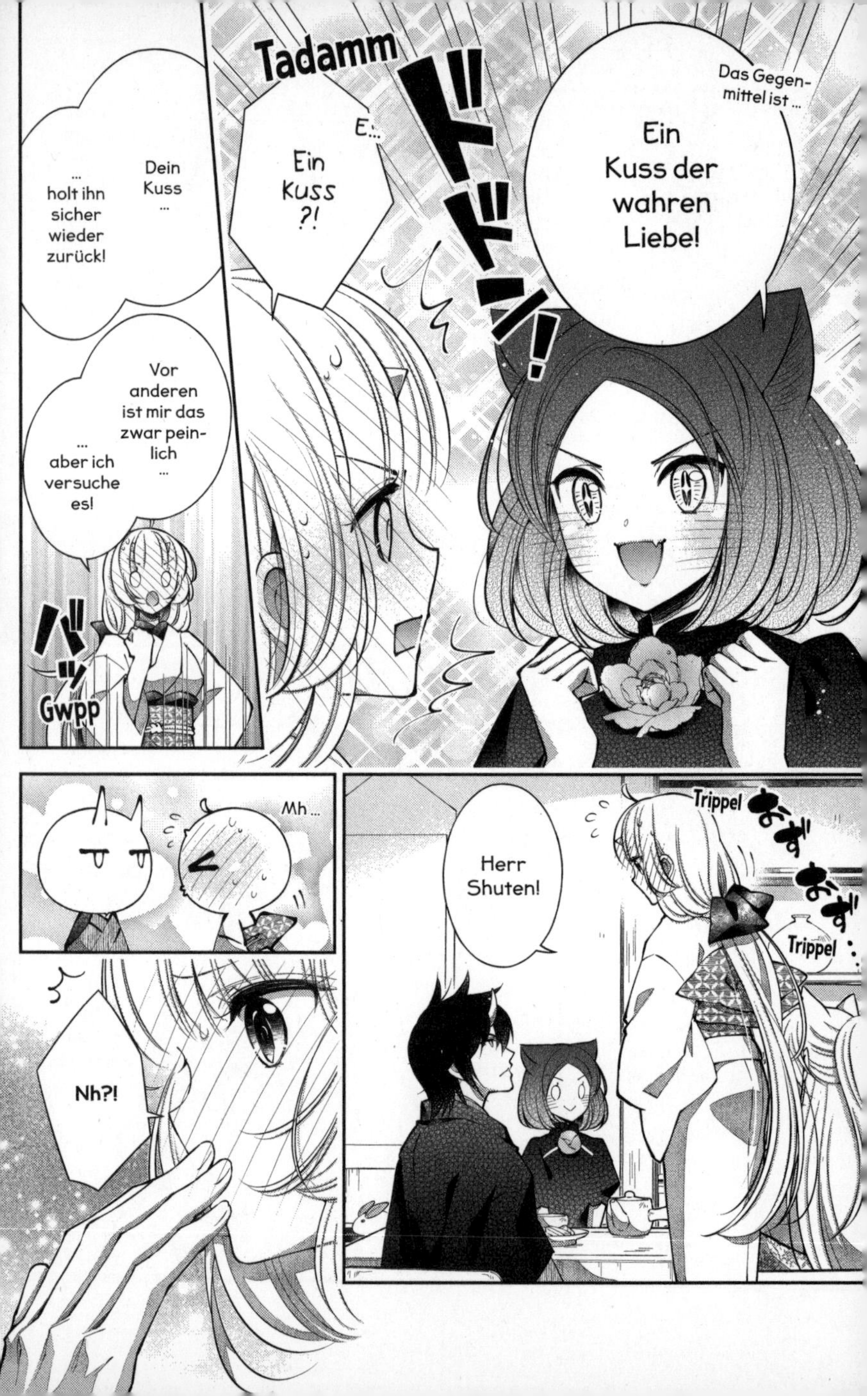
Das Gegen-
mittel ist ...
Ein Kuss der wahren Liebe!
Tadamm
E...
Ein Kuss ?!
Dein Kuss ...
... holt ihn sicher wieder zurück!
Vor anderen ist mir das zwar peinlich ...
... aber ich versuche es!
Gwpp
Trippel
おず
おず
Trippel
Herr Shuten!
Mh ...
Nh?!

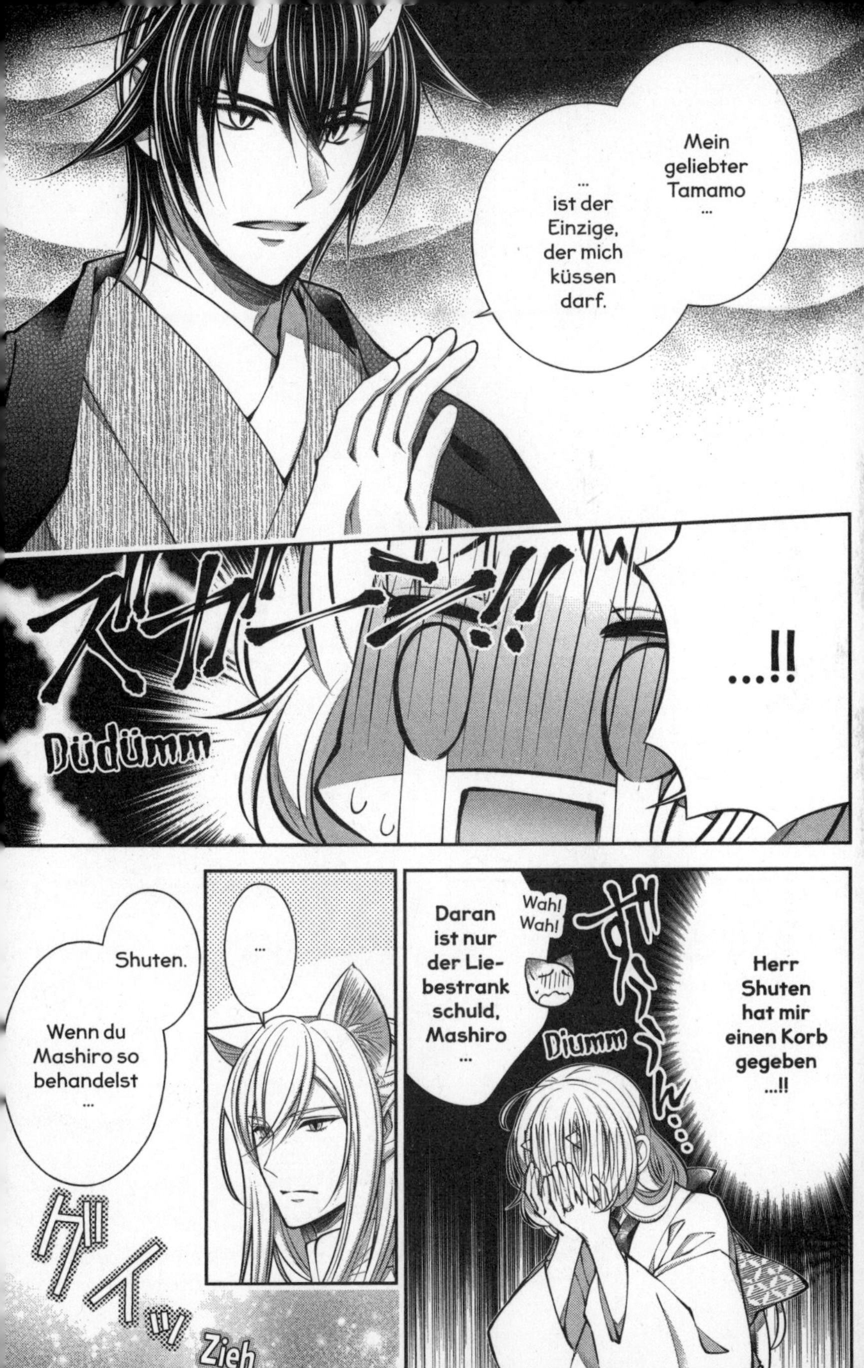

Mein geliebter Tamamo …
… ist der Einzige, der mich küssen darf.
Düdümm
…!!
Herr Shuten hat mir einen Korb gegeben …!!
Diumm
Wah! Wah!
Daran ist nur der Liebestrank schuld, Mashiro …
…
Shuten.
Wenn du Mashiro so behandelst …
Zieh

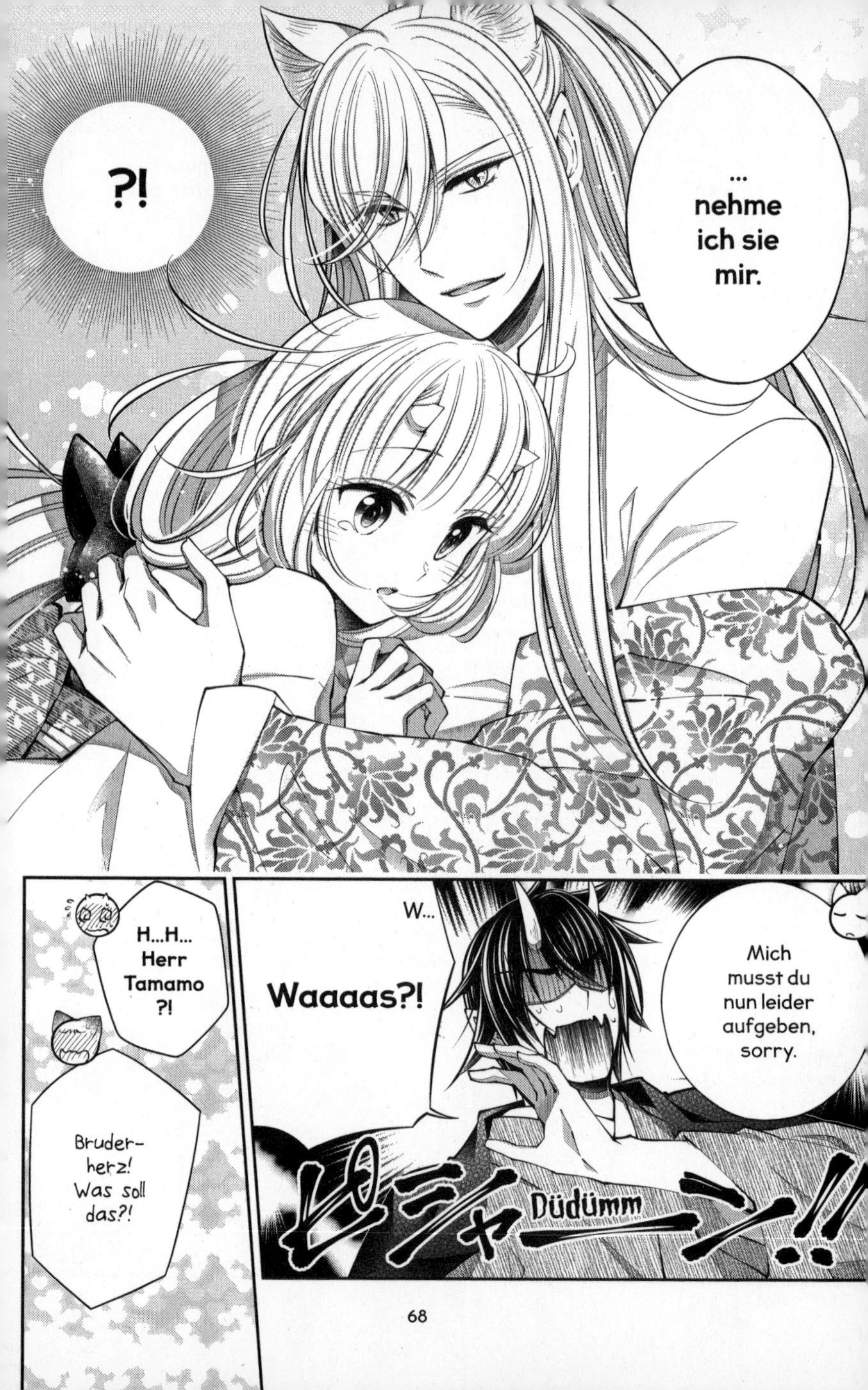
... nehme ich sie mir.
?!
Mich musst du nun leider aufgeben, sorry.
W...
Waaaas?!
Düdümm
H...H... Herr Tamamo ?!
Bruder-herz! Was soll das?!

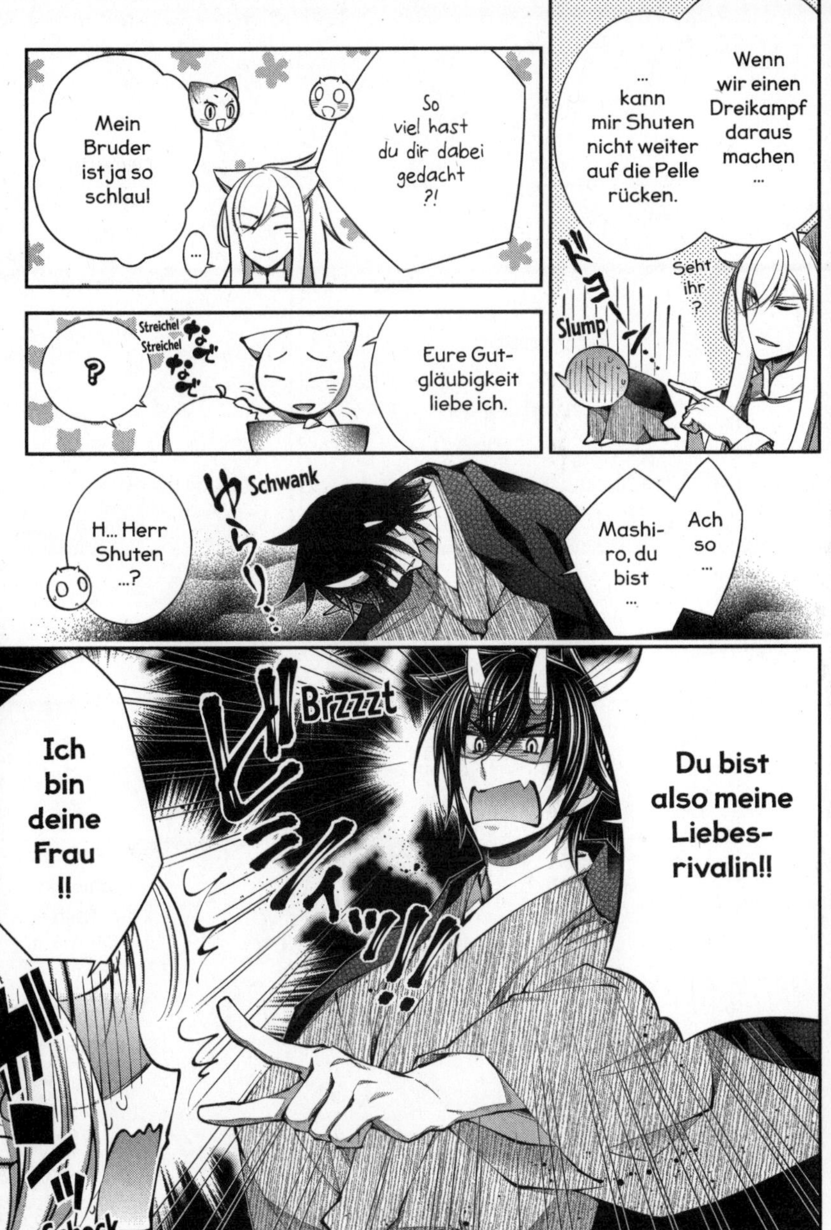

Wenn wir einen Dreikampf daraus machen ...
... kann mir Shuten nicht weiter auf die Pelle rücken.
Seht ihr?
Slump
So viel hast du dir dabei gedacht ?!
Mein Bruder ist ja so schlau!
...
Eure Gutgläubigkeit liebe ich.
Streichel
Streichel
?
Ach so ...
Mashiro, du bist ...
Schwank
H... Herr Shuten ...?
Du bist also meine Liebesrivalin!!
Brzzzt
Ich bin deine Frau !!
Schock

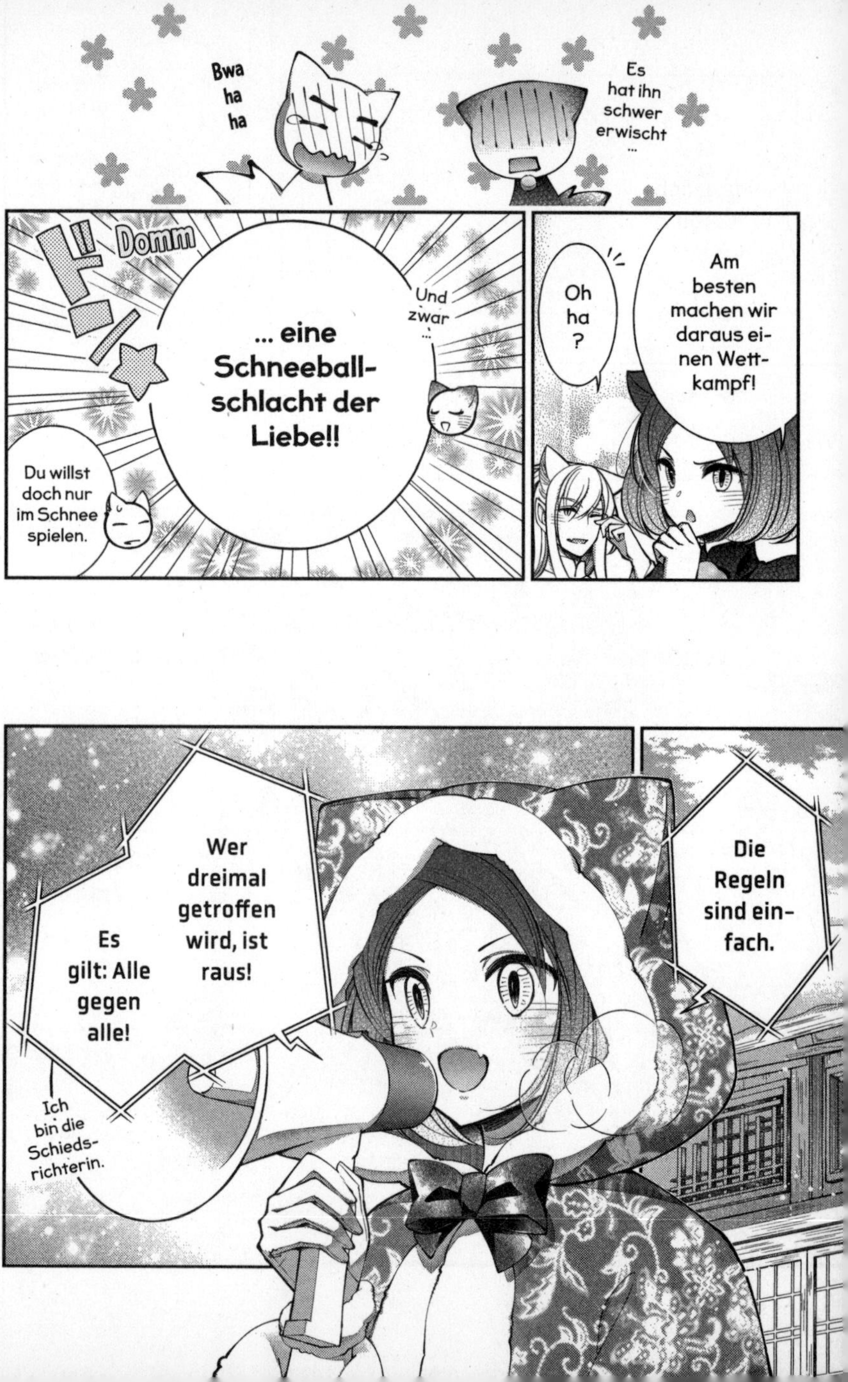

Bwa ha ha
Es hat ihn schwer erwischt ...
Am besten machen wir daraus einen Wettkampf!
Oh ha?
Und zwar ...
... eine Schneeballschlacht der Liebe!!
Domm
Du willst doch nur im Schnee spielen.
Die Regeln sind einfach.
Wer dreimal getroffen wird, ist raus!
Es gilt: Alle gegen alle!
Ich bin die Schiedsrichterin.

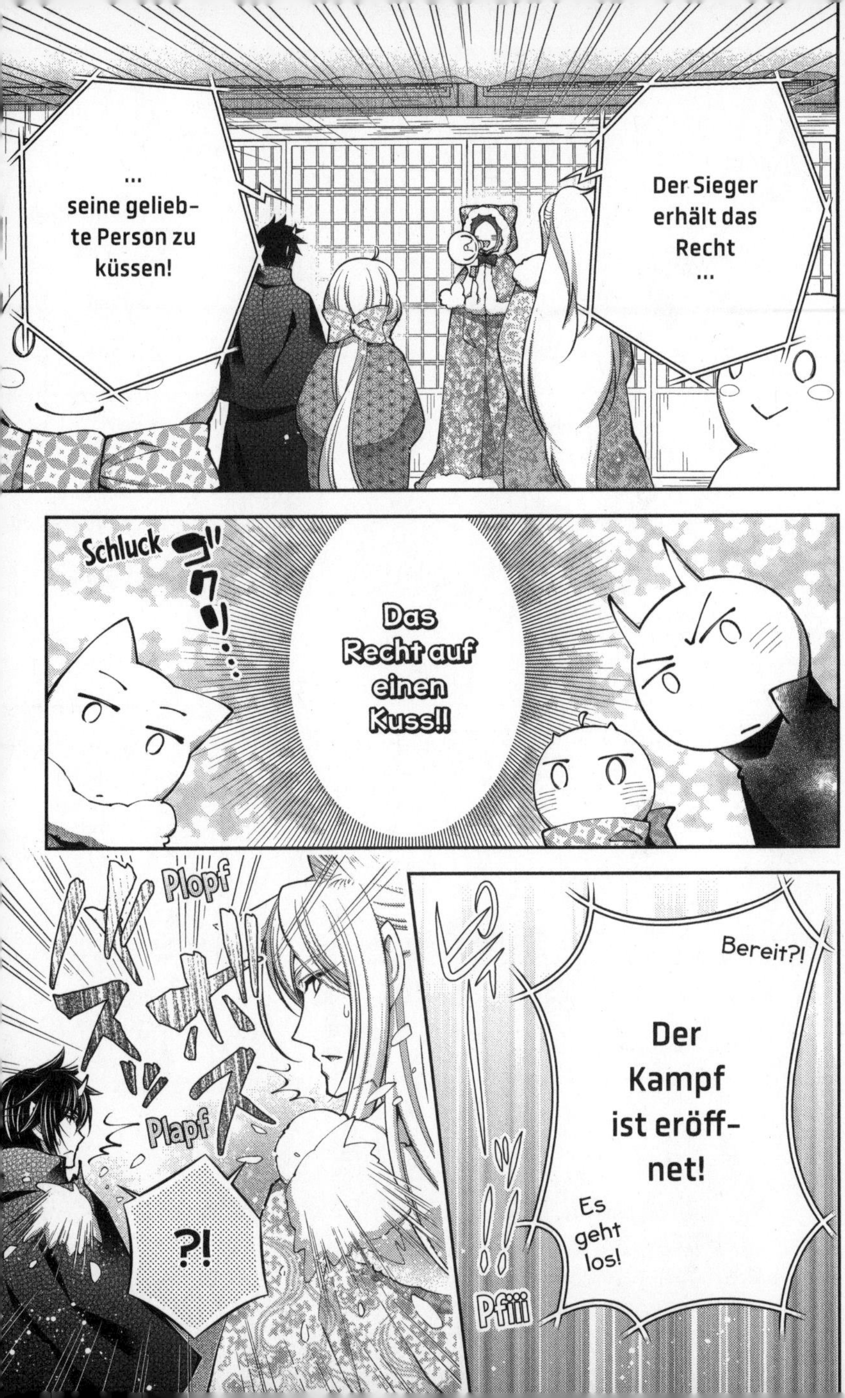

Der Sieger erhält das Recht ...

... seine geliebte Person zu küssen!

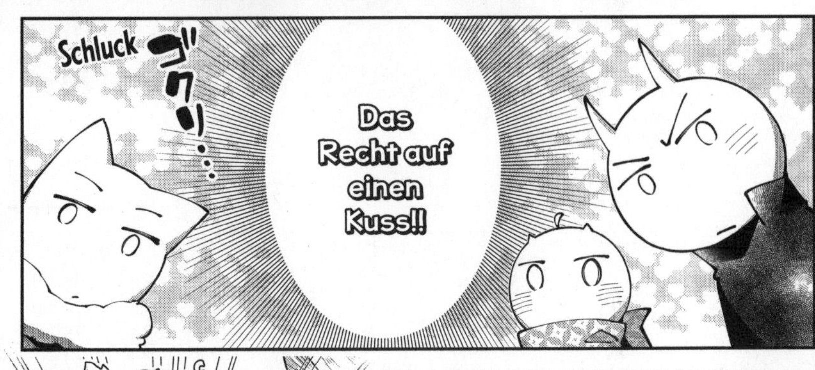

Bereit?!

Der Kampf ist eröffnet!

Es geht los!

Pfiii

Plopf

Plapf

?!

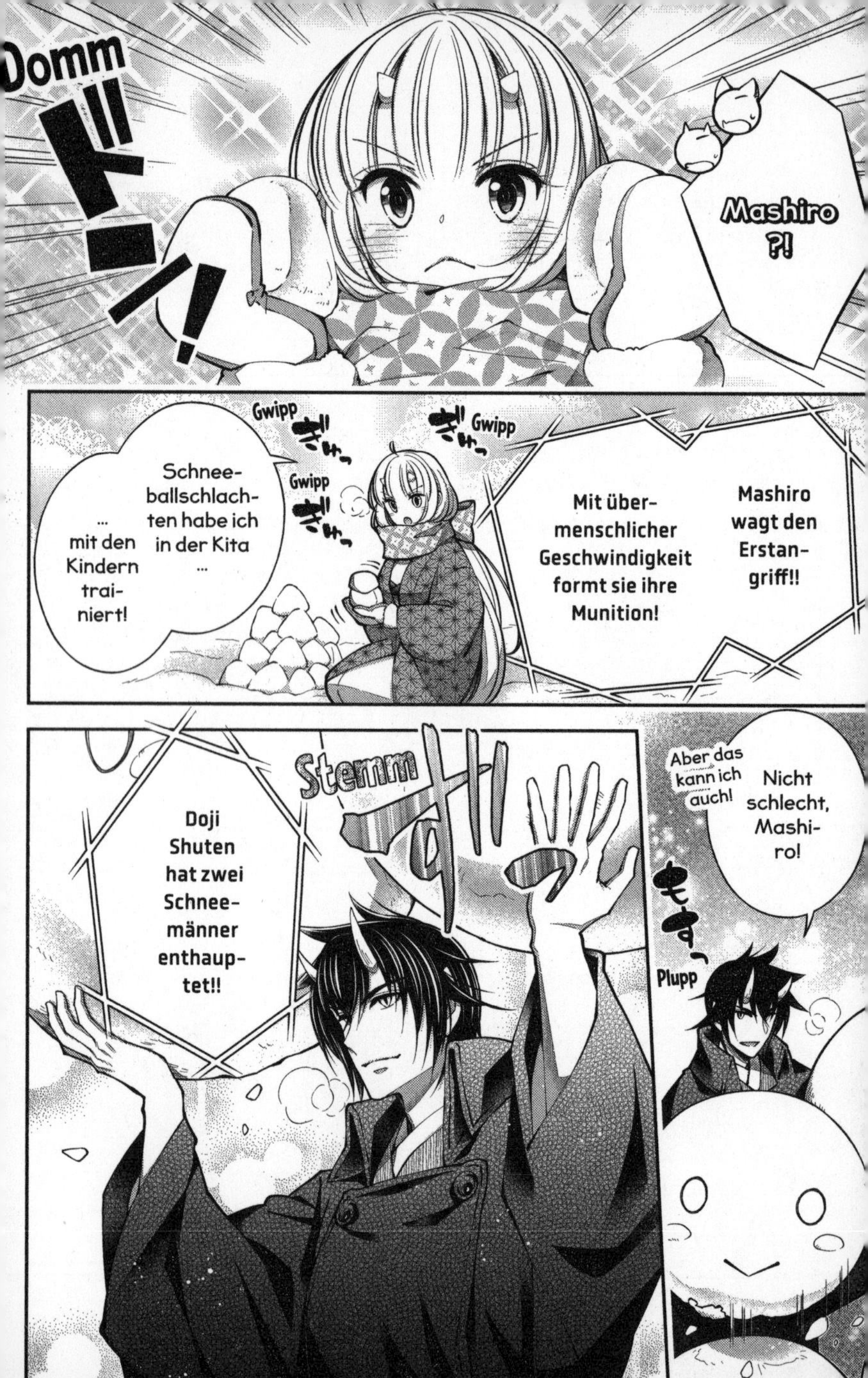
Domm
Mashiro ?!
Gwipp
Gwipp
Gwipp
Mashiro wagt den Erstangriff!!
Mit übermenschlicher Geschwindigkeit formt sie ihre Munition!
Schneeballschlachten habe ich in der Kita …
… mit den Kindern trainiert!
Stemm
Nicht schlecht, Mashiro!
Aber das kann ich auch!
Plupp
Doji Shuten hat zwei Schneemänner enthauptet!!

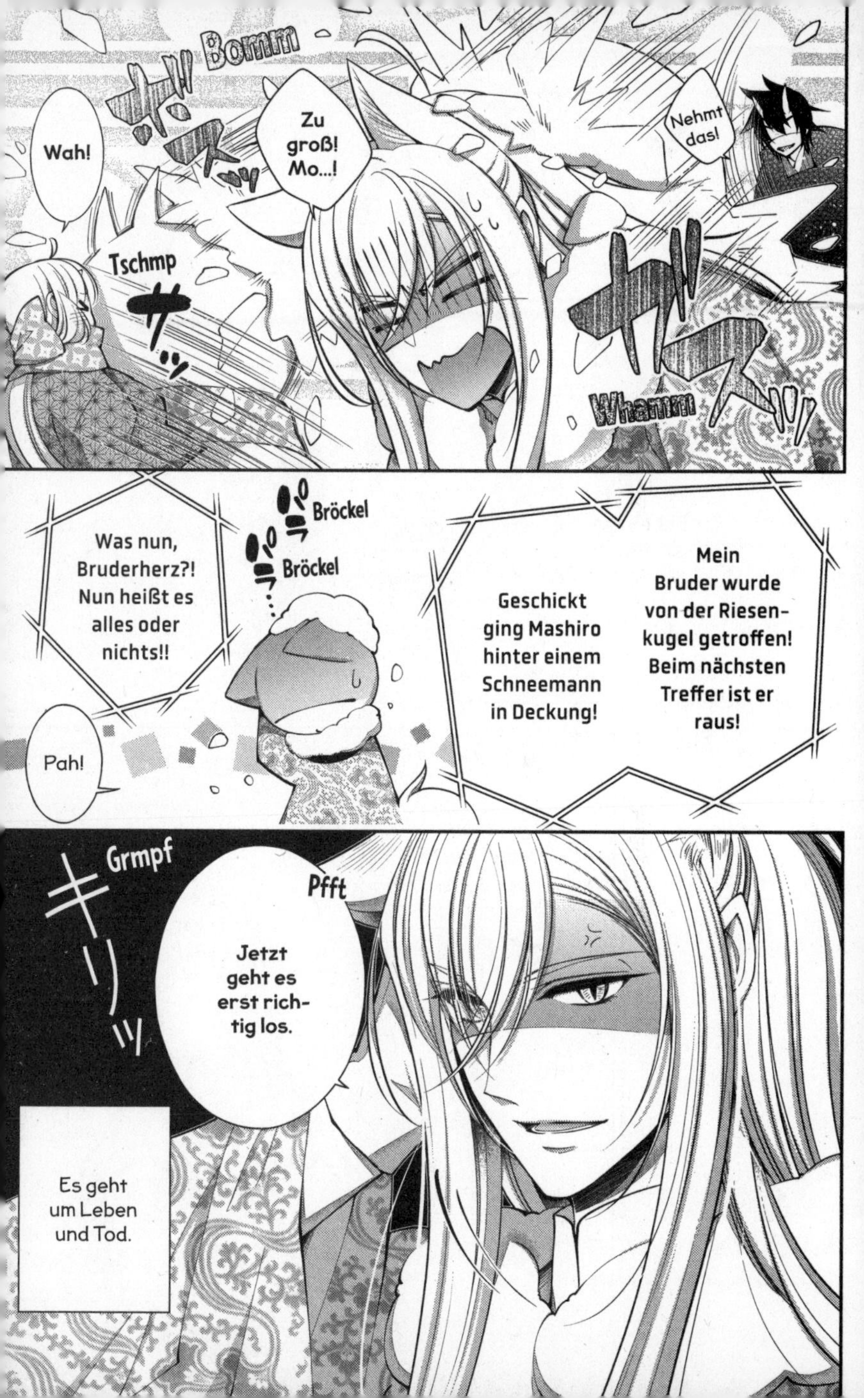
Nehmt das!
Zu groß! Mo...!
Bomm
Wah!
Tschmp
Whamm
Mein Bruder wurde von der Riesenkugel getroffen! Beim nächsten Treffer ist er raus!
Geschickt ging Mashiro hinter einem Schneemann in Deckung!
Bröckel
Bröckel
Was nun, Bruderherz?! Nun heißt es alles oder nichts!!
Pah!
Pfft
Jetzt geht es erst richtig los.
Grmpf
Es geht um Leben und Tod.

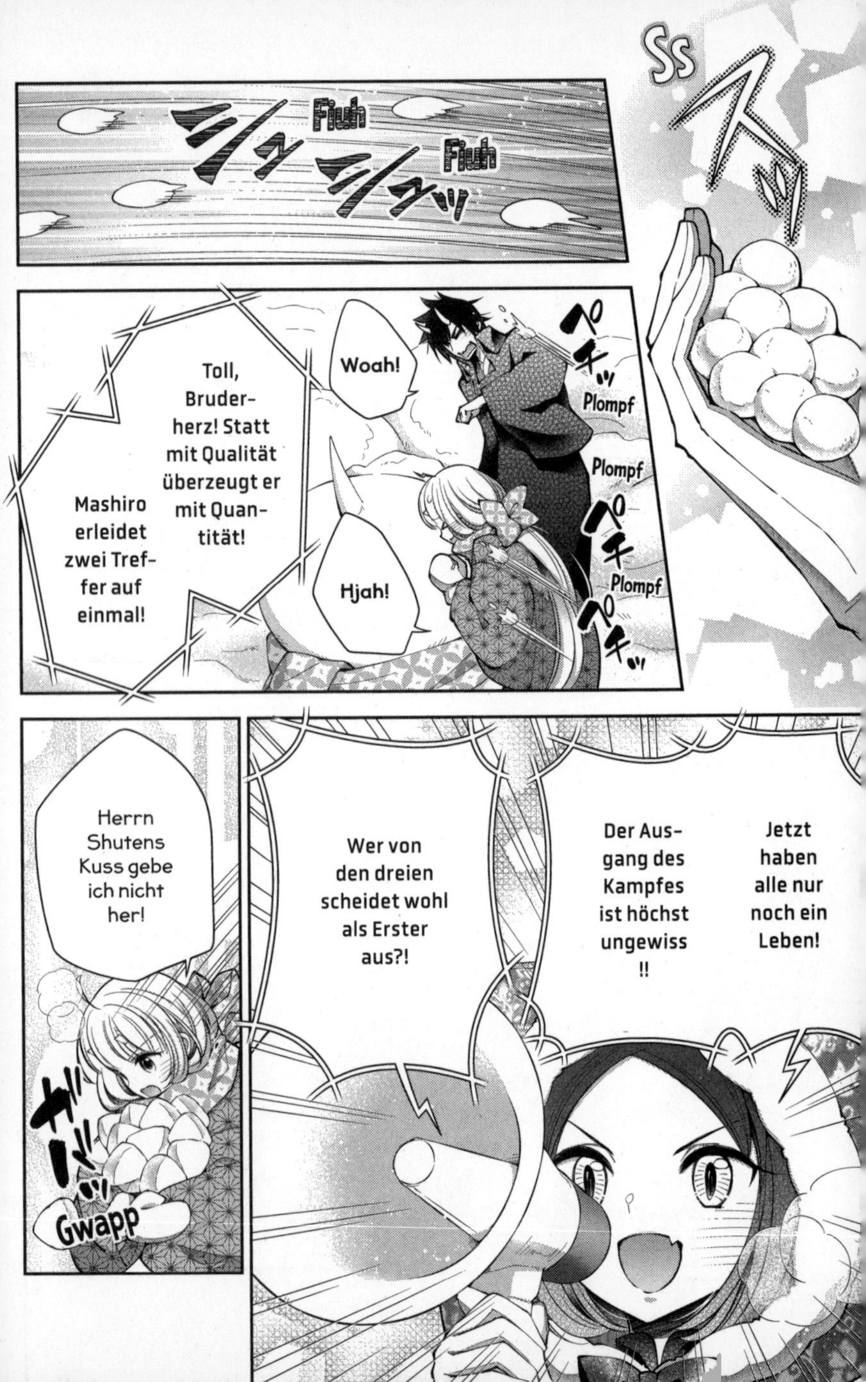
Ss
Fiuh
Fiuh
Plompf
Plompf
Plompf
Woah!
Hjah!
Toll, Bruderherz! Statt mit Qualität überzeugt er mit Quantität!
Mashiro erleidet zwei Treffer auf einmal!
Jetzt haben alle nur noch ein Leben!
Der Ausgang des Kampfes ist höchst ungewiss!!
Wer von den dreien scheidet wohl als Erster aus?!
Herrn Shutens Kuss gebe ich nicht her!
Gwapp

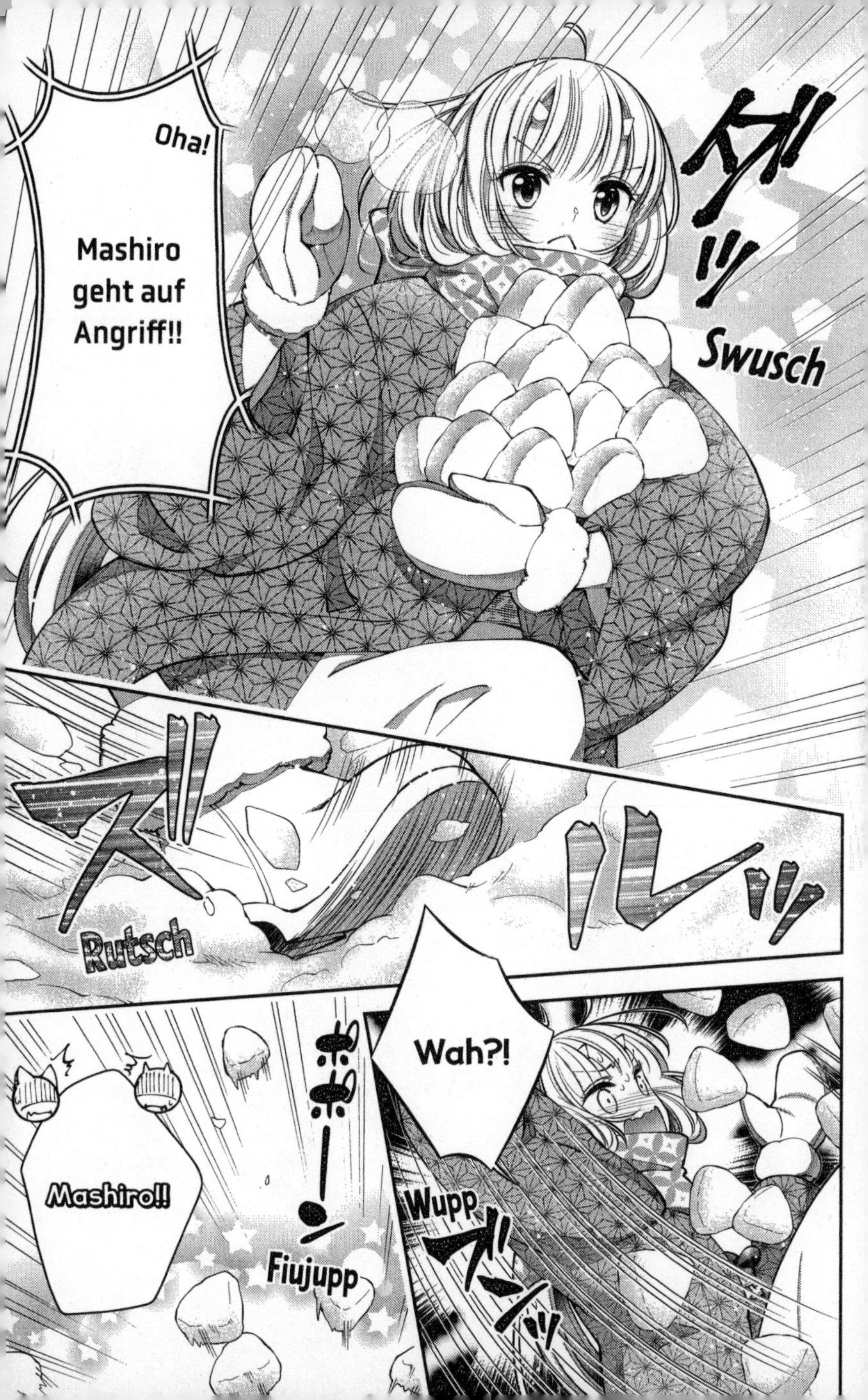
Oha!
Mashiro geht auf Angriff!!
Swusch
Rutsch
Wah?!
Mashiro!!
Fiujupp
Wupp

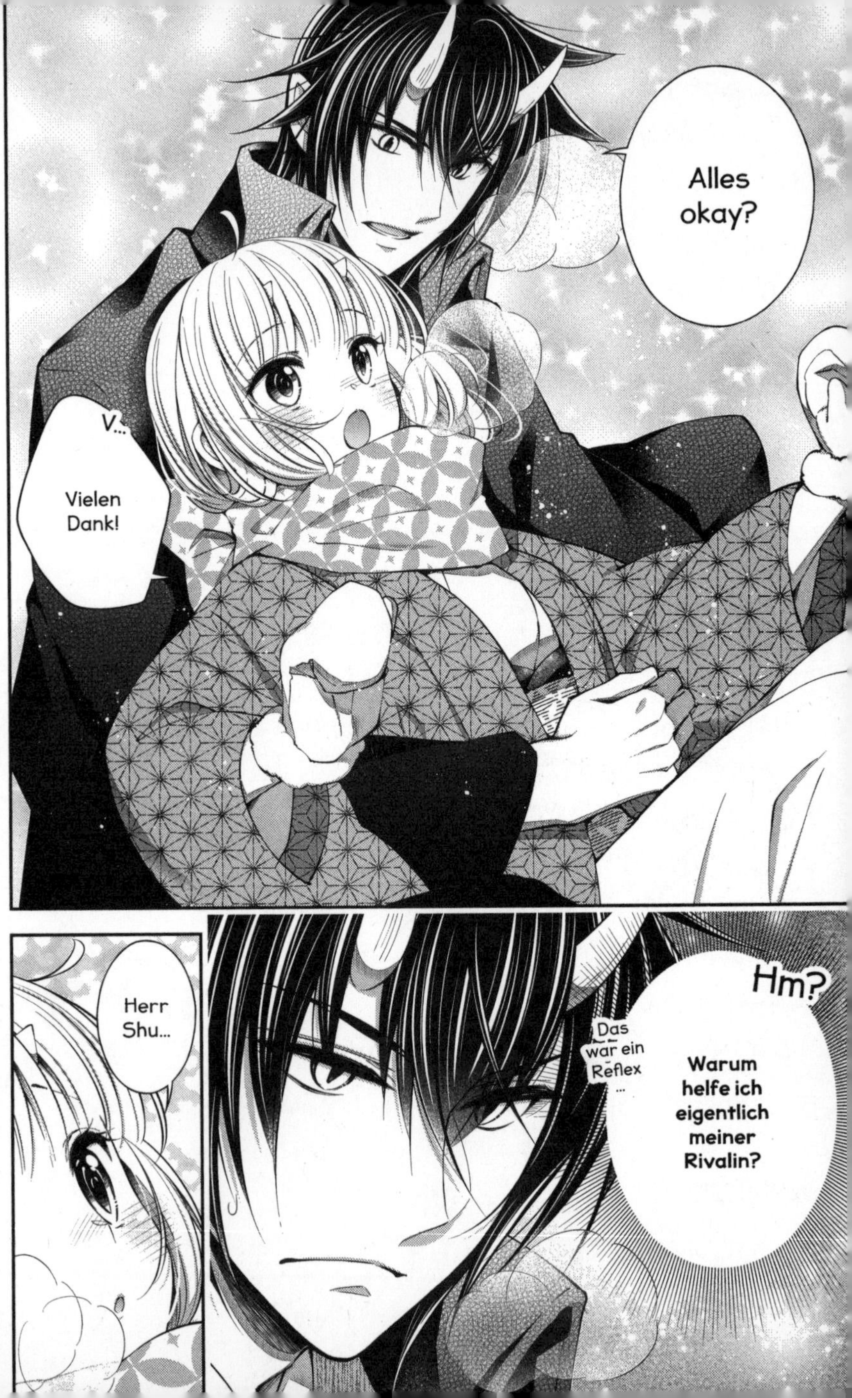

Alles okay?

V...

Vielen Dank!

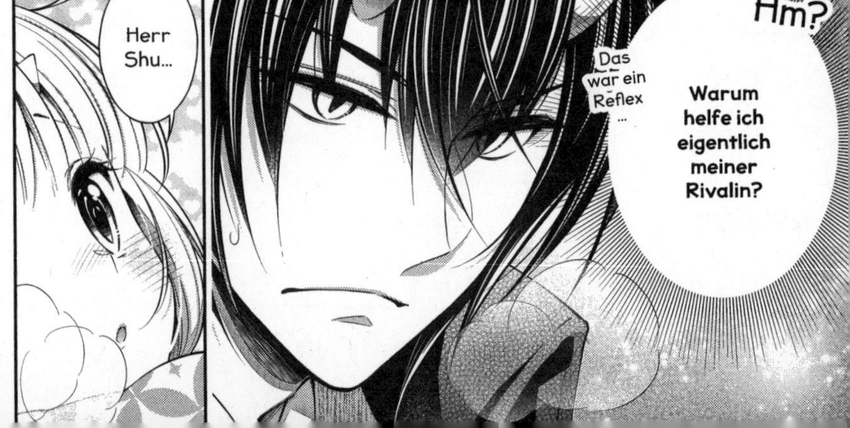

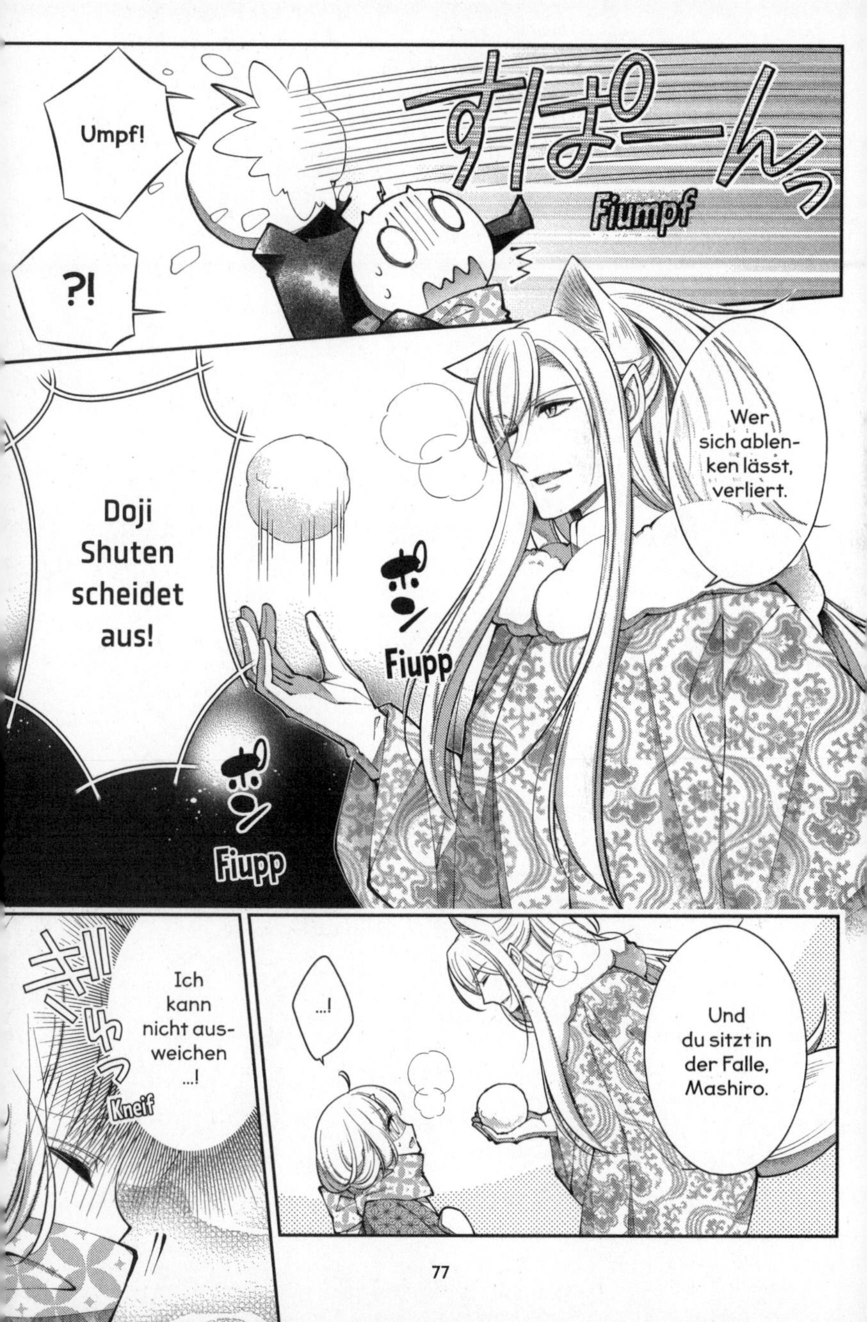

すぽーんっ
Fiumpf
Umpf!
?!
Wer sich ablenken lässt, verliert.
Fiupp
Fiupp
Doji Shuten scheidet aus!
Und du sitzt in der Falle, Mashiro.
...!
Ich kann nicht ausweichen ...!
Kneif

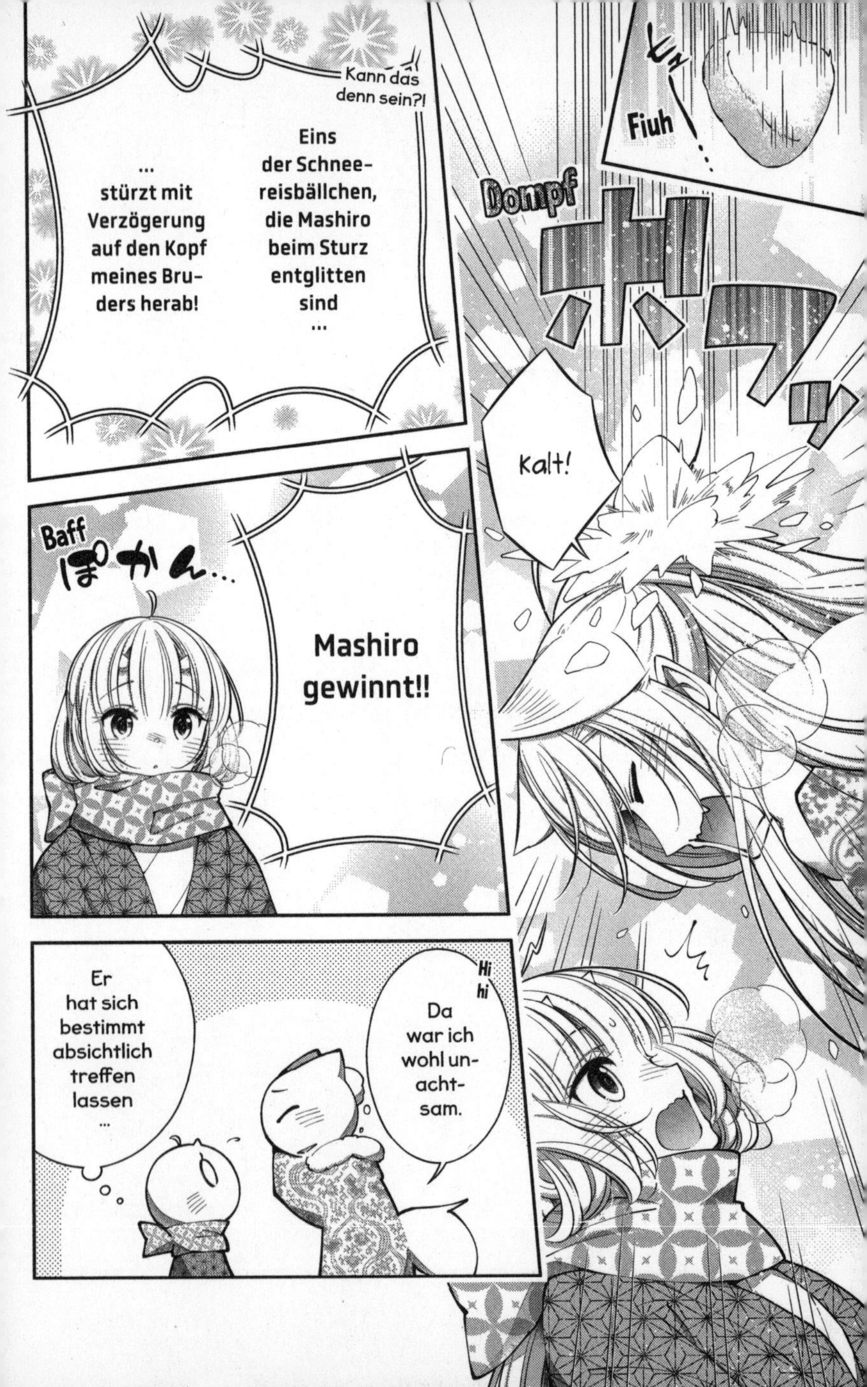

Fiuh
Dompf
Kann das denn sein?!
Eins der Schneereisbällchen, die Mashiro beim Sturz entglitten sind …
… stürzt mit Verzögerung auf den Kopf meines Bruders herab!
Kalt!
Mashiro gewinnt!!
Baff
Hi hi
Da war ich wohl unachtsam.
Er hat sich bestimmt absichtlich treffen lassen …

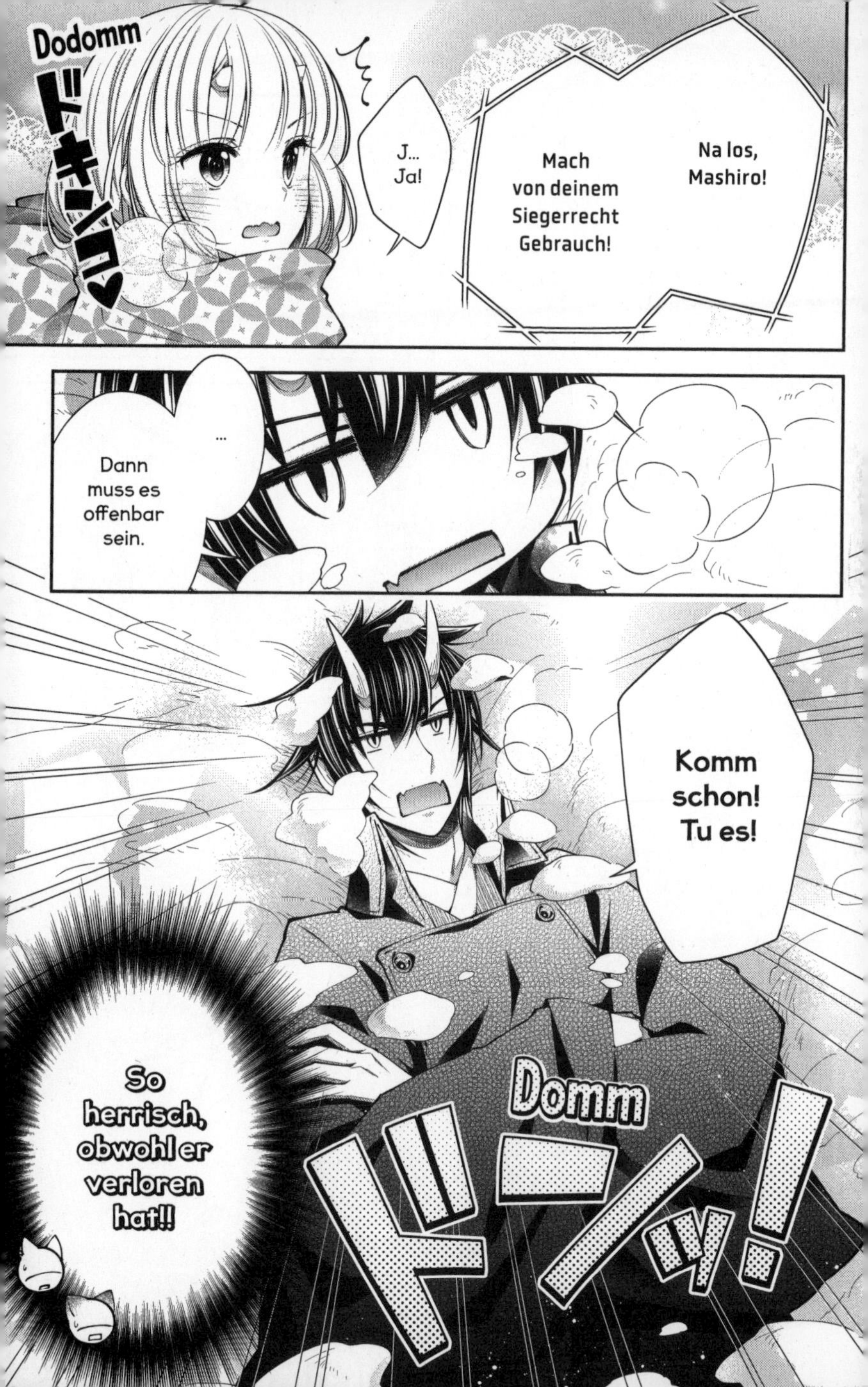
Dodomm
ドキンッ♥
Na los, Mashiro!
Mach von deinem Siegerrecht Gebrauch!
J... Ja!
...
Dann muss es offenbar sein.
Komm schon! Tu es!
Domm
ドーンッ!
So herrisch, obwohl er verloren hat!!

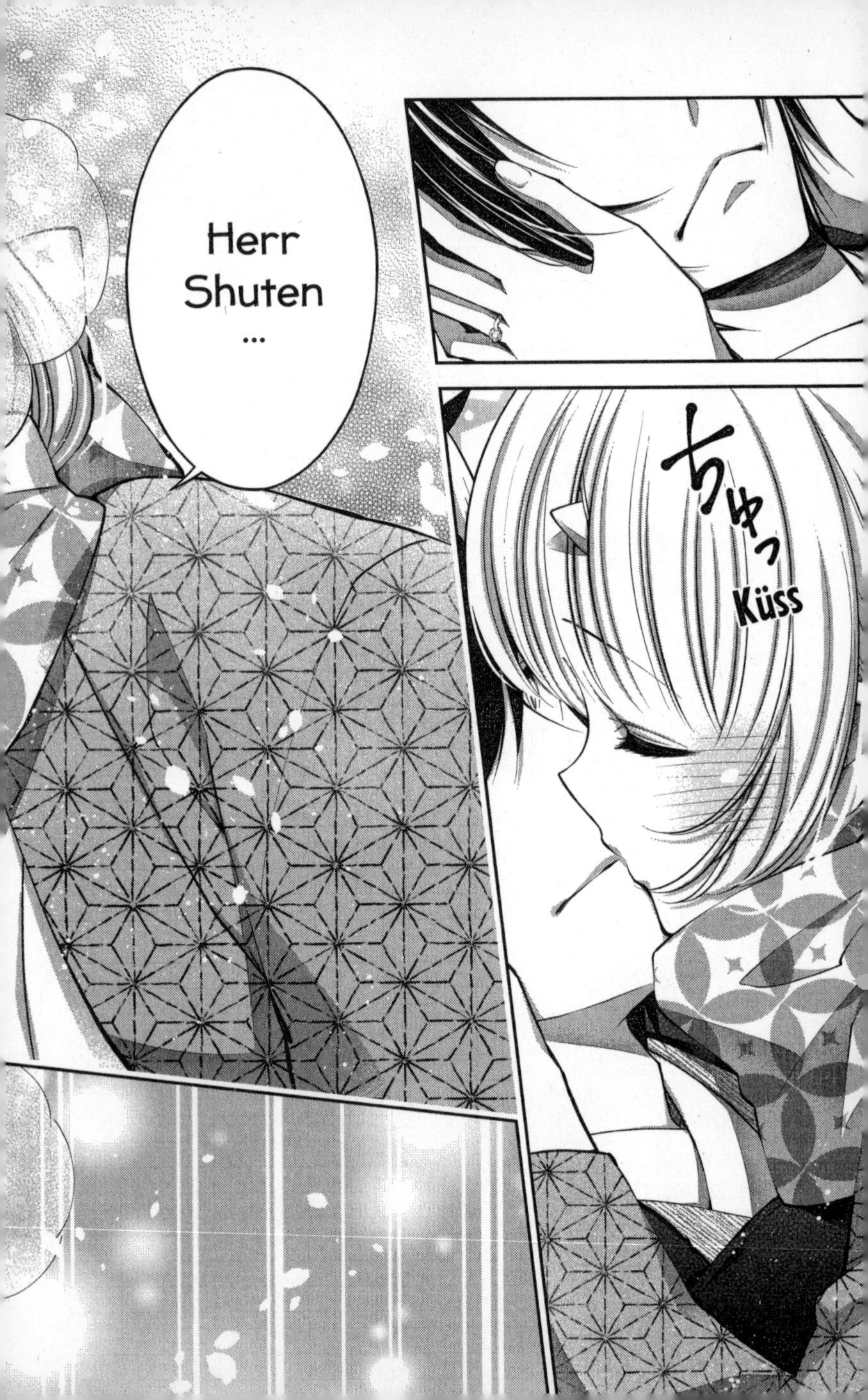
Herr Shuten ...
ちゅっ
Küss

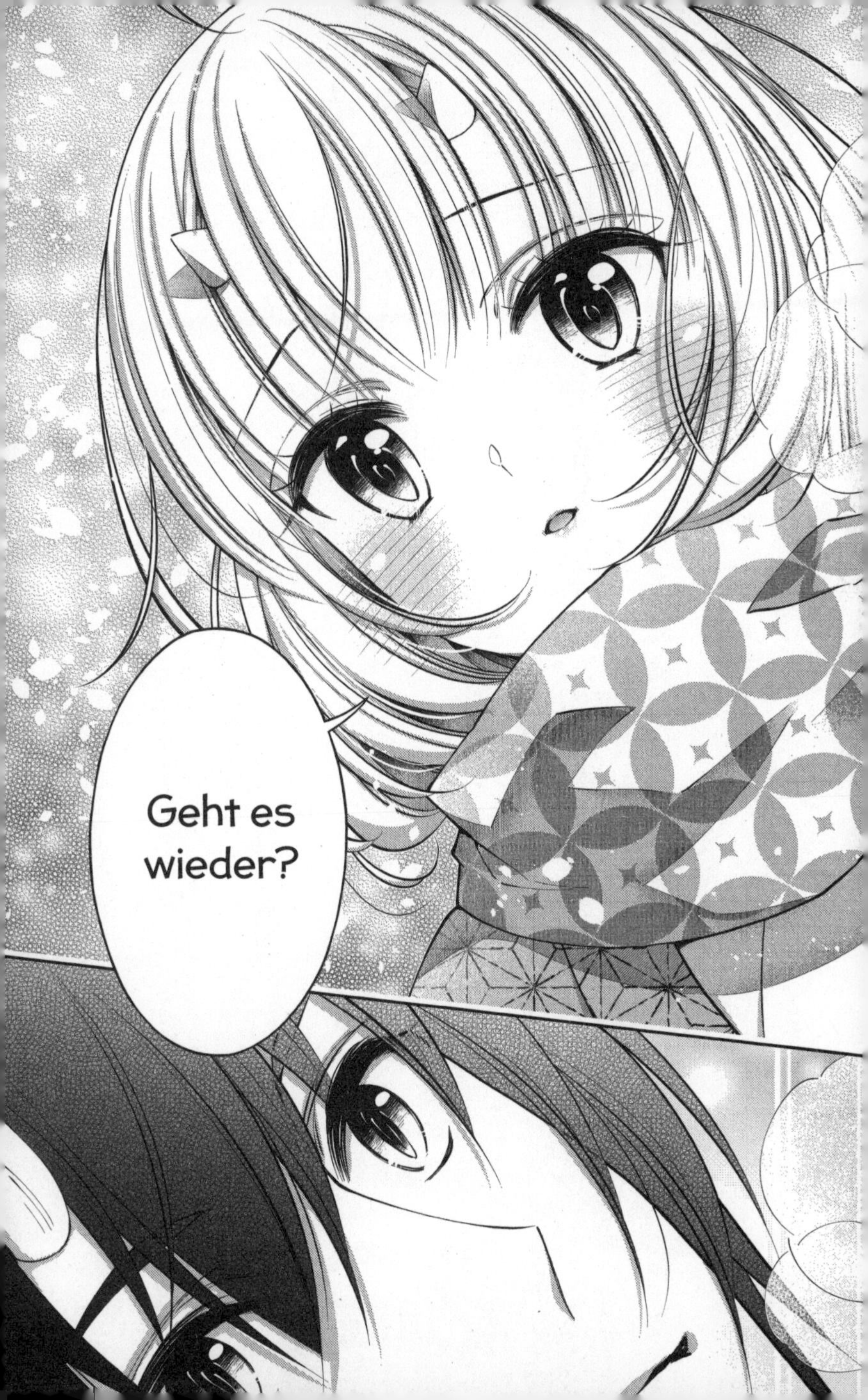
Geht es
wieder?

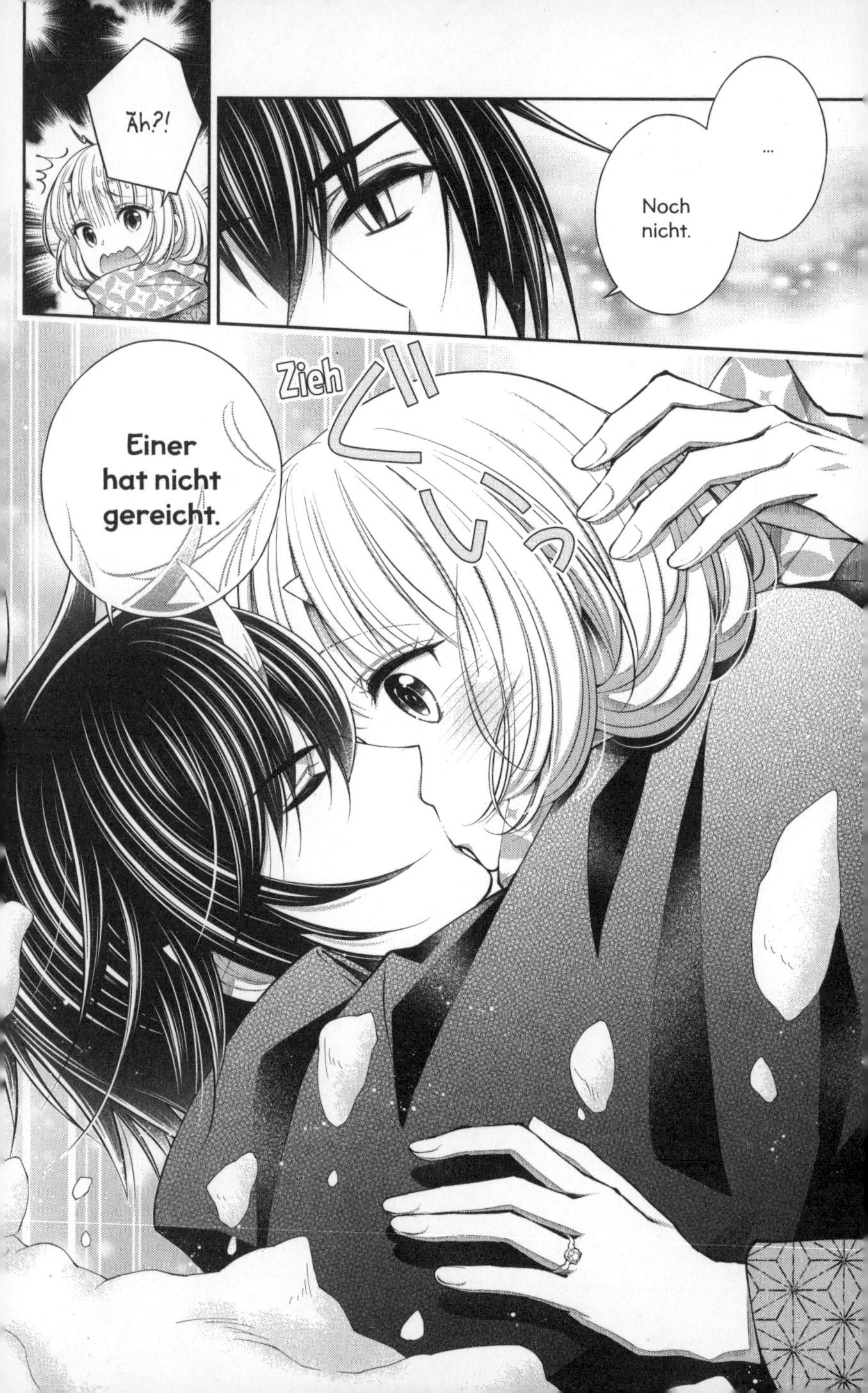
…
Noch nicht.
Äh?!
Zieh
Einer hat nicht gereicht.

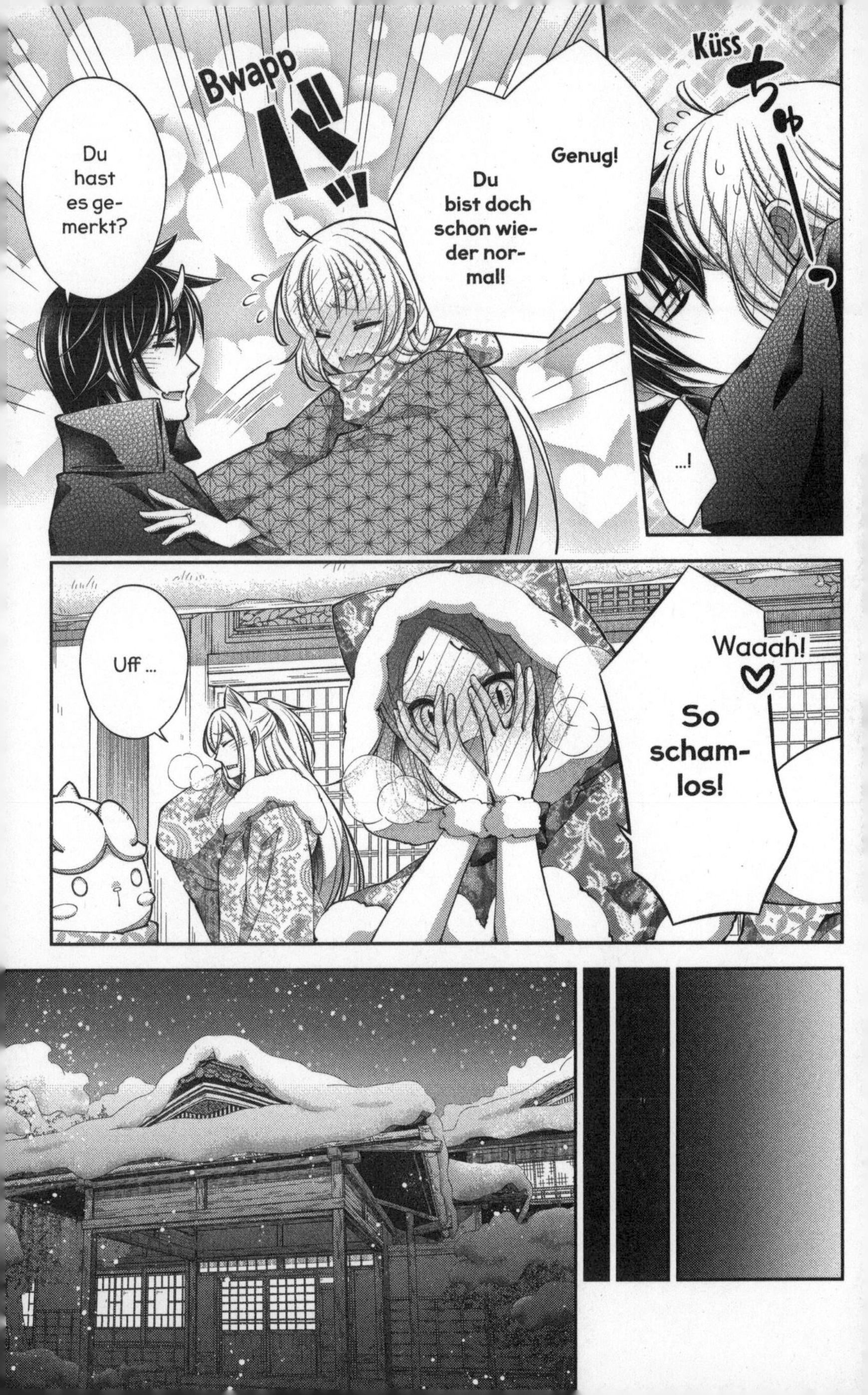

Küss

...!

Genug!

Du bist doch schon wieder normal!

Bwapp

Du hast es gemerkt?

Waaah! ♥

So schamlos!

Uff ...

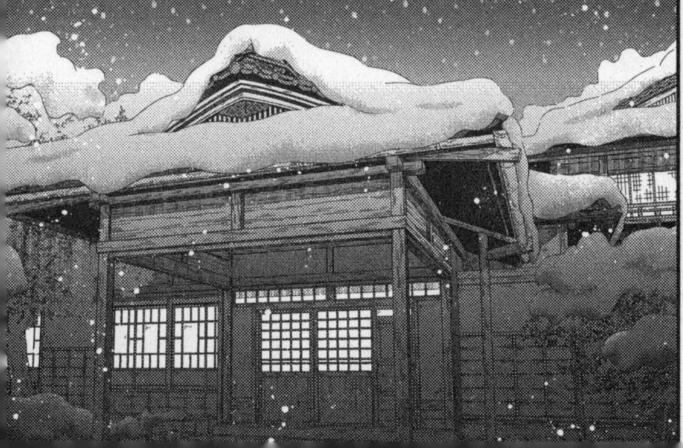

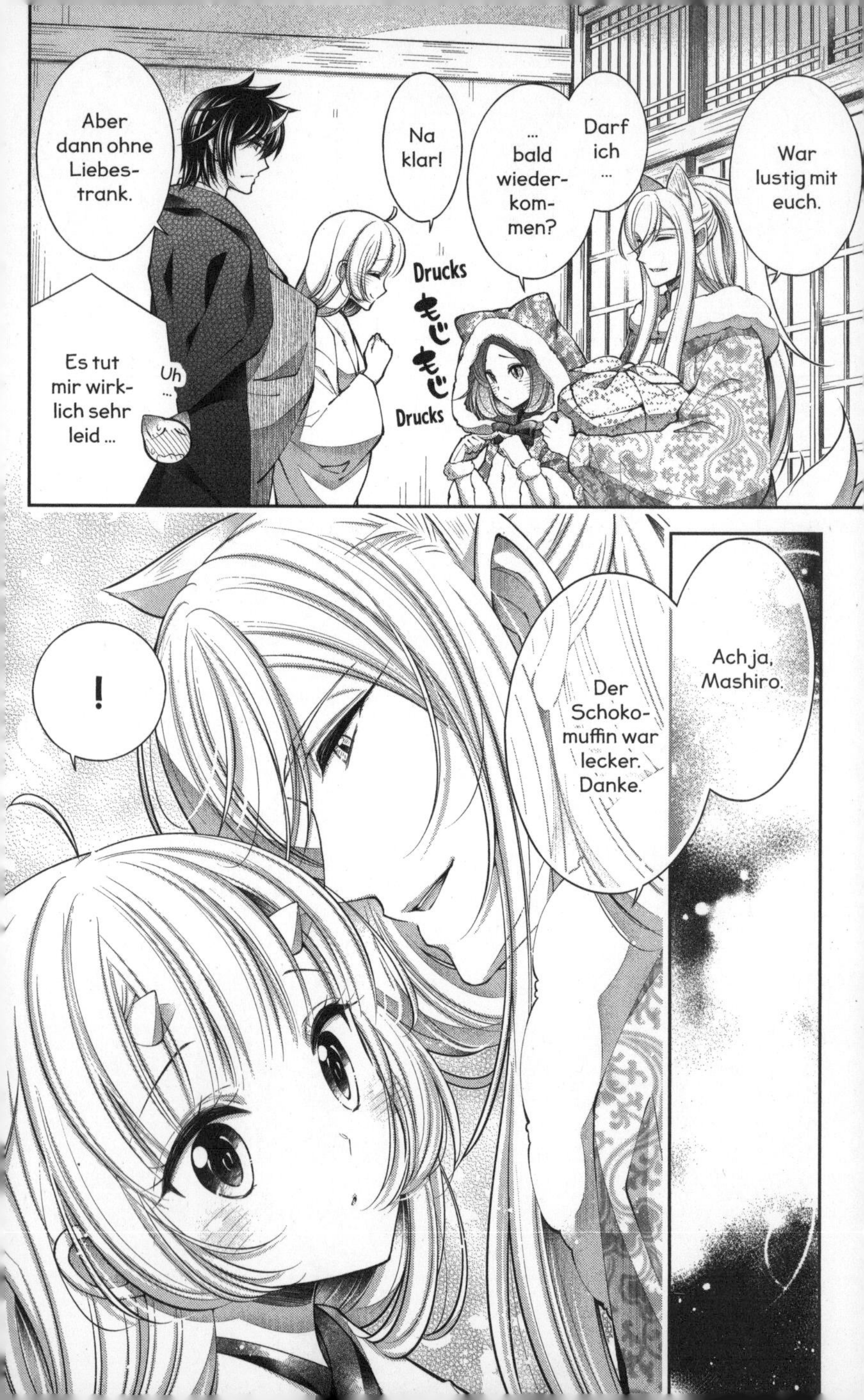
War lustig mit euch.
Darf ich …
… bald wieder-kom-men?
Drucks もじもじ Drucks
Na klar!
Aber dann ohne Liebes-trank.
Uh …
Es tut mir wirk-lich sehr leid …
Ach ja, Mashiro.
Der Schoko-muffin war lecker. Danke.
!

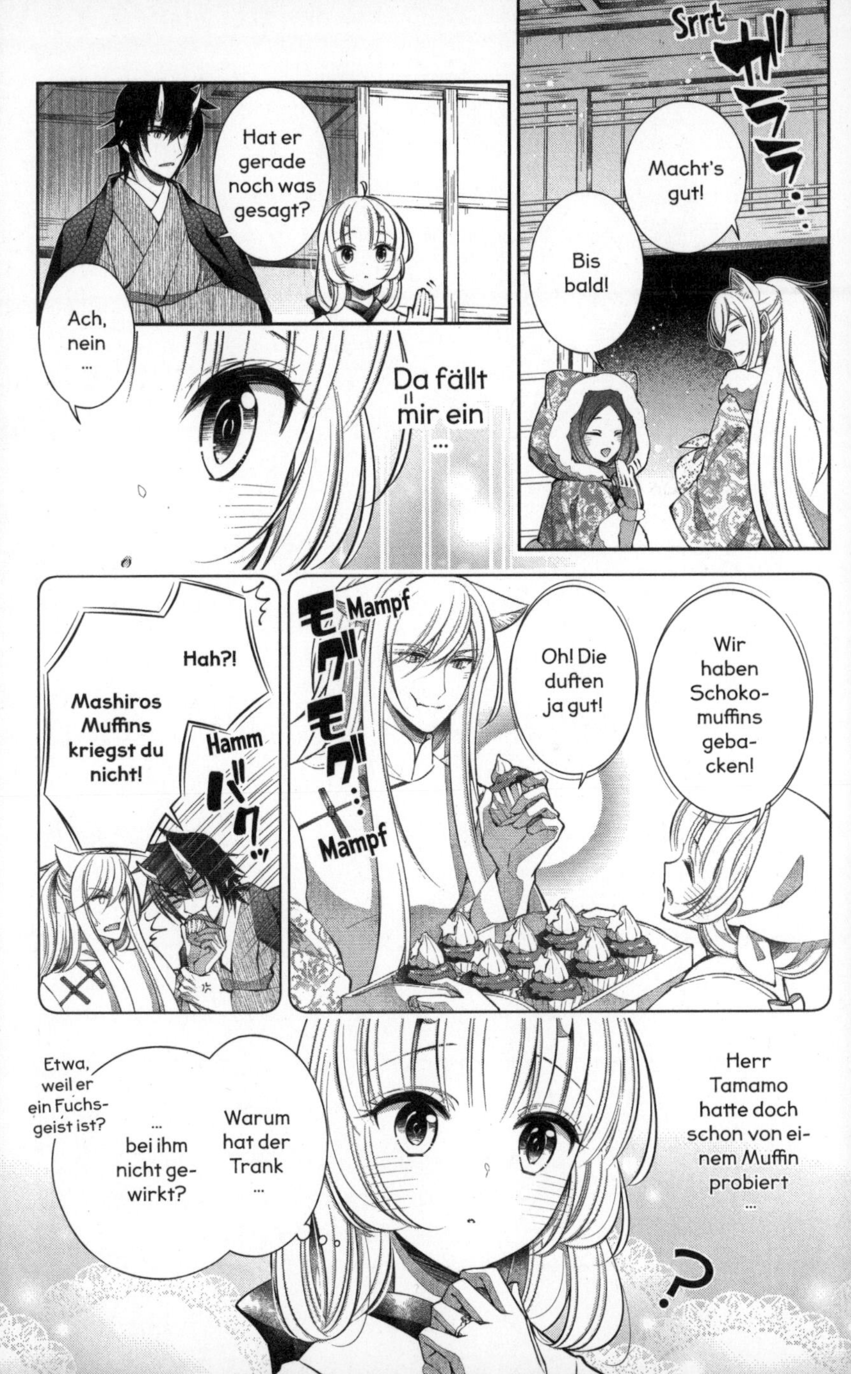
Srrt
Macht's gut!
Bis bald!
Hat er gerade noch was gesagt?
Ach, nein ...
Da fällt mir ein ...
Wir haben Schoko-muffins geba-cken!
Oh! Die duften ja gut!
Mampf
Mampf
Hah?!
Mashiros Muffins kriegst du nicht!
Hamm
Herr Tamamo hatte doch schon von ei-nem Muffin probiert ...
Warum hat der Trank ...
... bei ihm nicht ge-wirkt?
Etwa, weil er ein Fuchs-geist ist?

Was?!

Du hast auch einen Muffin gegessen?!

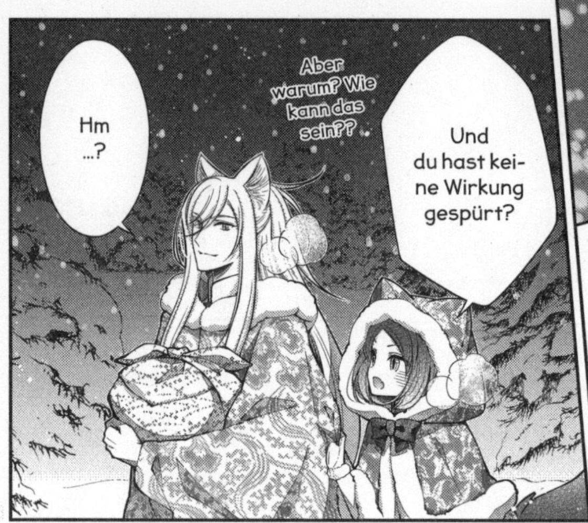

Ja, warum wohl ...?

Wie konnte ich nur ... Ausgerechnet dieser Kerl ...

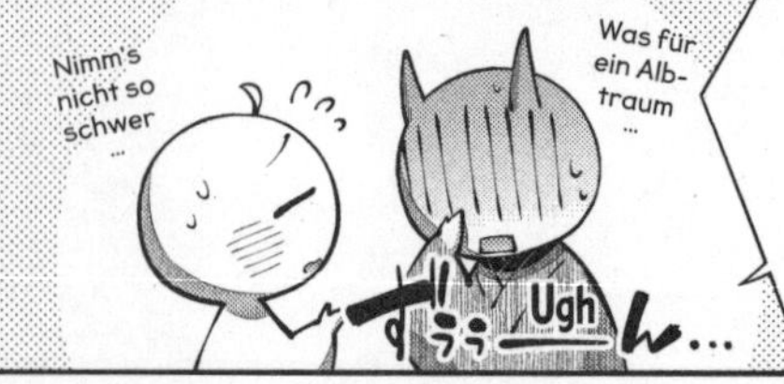

Es hat ihn noch eine Woche lang verfolgt.

Kapitel 44

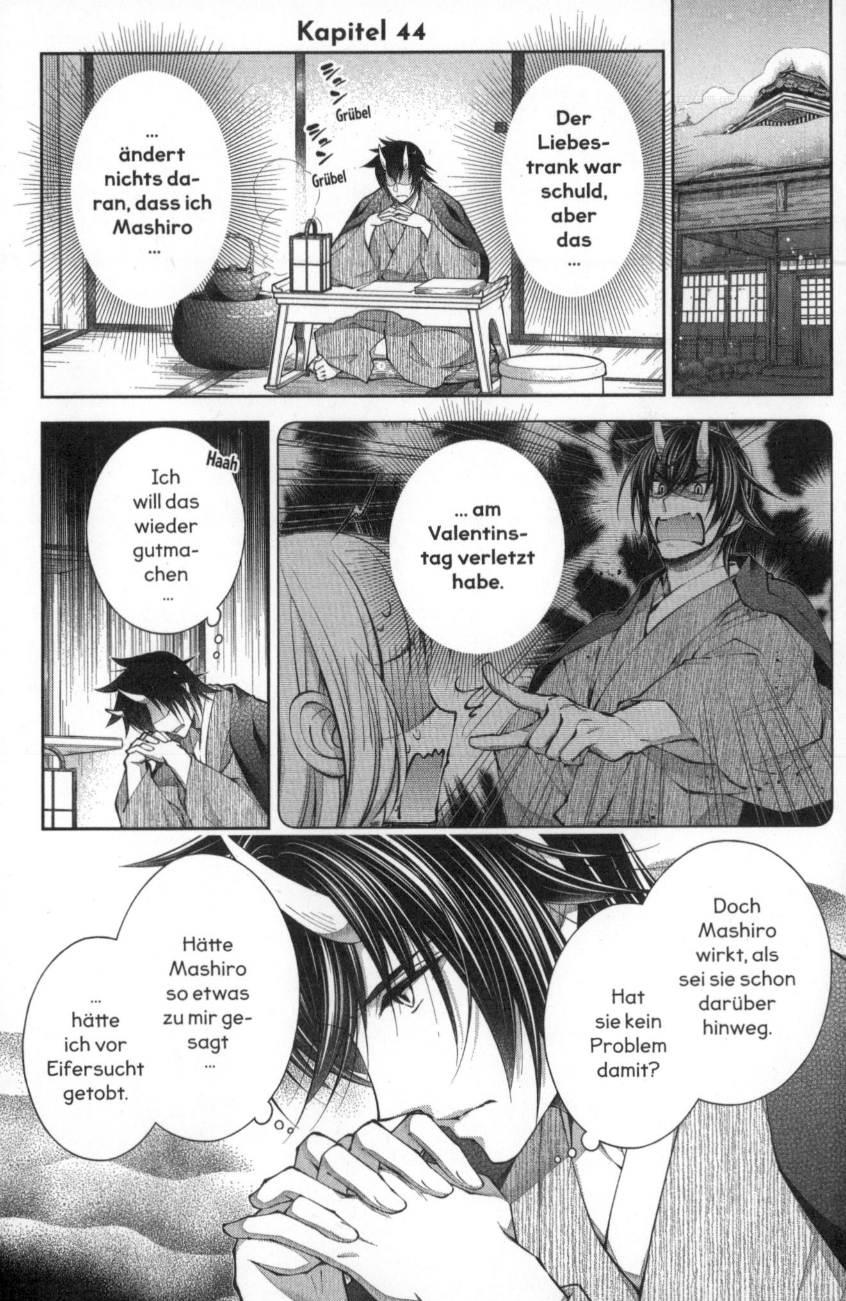

Der Liebestrank war schuld, aber das ...
Grübel
Grübel
... ändert nichts daran, dass ich Mashiro ...
... am Valentinstag verletzt habe.
Haah
Ich will das wieder gutmachen ...
Doch Mashiro wirkt, als sei sie schon darüber hinweg.
Hat sie kein Problem damit?
Hätte Mashiro so etwas zu mir gesagt ...
... hätte ich vor Eifersucht getobt.

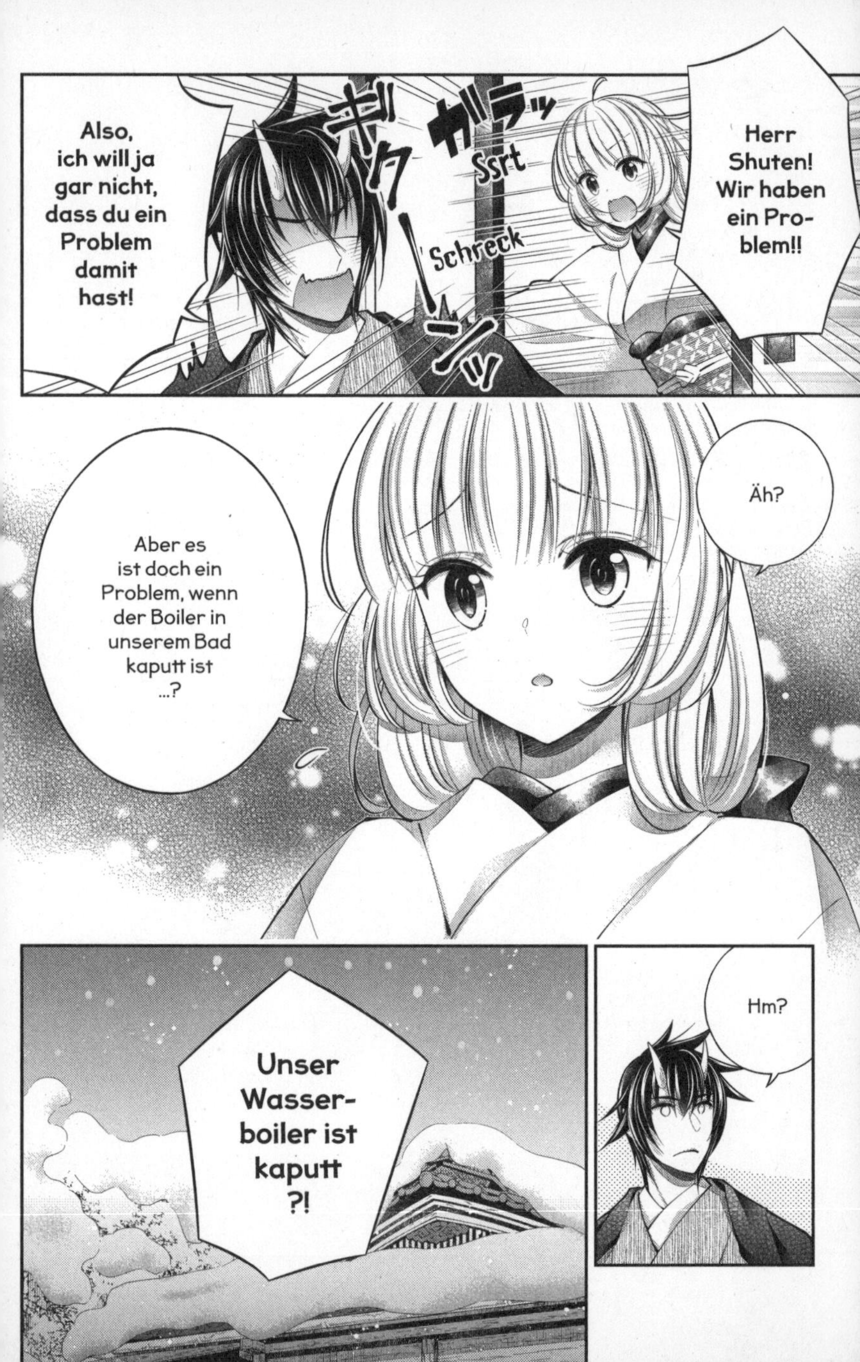
Herr Shuten! Wir haben ein Problem!!
ガラッ
Ssrt
ギクーッ
Schreck
Also, ich will ja gar nicht, dass du ein Problem damit hast!
Äh?
Aber es ist doch ein Problem, wenn der Boiler in unserem Bad kaputt ist ...?
Hm?
Unser Wasserboiler ist kaputt ?!

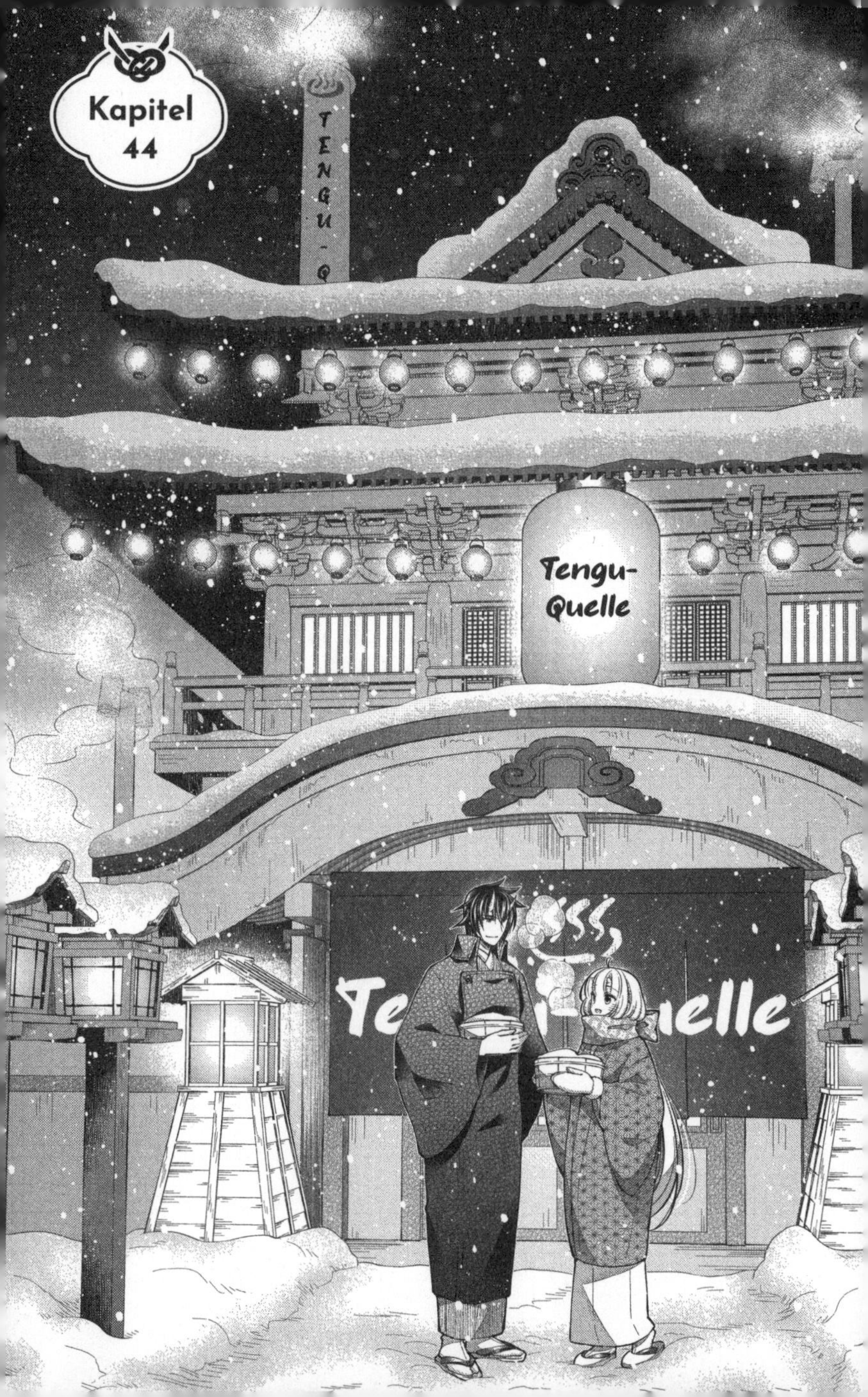
Kapitel
44
TENGU-Q
Tengu-
Quelle
Te elle

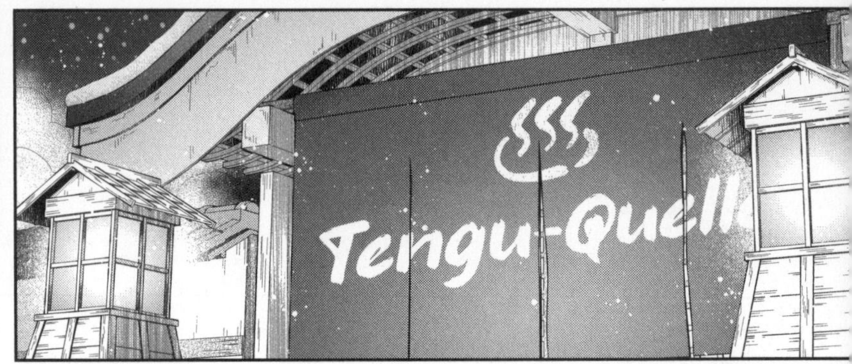

* Tengu: Mystisches Wesen (Yokai), üblicherweise in Gestalt eines Menschen mit Krähenkopf und Flügeln.

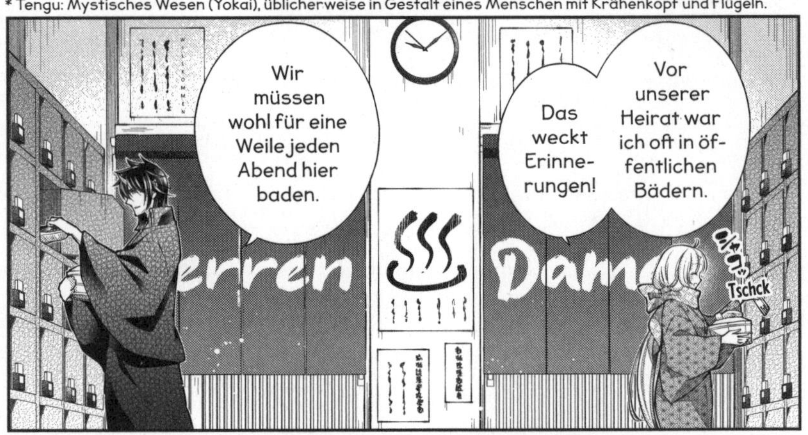

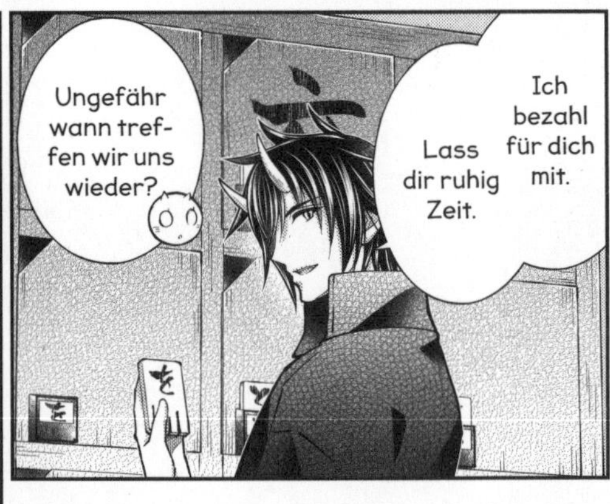

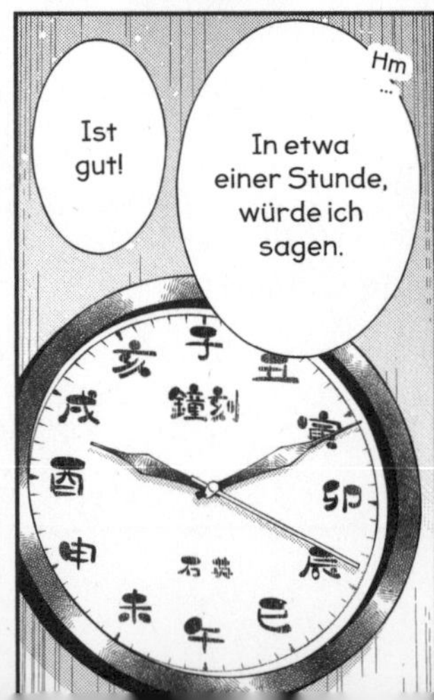

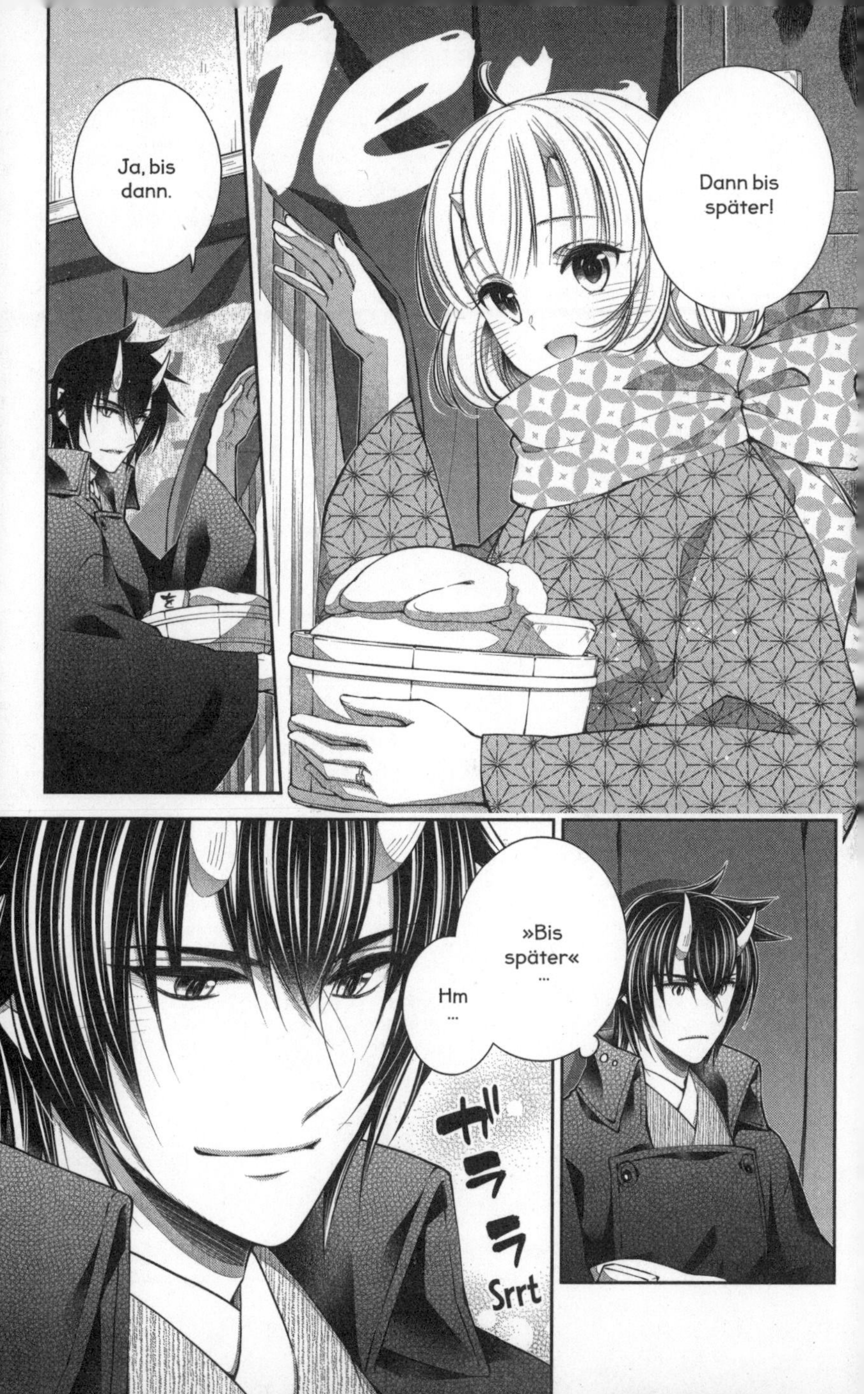
Dann bis später!
Ja, bis dann.
»Bis später« …
Hm …
Srrt

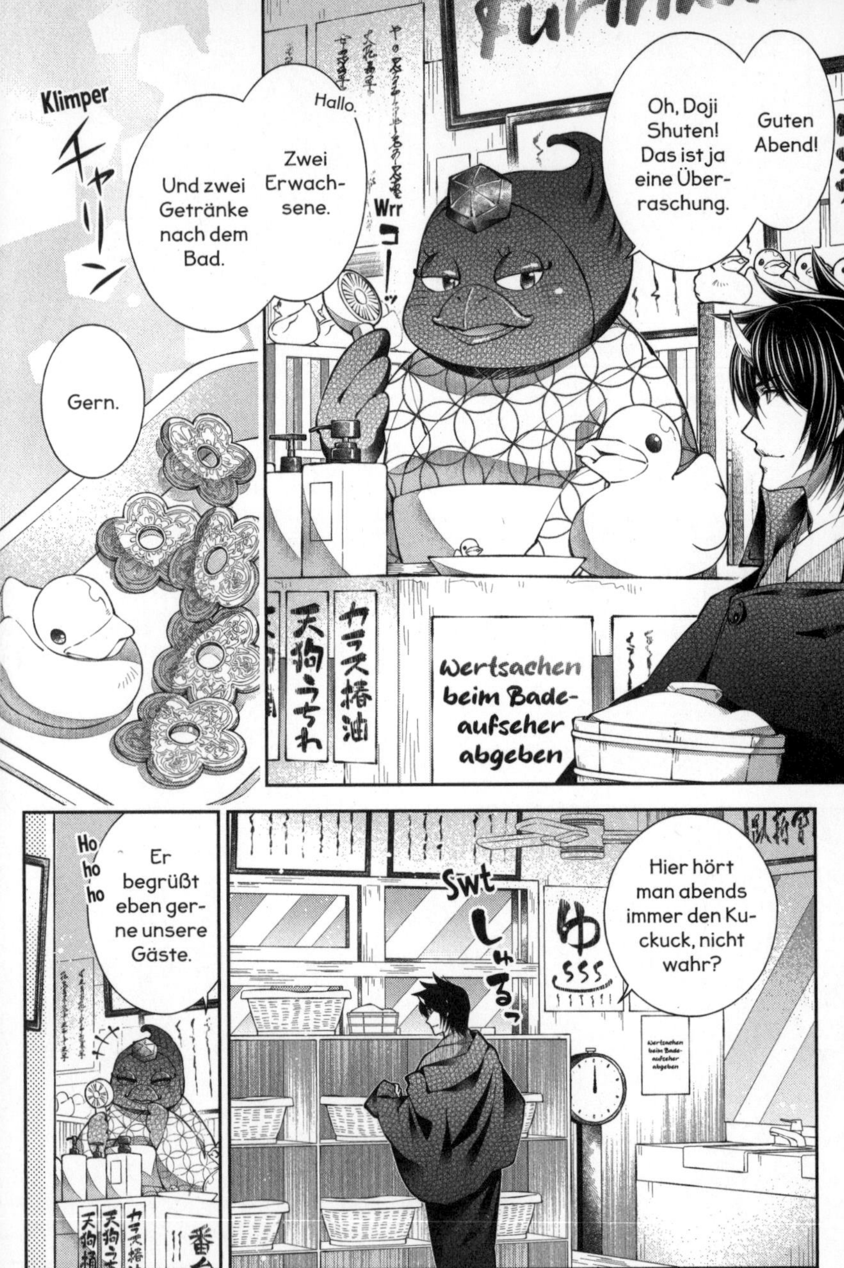
Guten Abend!
Oh, Doji Shuten! Das ist ja eine Überraschung.
Wrr
Hallo.
Zwei Erwachsene.
Und zwei Getränke nach dem Bad.
Klimper
Gern.
Wertsachen beim Badeaufseher abgeben
Swt
Hier hört man abends immer den Kuckuck, nicht wahr?
Ho ho ho
Er begrüßt eben gerne unsere Gäste.

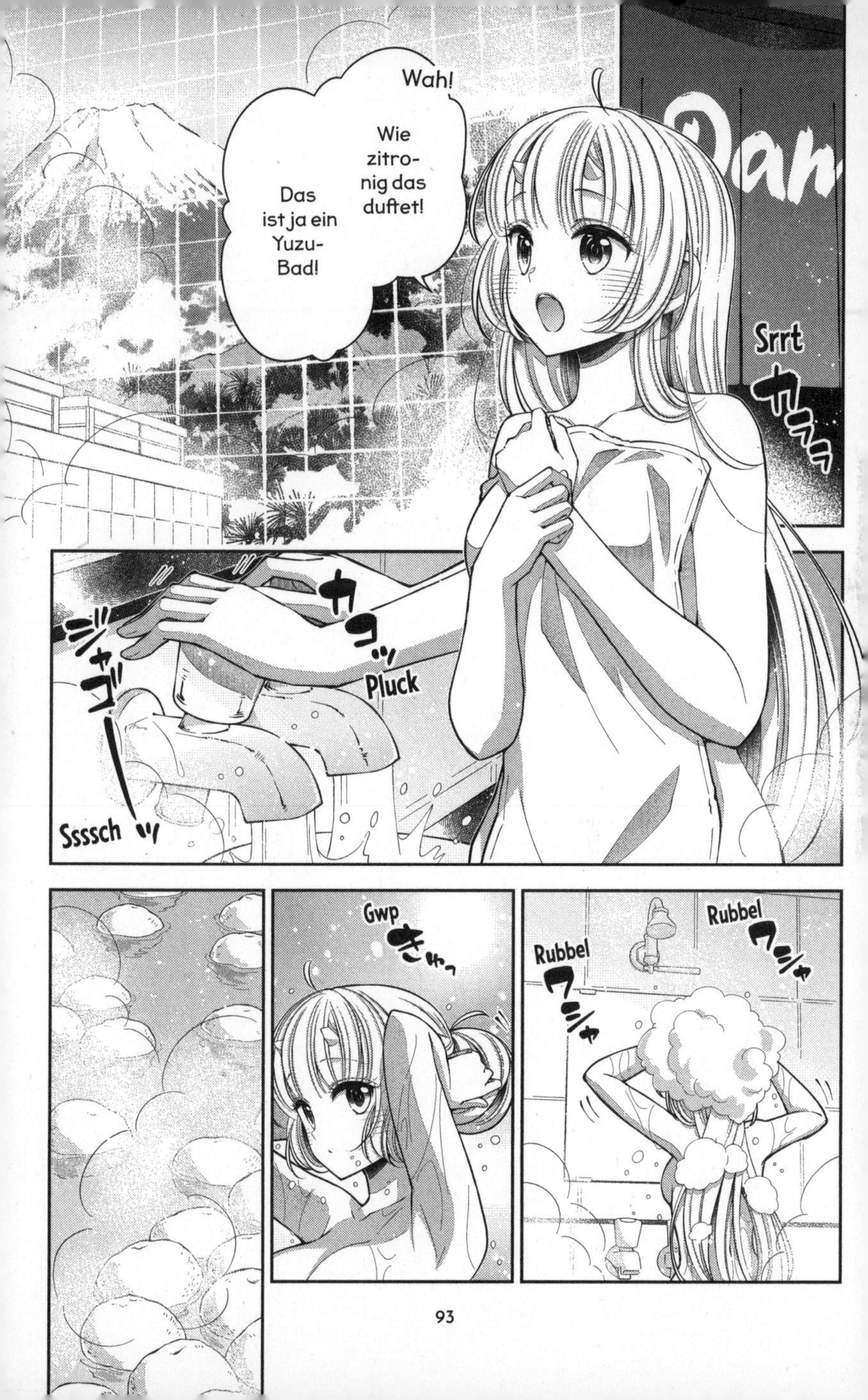

Srrt

Wah!
Wie zitronig das duftet!
Das ist ja ein Yuzu-Bad!

Pluck

Ssssch

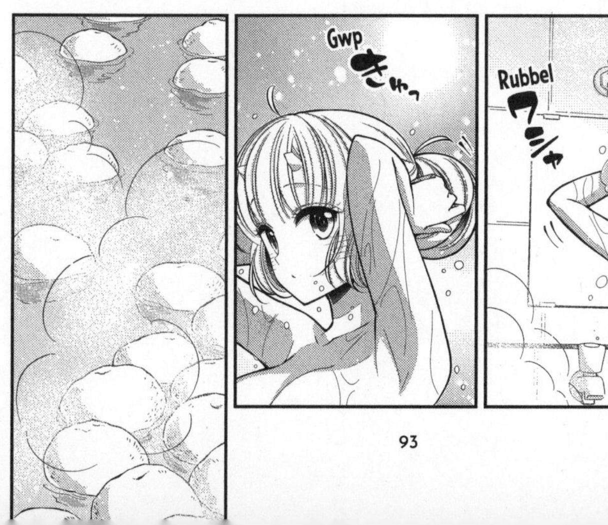

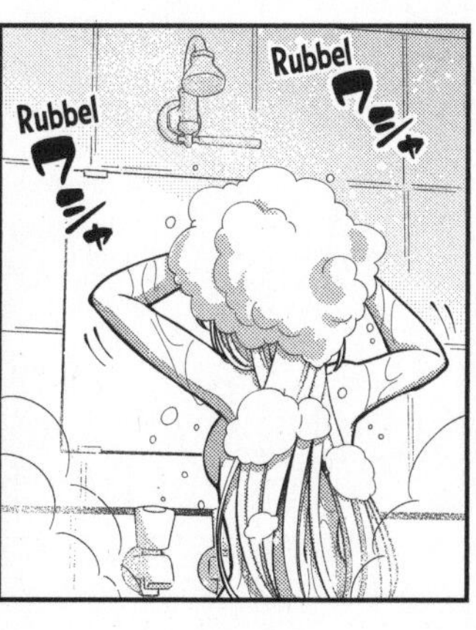

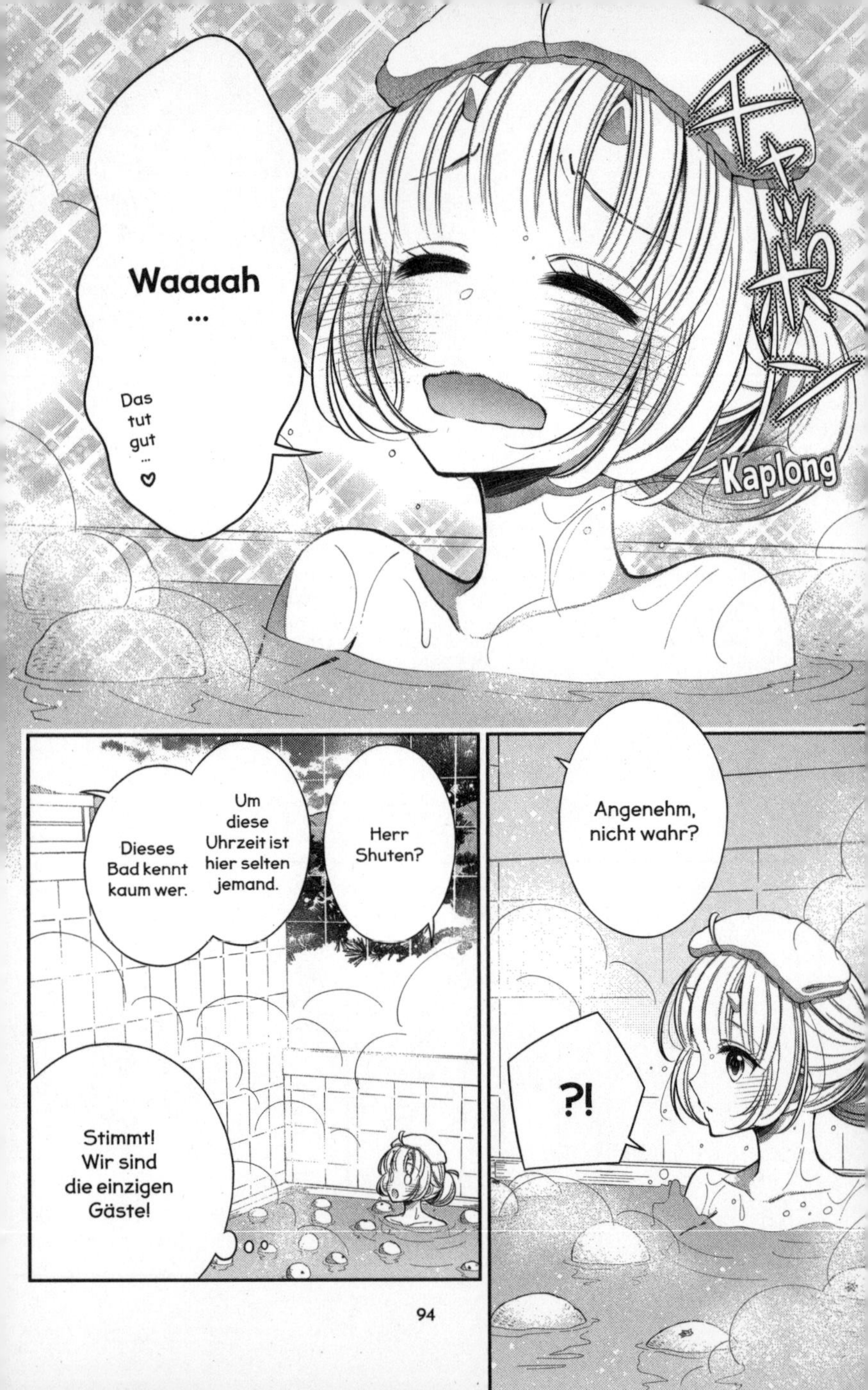
Kaplong
Waaaah ...
Das tut gut ... ♡
Angenehm, nicht wahr?
?!
Herr Shuten?
Um diese Uhrzeit ist hier selten jemand.
Dieses Bad kennt kaum wer.
Stimmt! Wir sind die einzigen Gäste!

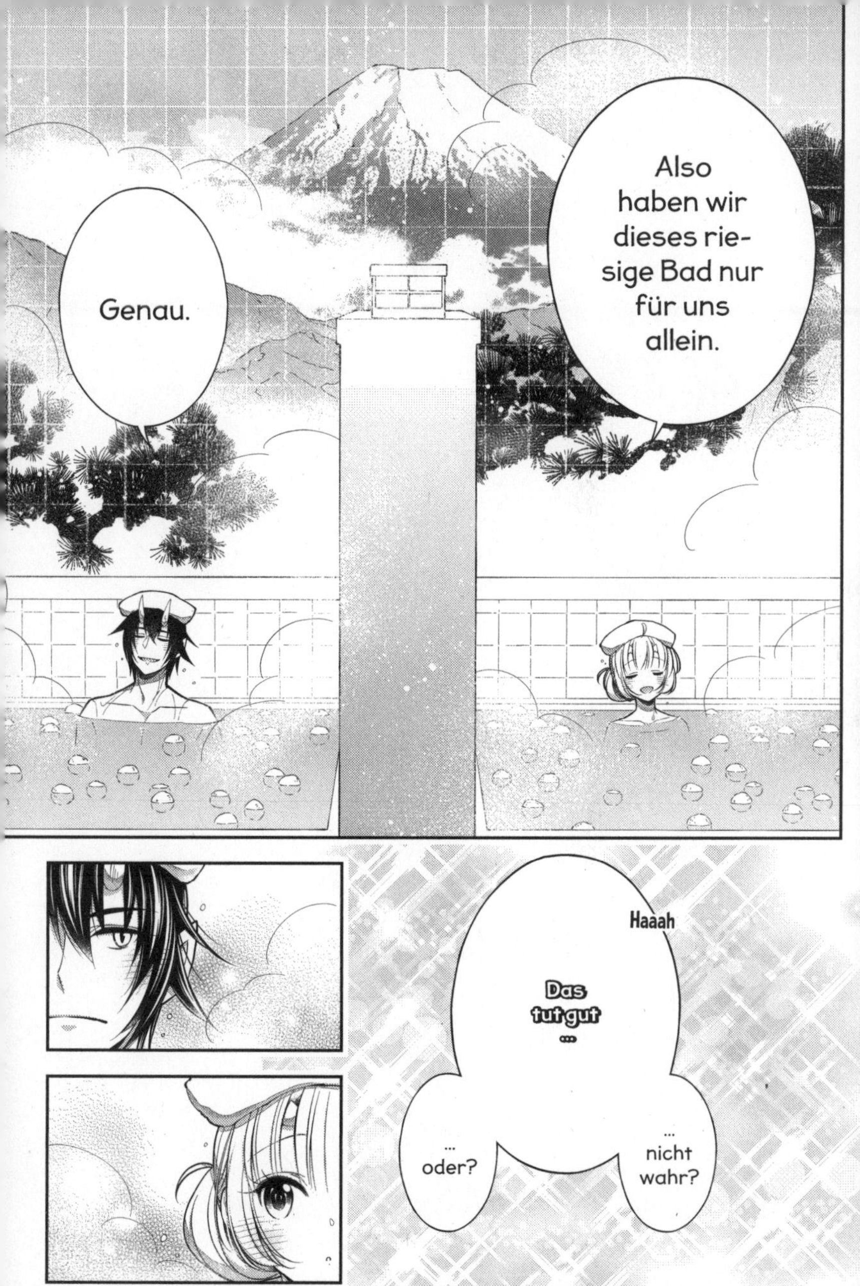
Also haben wir dieses riesige Bad nur für uns allein.
Genau.
Haaah
Das tut gut ...
... nicht wahr?
... oder?

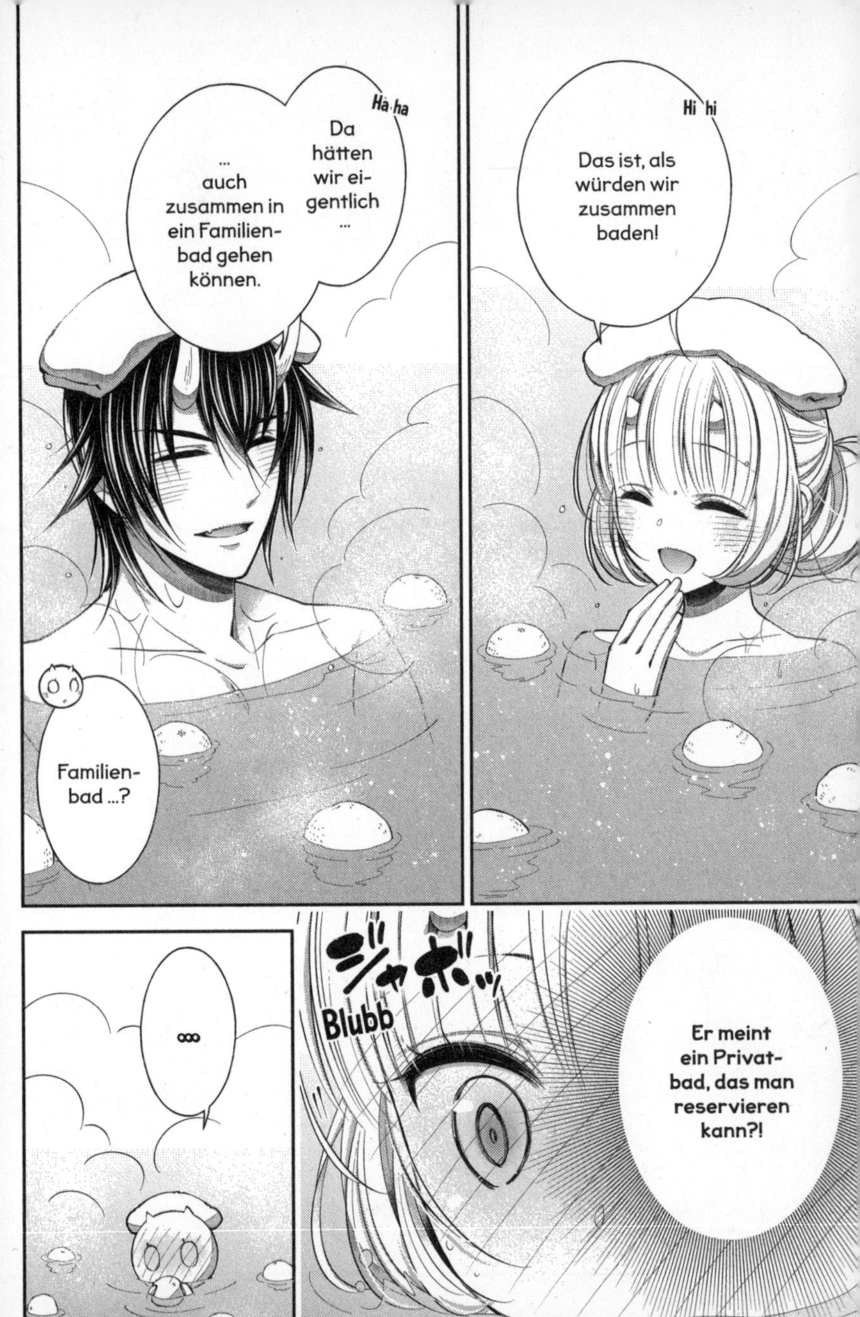
Hi hi
Das ist, als würden wir zusammen baden!
Ha ha
Da hätten wir eigentlich …
… auch zusammen in ein Familienbad gehen können.
Familienbad …?
Blubb
Er meint ein Privatbad, das man reservieren kann?!
…

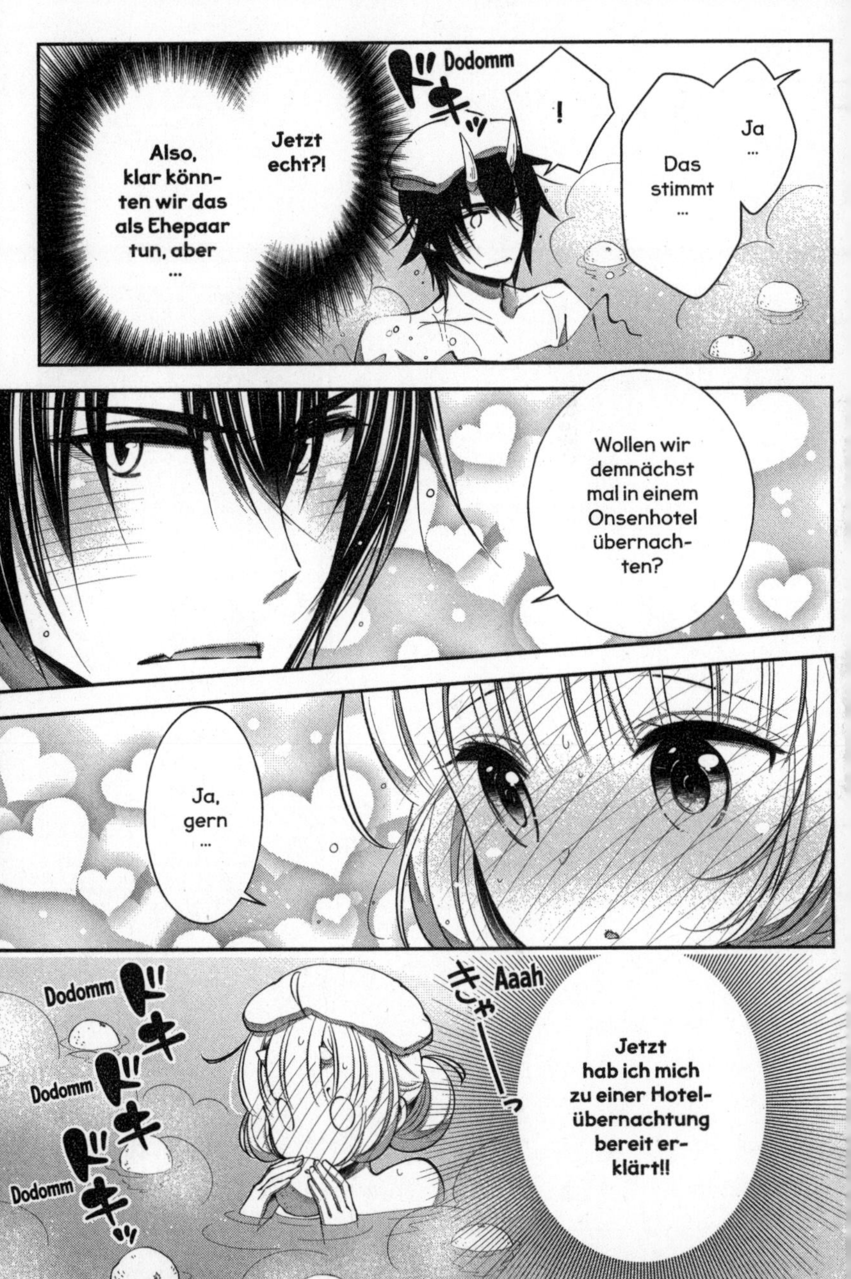
Ja …
Das stimmt …
!
Dodomm
Jetzt echt?!
Also, klar könnten wir das als Ehepaar tun, aber …
Wollen wir demnächst mal in einem Onsenhotel übernachten?
Ja, gern …
Aaah
Jetzt hab ich mich zu einer Hotelübernachtung bereit erklärt!!
Dodomm
Dodomm
Dodomm

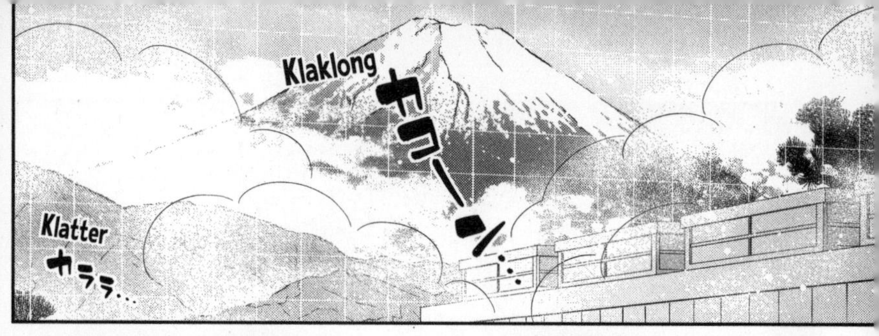
Klaklong
Klatter

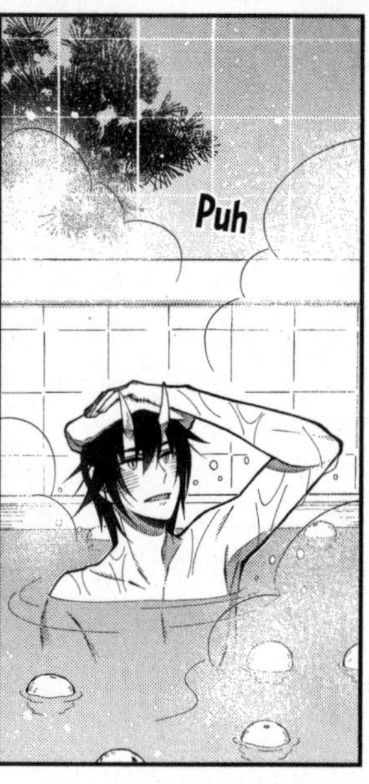
Puh

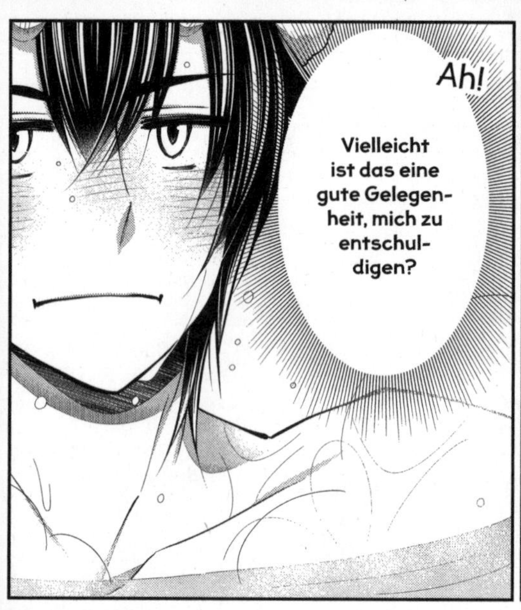
Ah!
Vielleicht ist das eine gute Gelegenheit, mich zu entschuldigen?

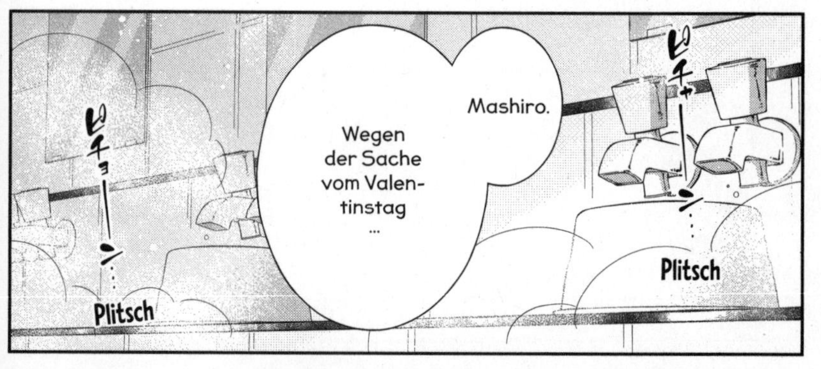
Plitsch
Mashiro.
Wegen der Sache vom Valentinstag ...
Plitsch

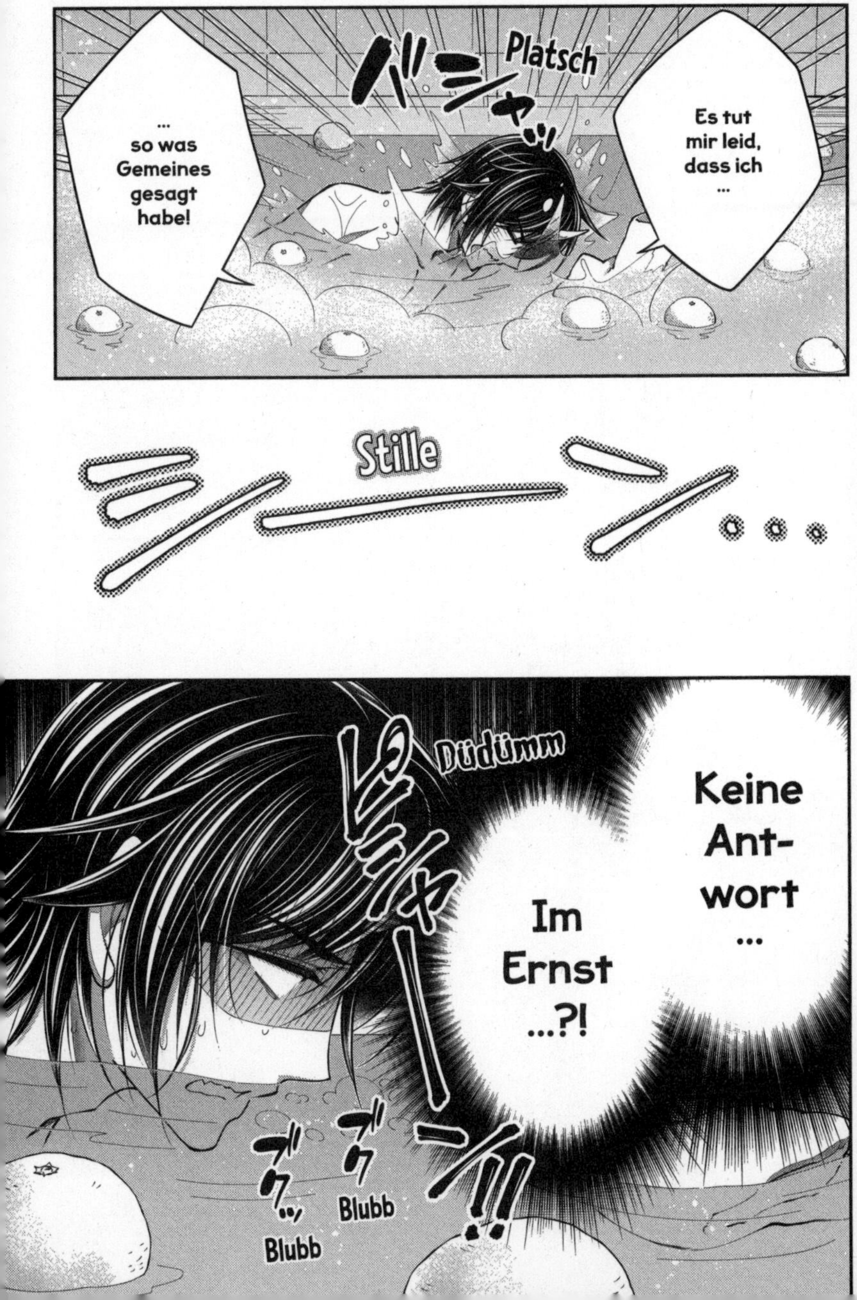

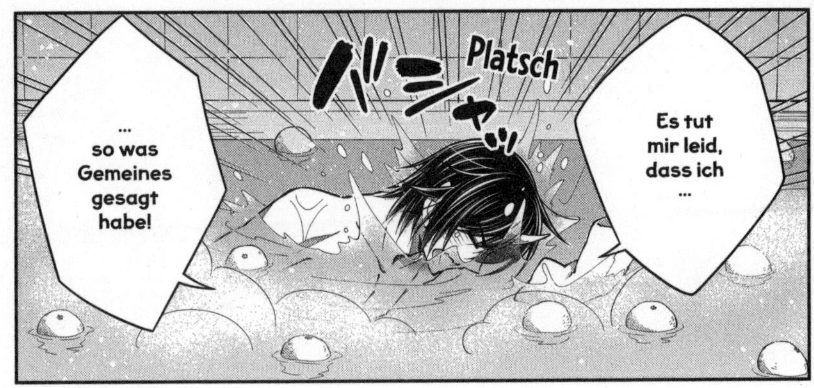

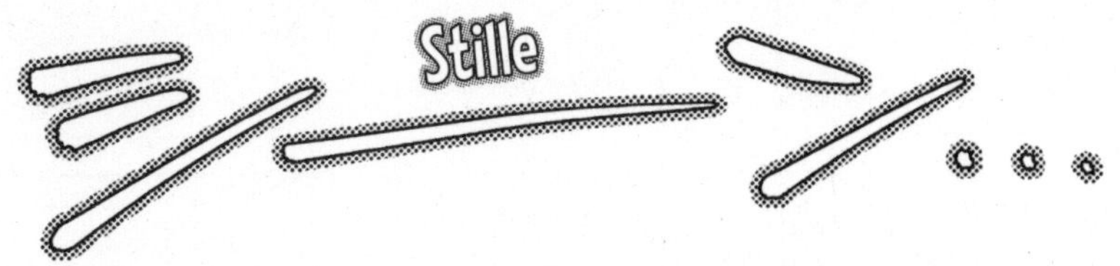

Düdümm
Keine Antwort …
Im Ernst …?!
Blubb
Blubb

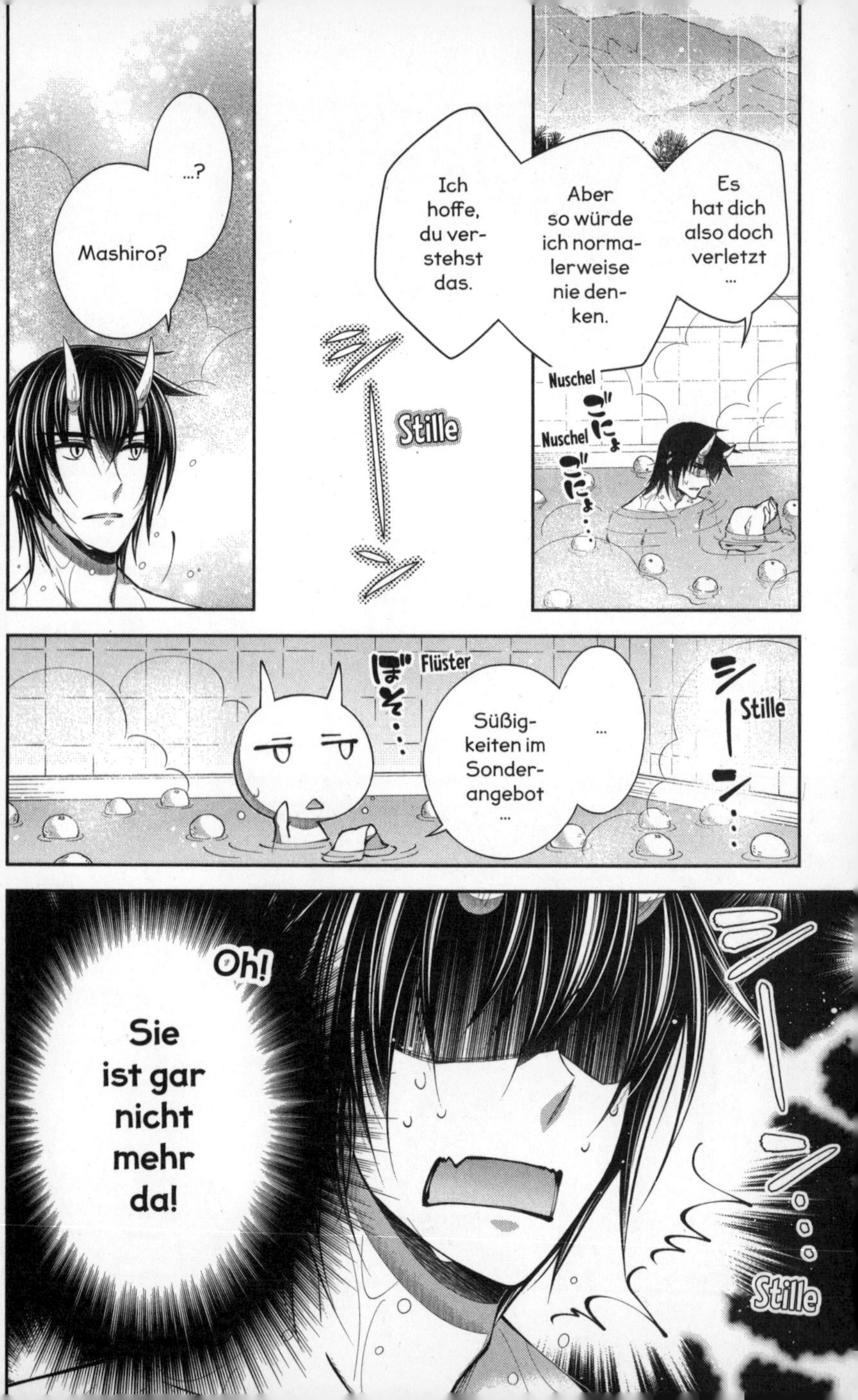

Es hat dich also doch verletzt …
Aber so würde ich normalerweise nie denken.
Ich hoffe, du verstehst das.
Nuschel
ごにょ
Nuschel
ごにょ…
Stille
…?
Mashiro?

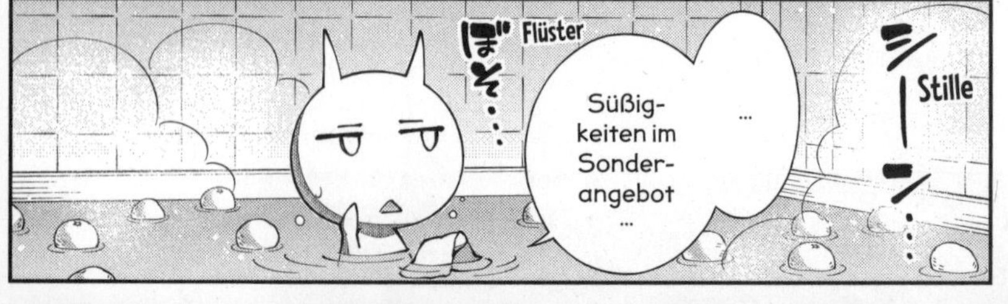

Oh!
Sie ist gar nicht mehr da!
Stille

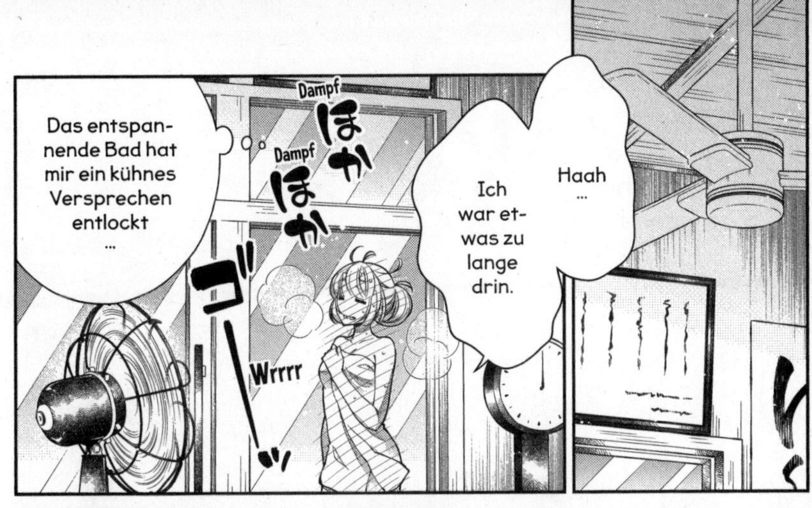
Haah ...
Ich war et-was zu lange drin.
Dampf
ほか
Dampf
ほか
ゴーッ
Wrrrr
Das entspan-nende Bad hat mir ein kühnes Versprechen entlockt ...

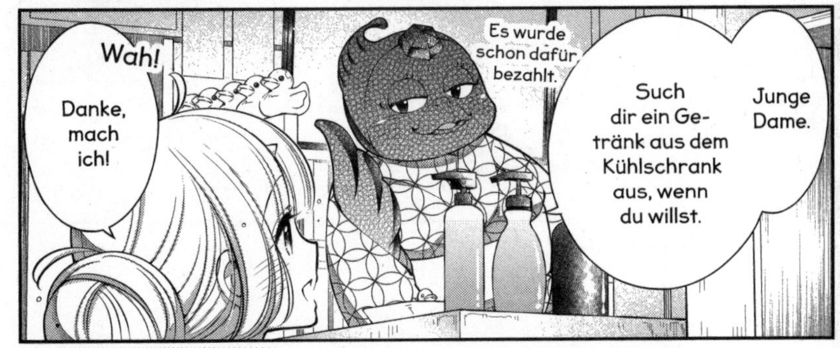
Junge Dame.
Such dir ein Ge-tränk aus dem Kühlschrank aus, wenn du willst.
Es wurde schon dafür bezahlt.
Wah!
Danke, mach ich!

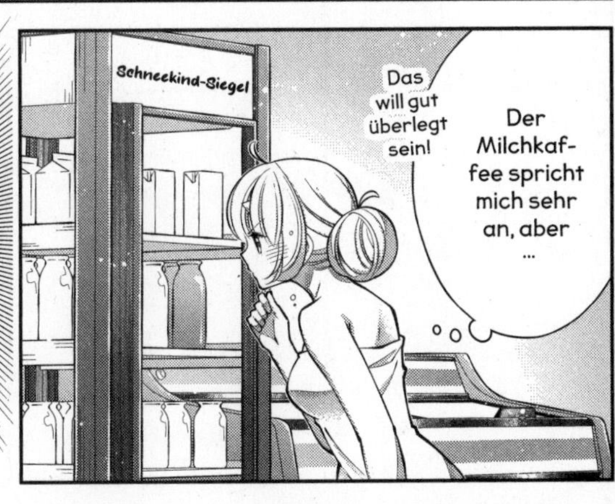
Schneekind-Siegel
Der Milchkaf-fee spricht mich sehr an, aber ...
Das will gut überlegt sein!

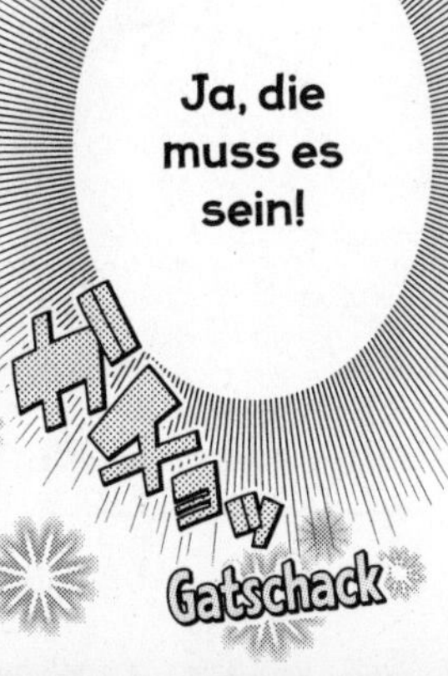
Ja, die muss es sein!
Gatschack

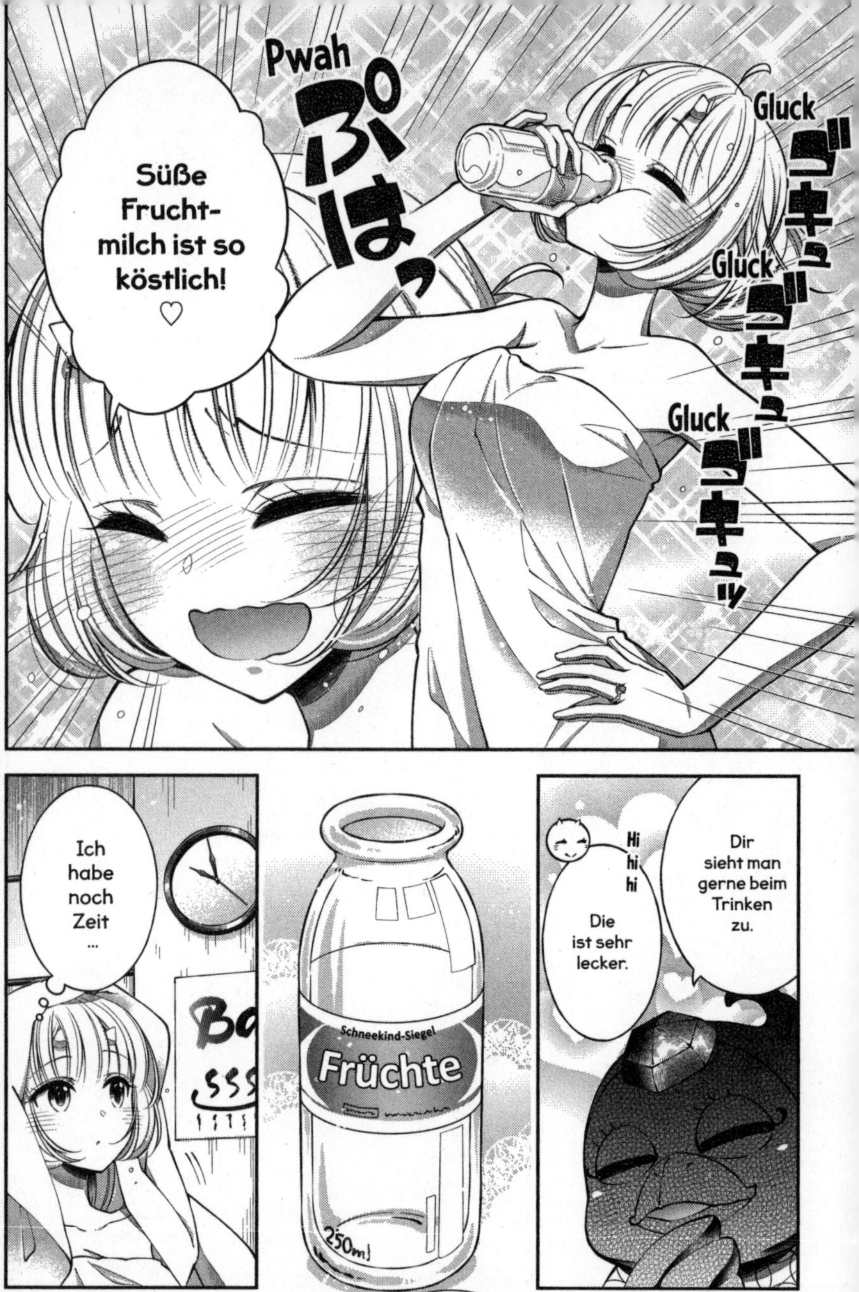

Gluck
ゴキュ
Gluck
ゴキュ
Gluck
ゴキュッ
Pwah
ぷはっ
Süße Fruchtmilch ist so köstlich! ♡

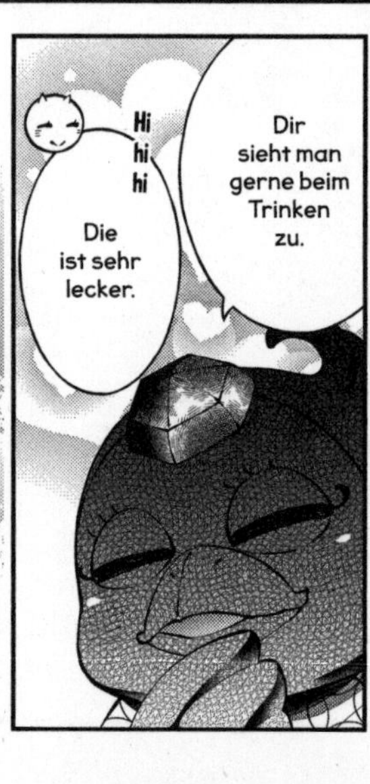

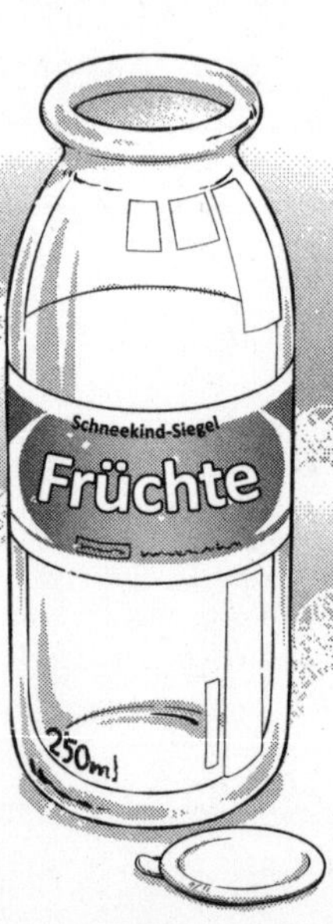

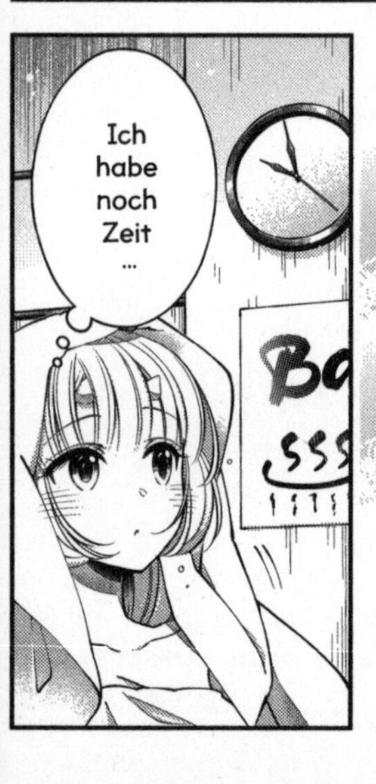

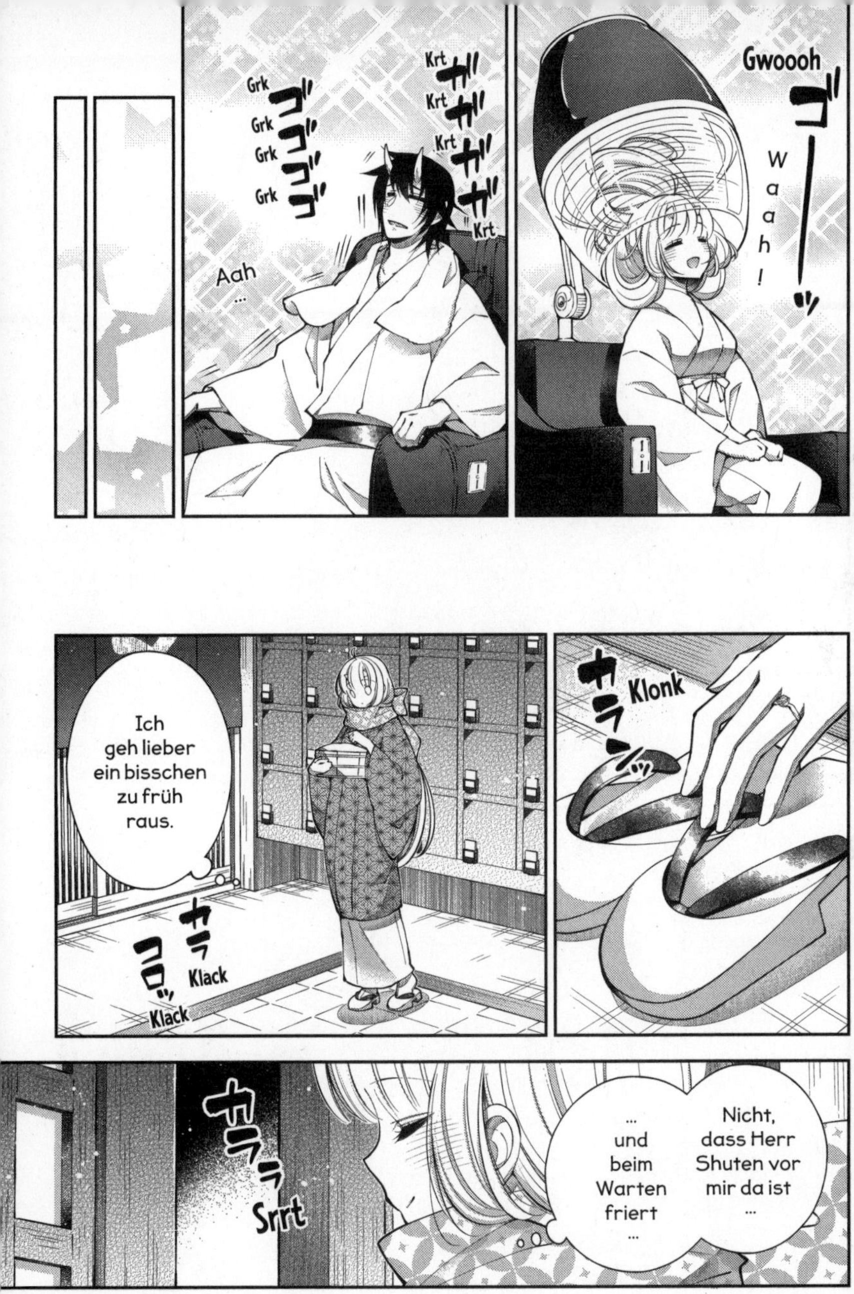

Gwoooh
Waah!
Krt
Krt
Krt
Krt
Grk
Grk
Grk
Grk
Aah ...

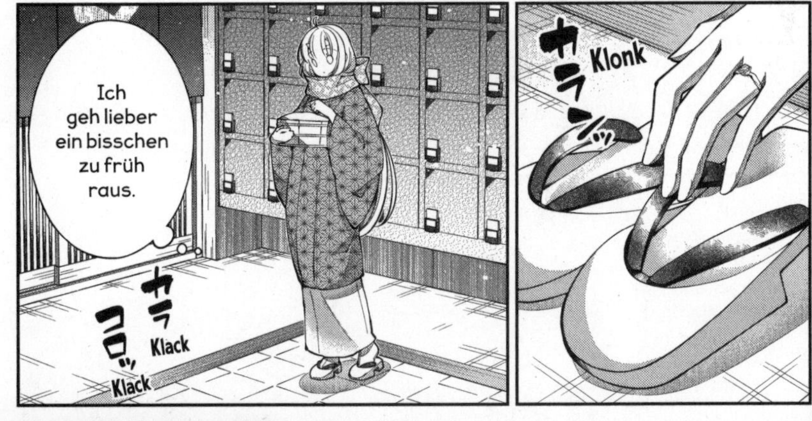
Klonk
Ich geh lieber ein bisschen zu früh raus.
Klack
Klack

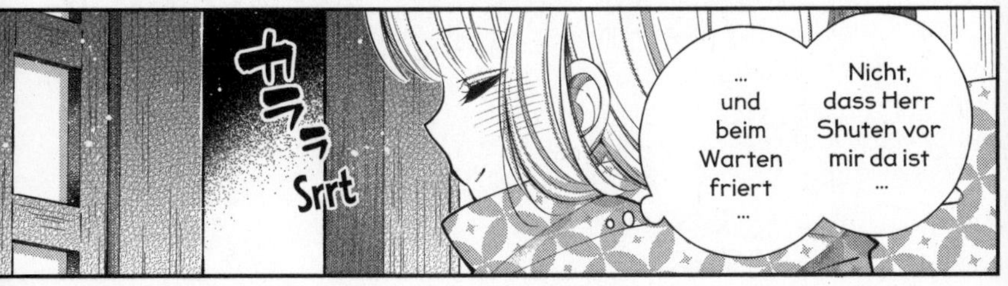
Nicht, dass Herr Shuten vor mir da ist ...
... und beim Warten friert ...
Srrt

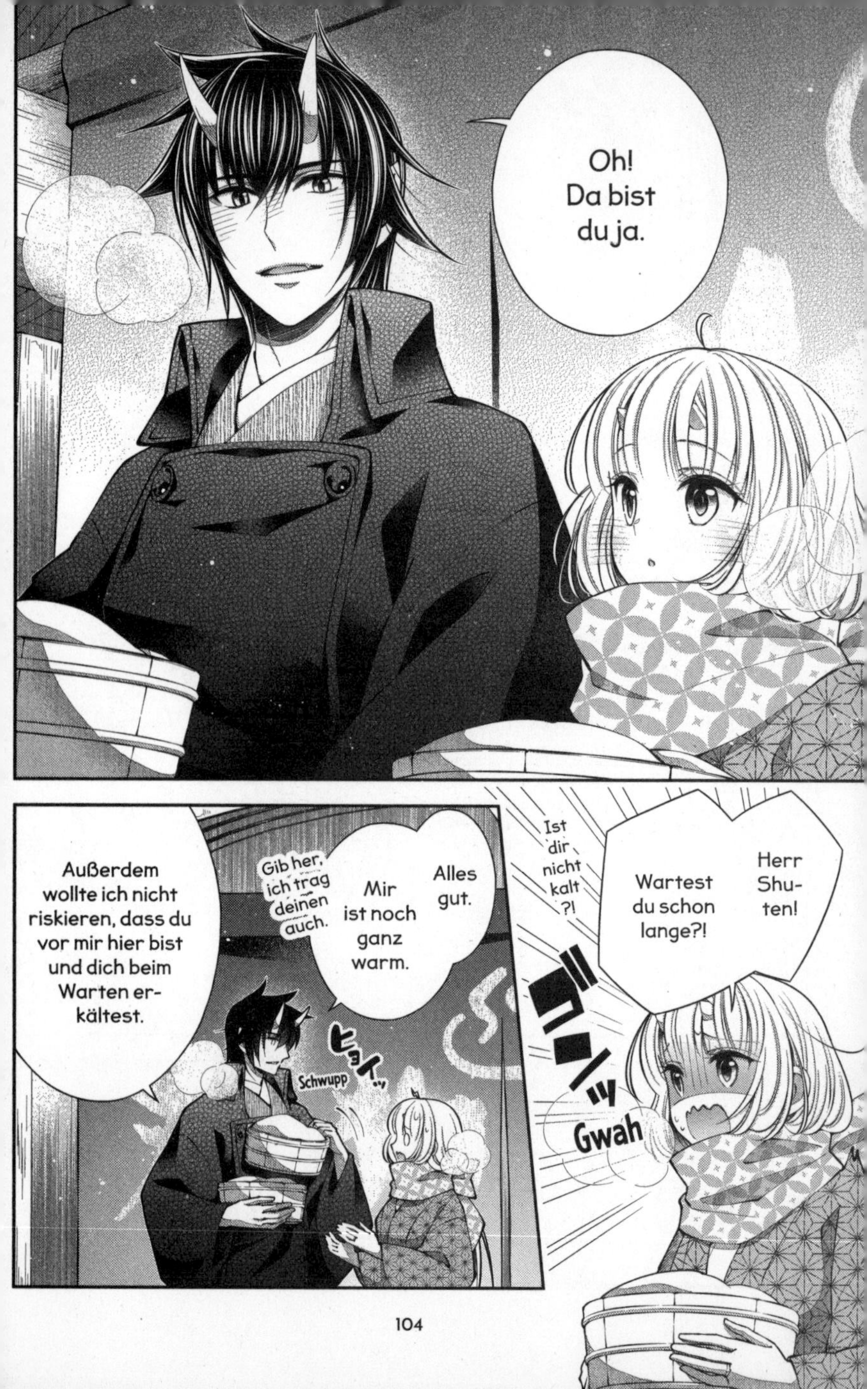

Oh! Da bist du ja.
Herr Shu-ten!
Wartest du schon lange?!
Ist dir nicht kalt?!
Gwah
Alles gut.
Mir ist noch ganz warm.
Gib her, ich trag deinen auch.
Schwupp
Außerdem wollte ich nicht riskieren, dass du vor mir hier bist und dich beim Warten er-kältest.

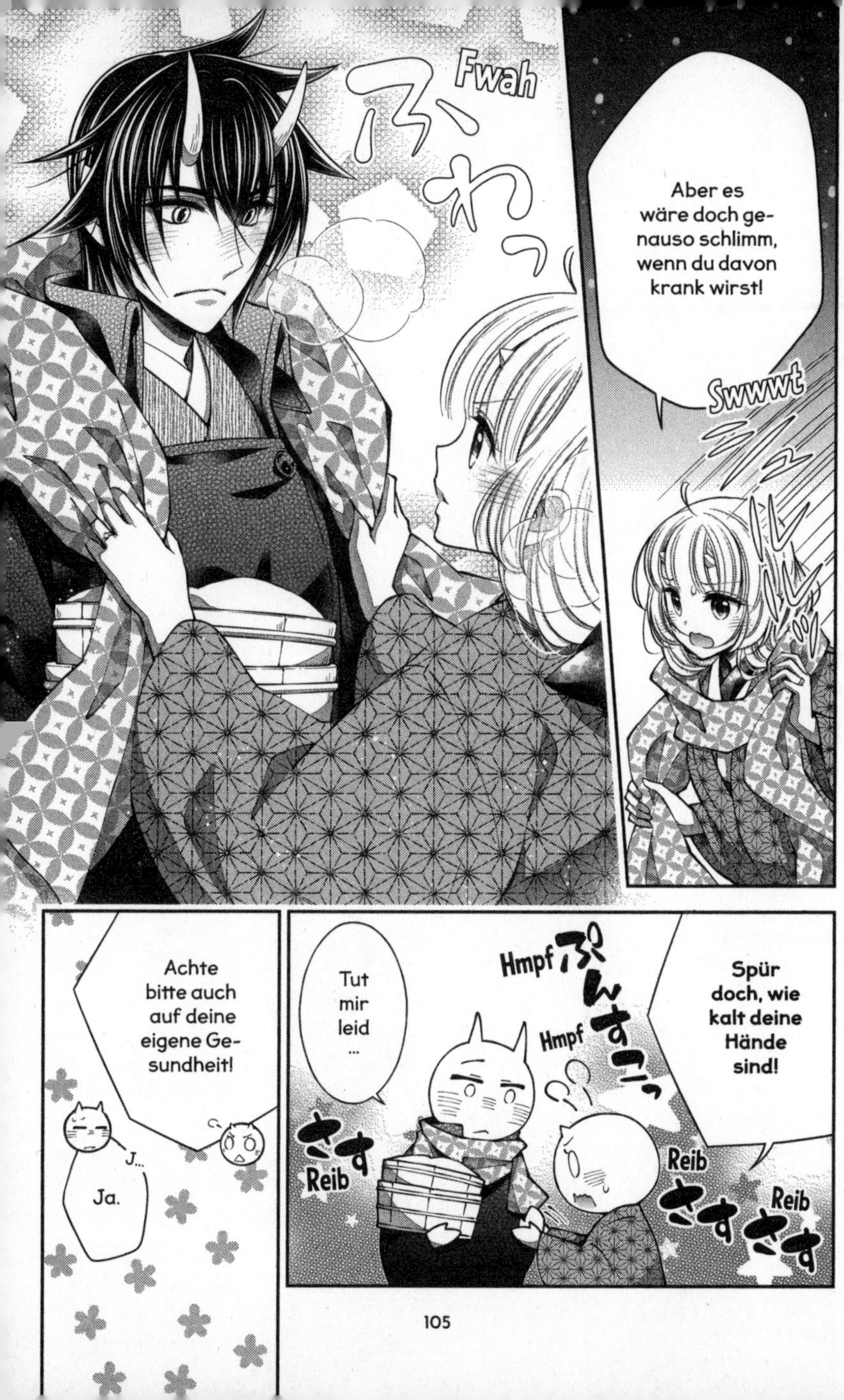

Aber es wäre doch genauso schlimm, wenn du davon krank wirst!

Swwwt

Fwah

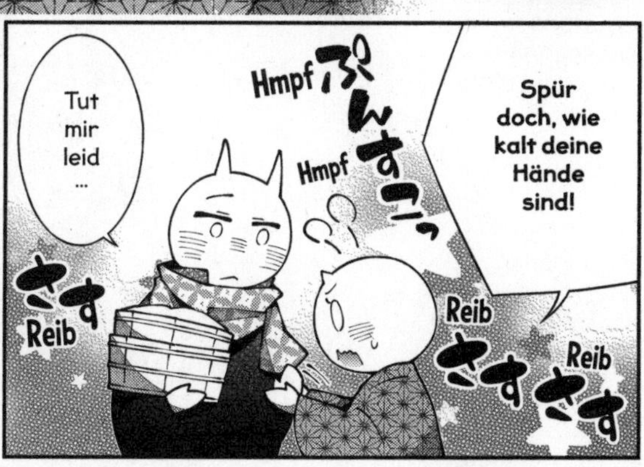

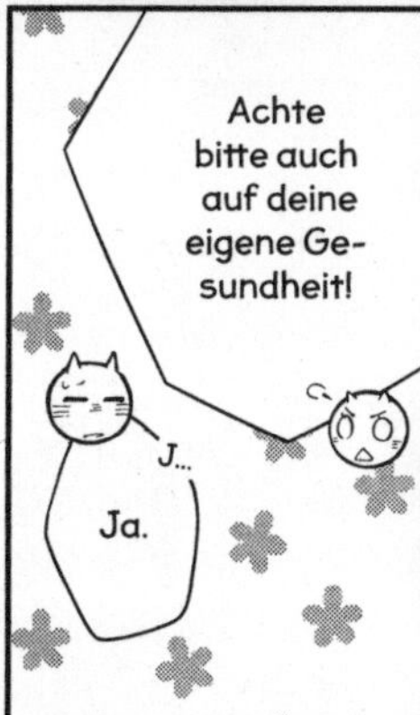

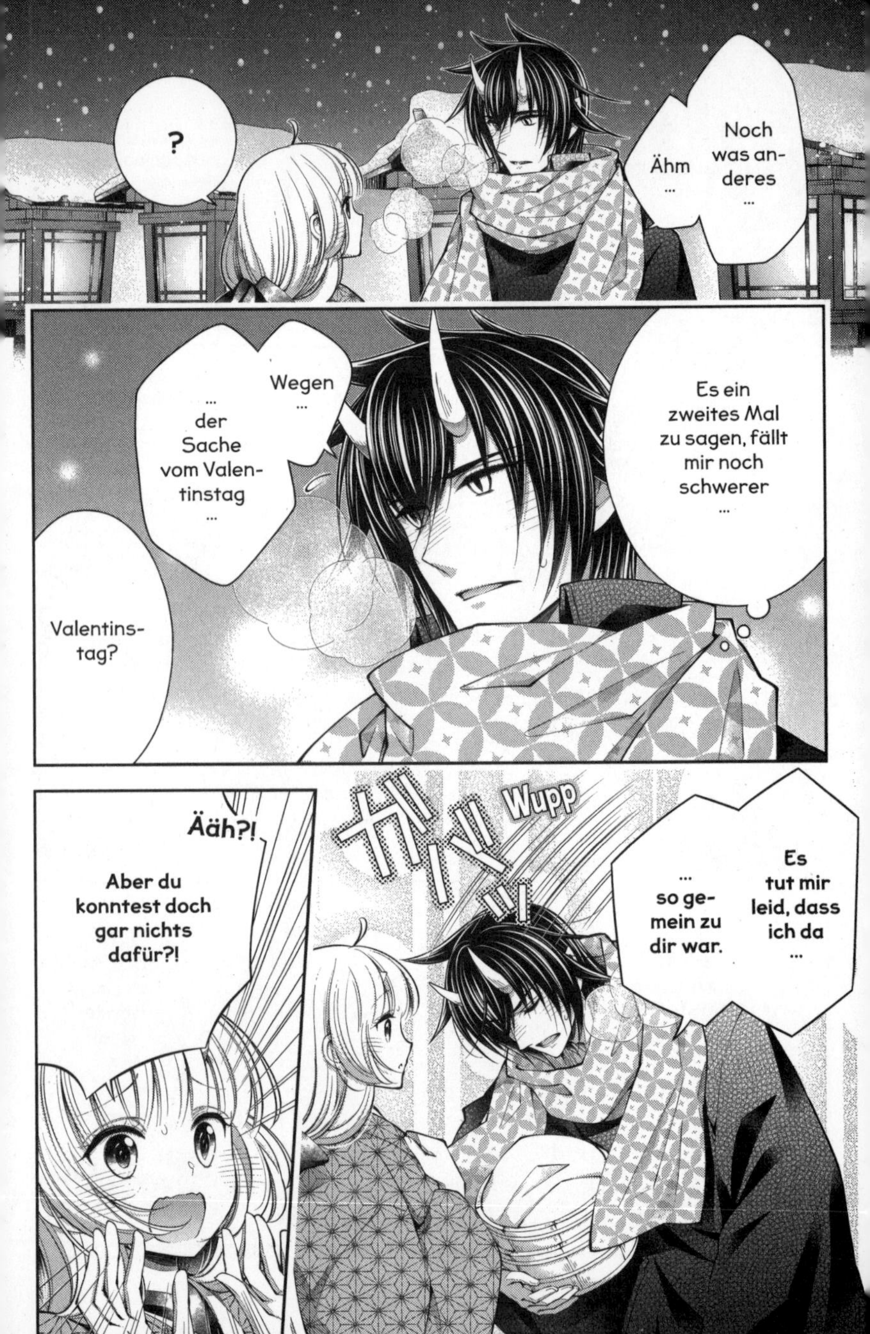
Noch was anderes …
Ähm …
?
Es ein zweites Mal zu sagen, fällt mir noch schwerer …
Wegen … der Sache vom Valentinstag …
Valentinstag?
Es tut mir leid, dass ich da … so gemein zu dir war.
Wupp
Ääh?!
Aber du konntest doch gar nichts dafür?!

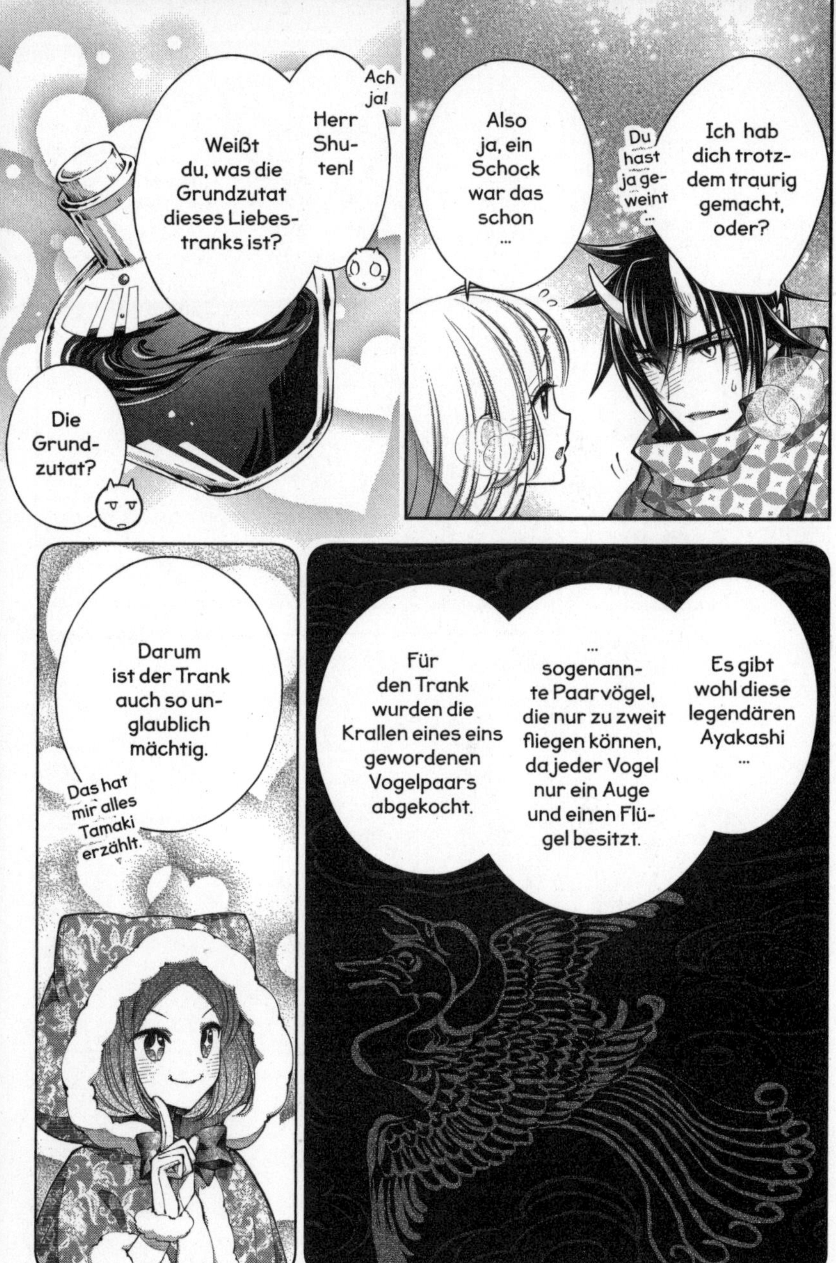
Ich hab dich trotzdem traurig gemacht, oder?
Du hast ja geweint …
Also ja, ein Schock war das schon …
Ach ja!
Herr Shuten!
Weißt du, was die Grundzutat dieses Liebestranks ist?
Die Grundzutat?
Es gibt wohl diese legendären Ayakashi …
… sogenannte Paarvögel, die nur zu zweit fliegen können, da jeder Vogel nur ein Auge und einen Flügel besitzt.
Für den Trank wurden die Krallen eines eins gewordenen Vogelpaars abgekocht.
Darum ist der Trank auch so unglaublich mächtig.
Das hat mir alles Tamaki erzählt.

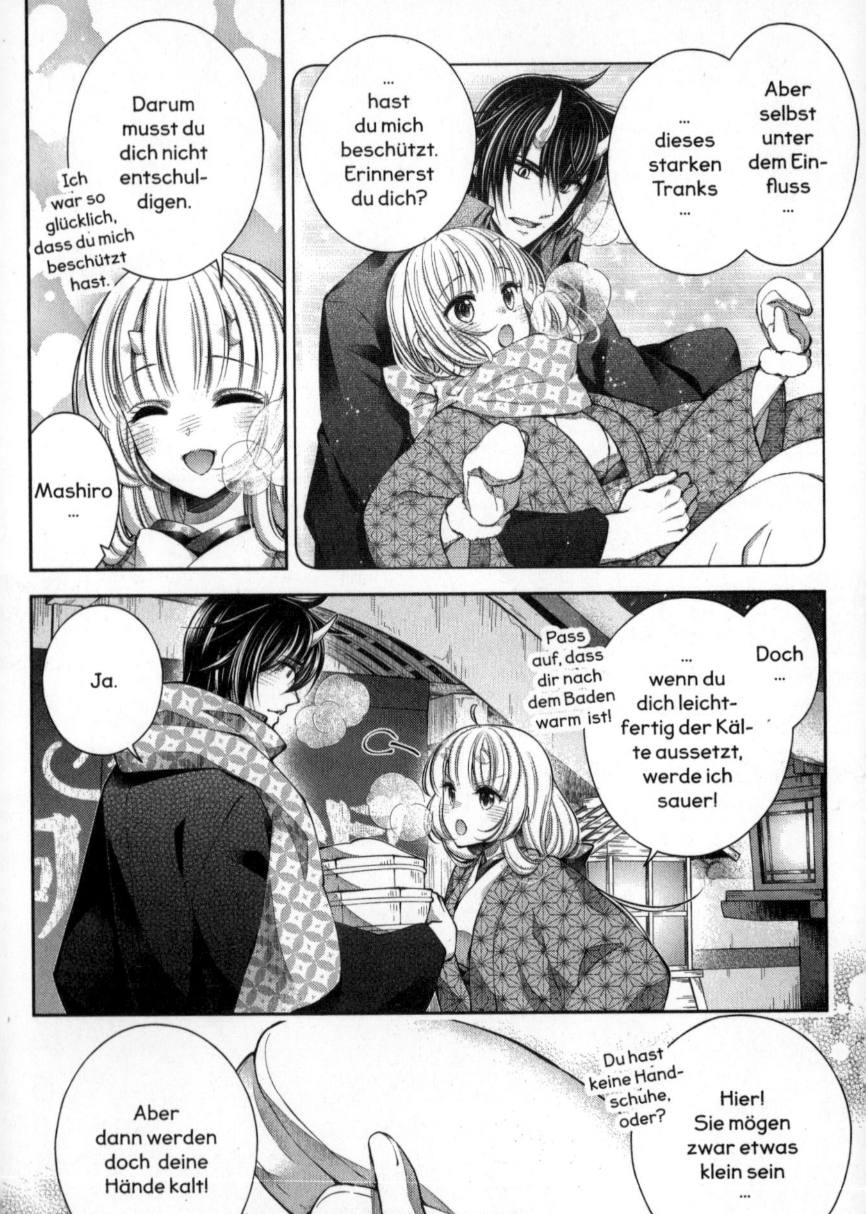
Aber selbst unter dem Einfluss ...
... dieses starken Tranks ...
... hast du mich beschützt. Erinnerst du dich?
Darum musst du dich nicht entschuldigen.
Ich war so glücklich, dass du mich beschützt hast.
Mashiro ...
Doch ...
... wenn du dich leichtfertig der Kälte aussetzt, werde ich sauer!
Pass auf, dass dir nach dem Baden warm ist!
Ja.
Hier! Sie mögen zwar etwas klein sein ...
Du hast keine Handschuhe, oder?
Aber dann werden doch deine Hände kalt!

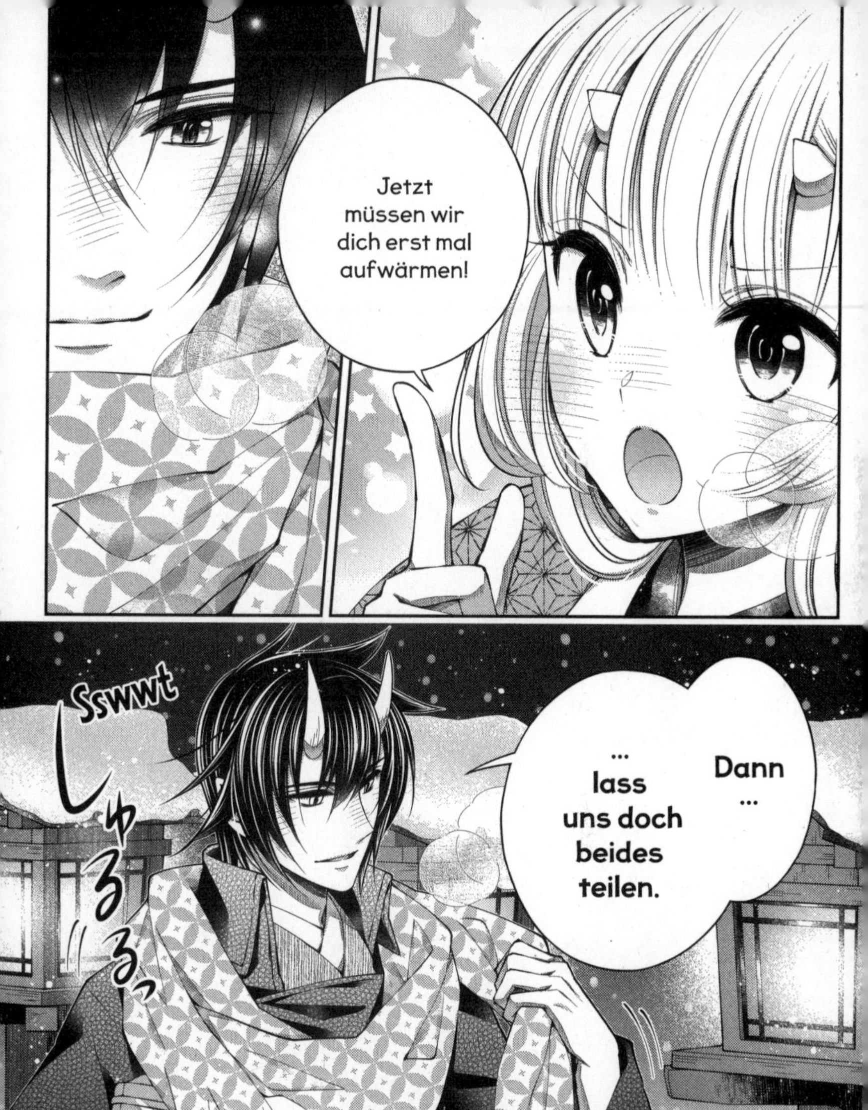
Jetzt müssen wir dich erst mal aufwärmen!
Dann ... ... lass uns doch beides teilen.
Sswwt
しゅるるっ

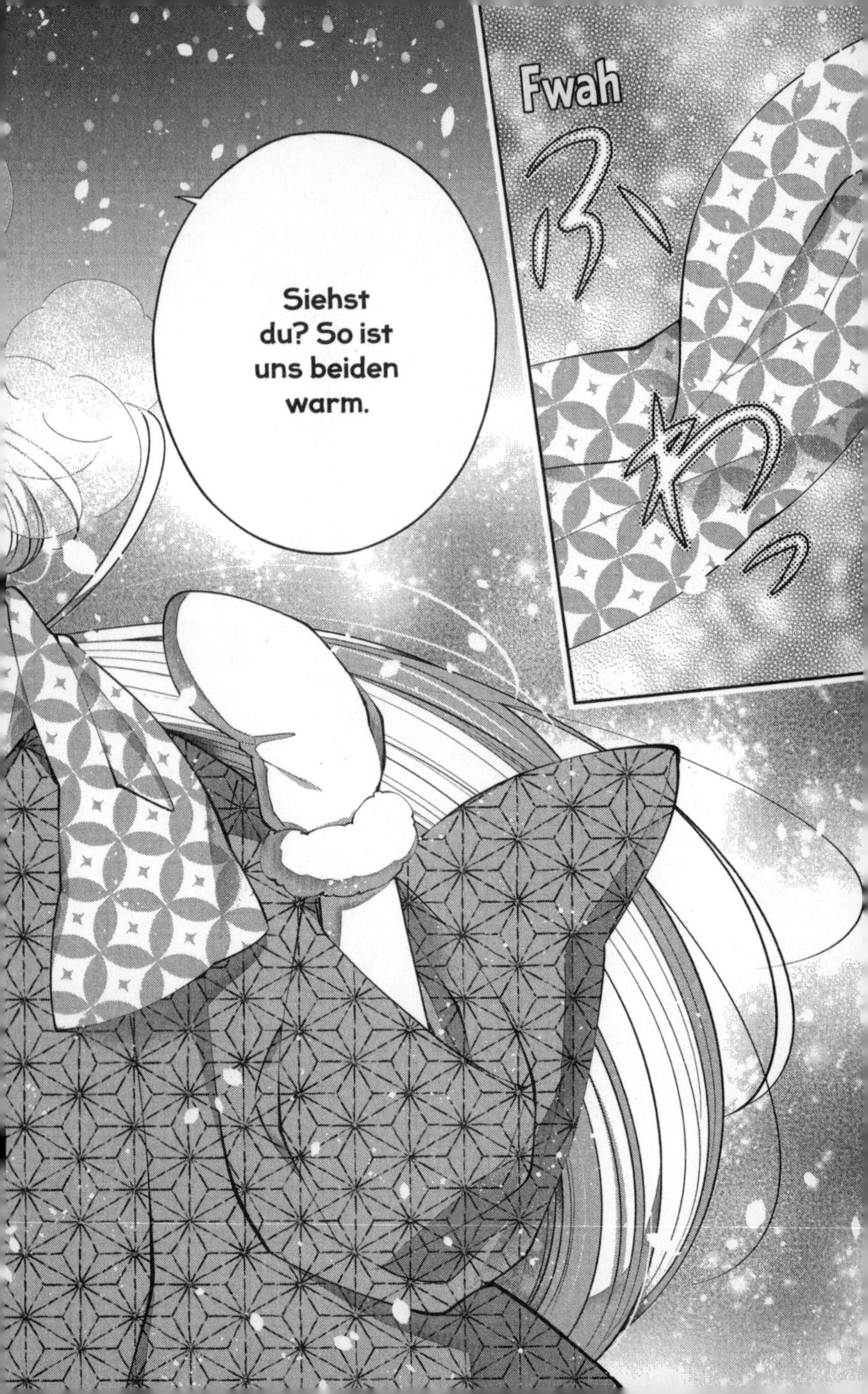
Fwah
Siehst du? So ist uns beiden warm.

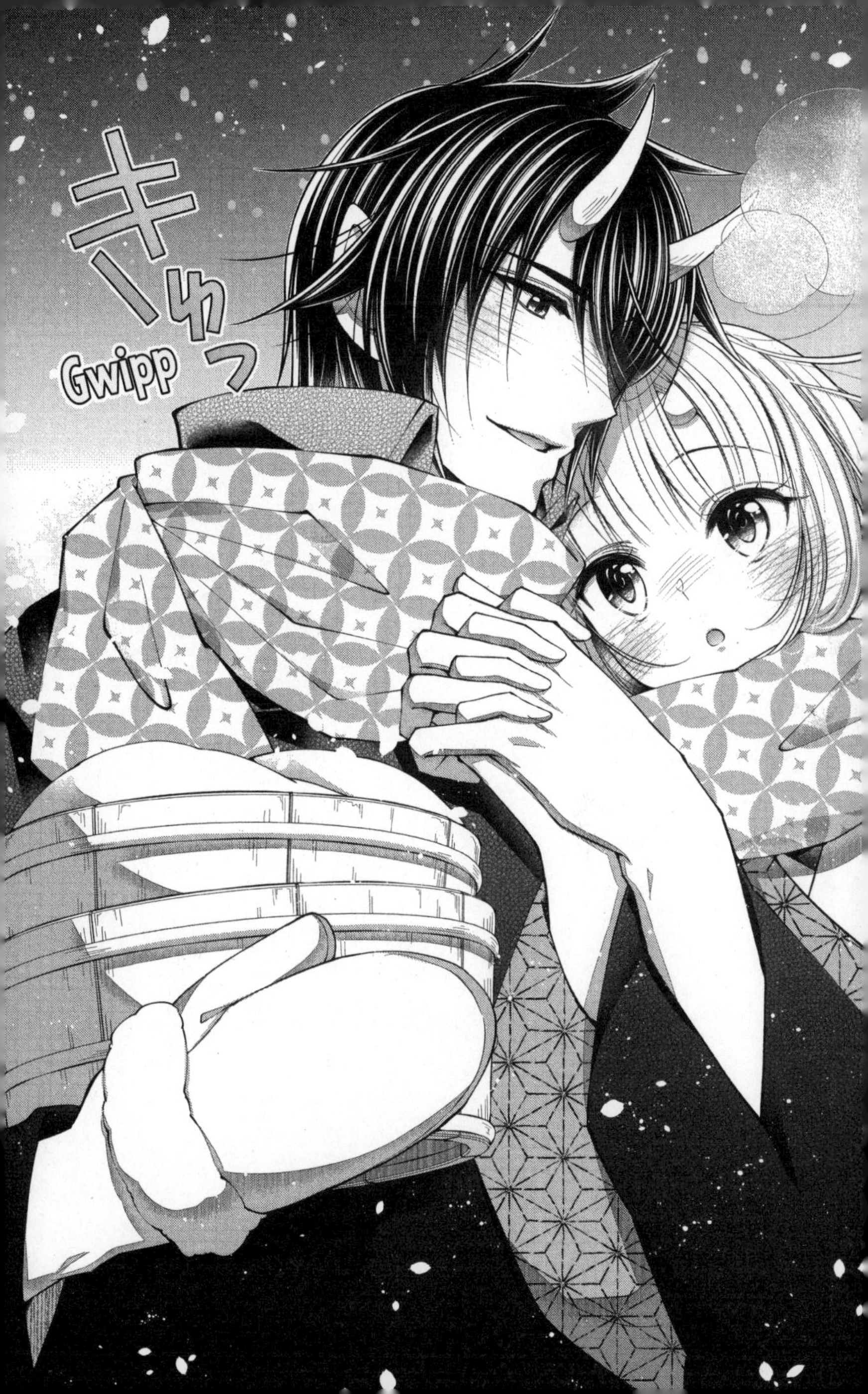

きゅっ
Gwipp

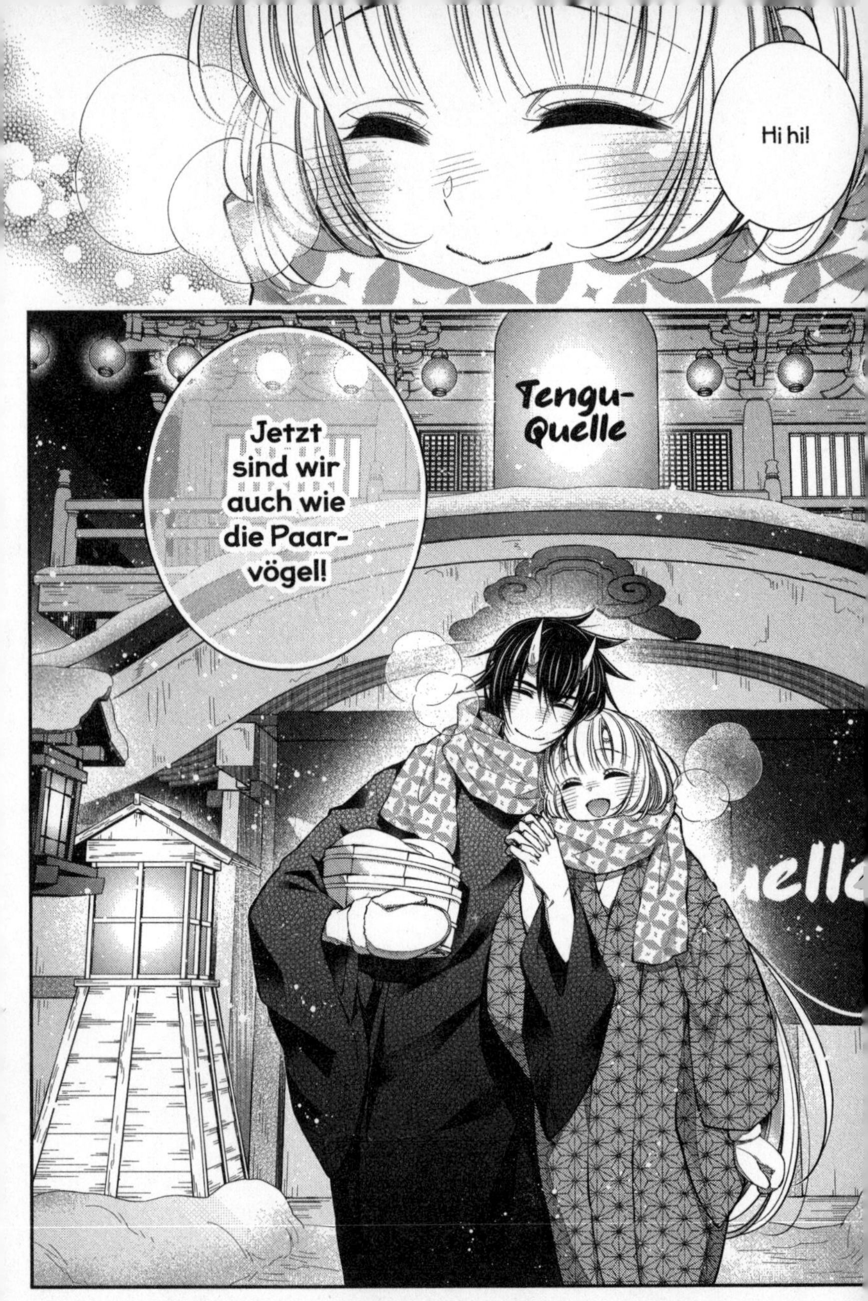
Hi hi!
Tengu-Quelle
Jetzt sind wir auch wie die Paar-vögel!

Kapitel 44.5

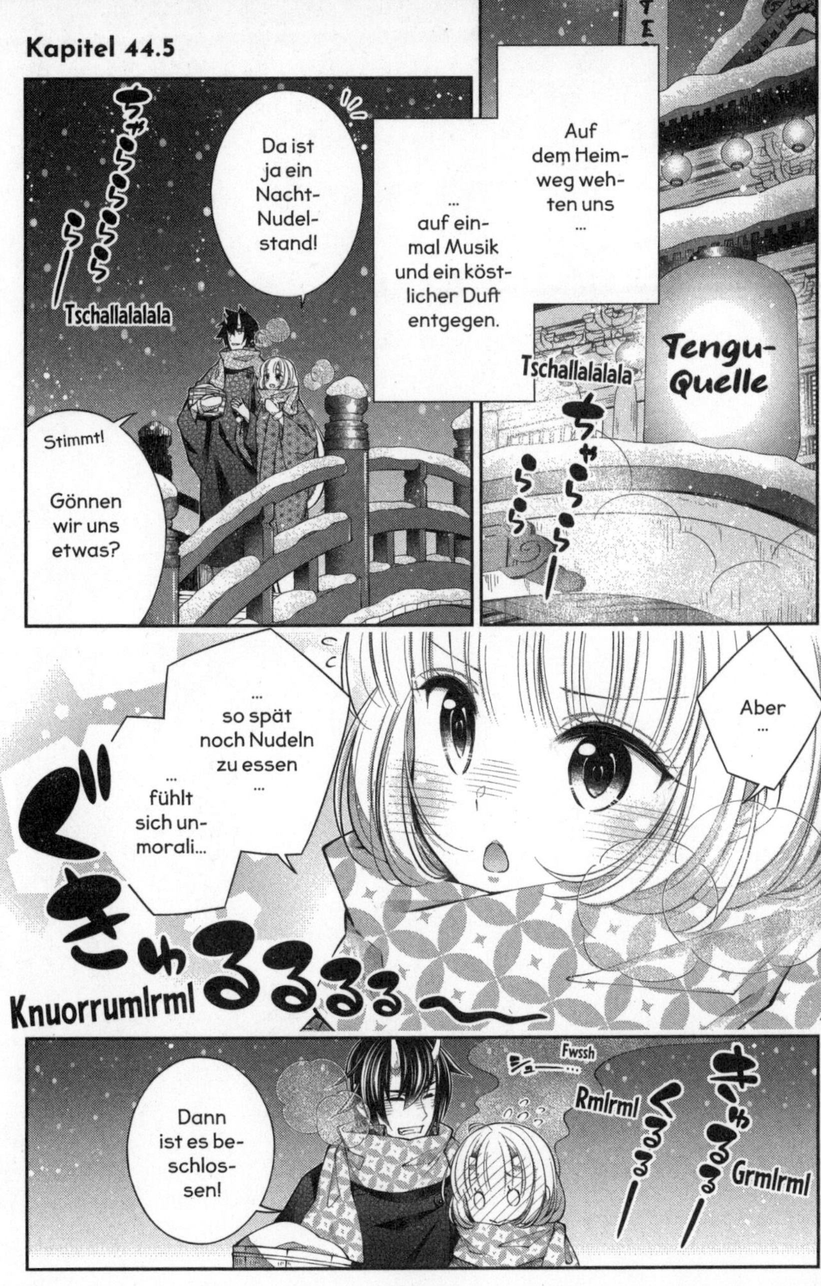

Auf dem Heimweg wehten uns ...
... auf einmal Musik und ein köstlicher Duft entgegen.
Tengu-Quelle
Tschallalalala
Da ist ja ein Nacht-Nudelstand!
Tschallalalala
Stimmt!
Gönnen wir uns etwas?
Aber ...
... so spät noch Nudeln zu essen ...
... fühlt sich unmorali...
Knuorrumlrml
Fwssh
Grmlrml
Rmlrml
Dann ist es beschlossen!

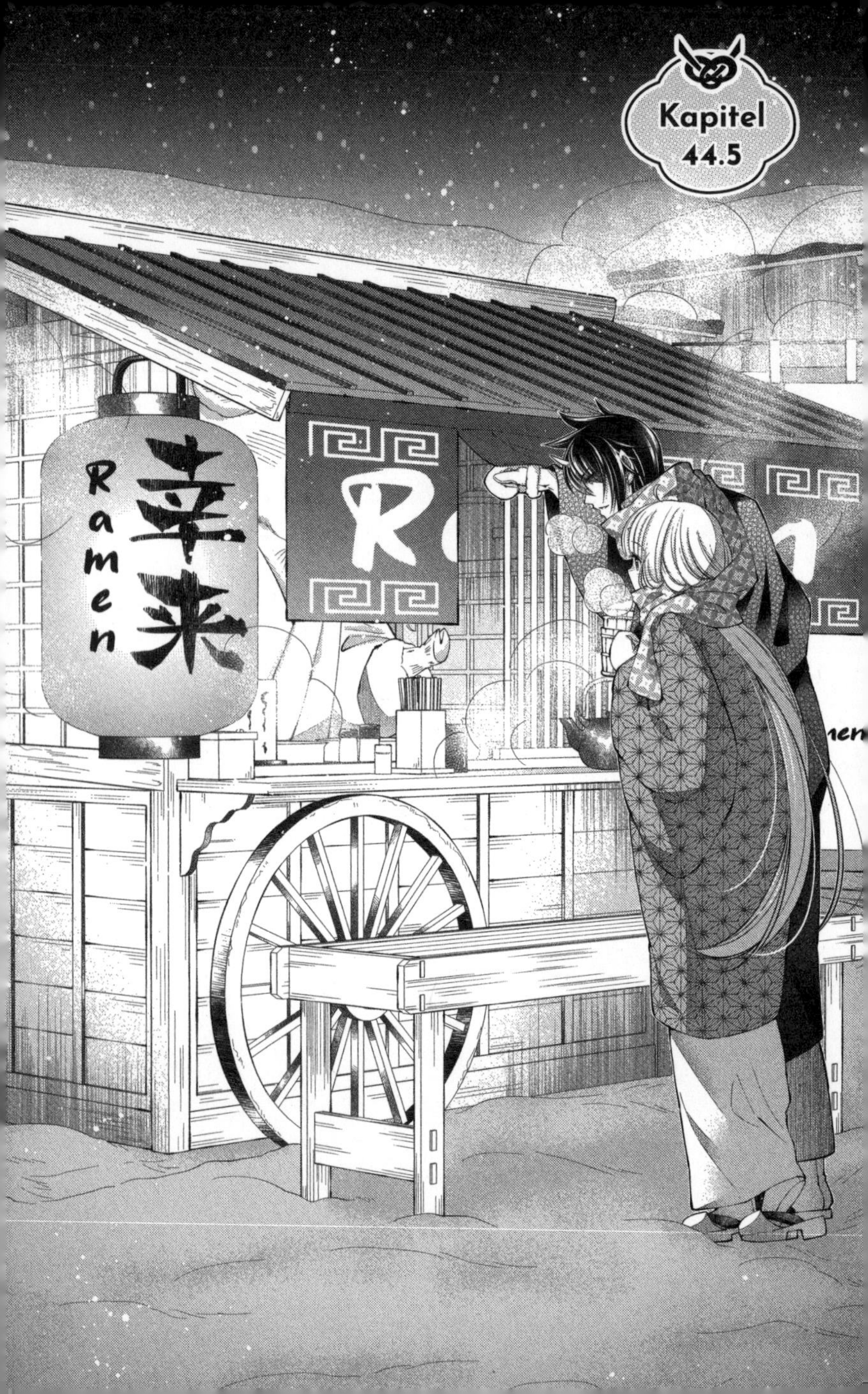

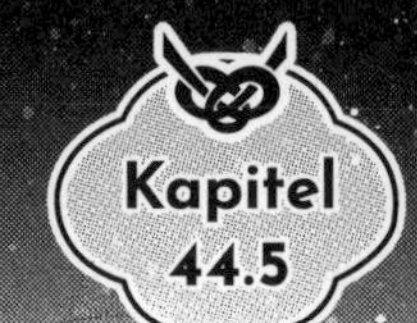
Kapitel
44.5

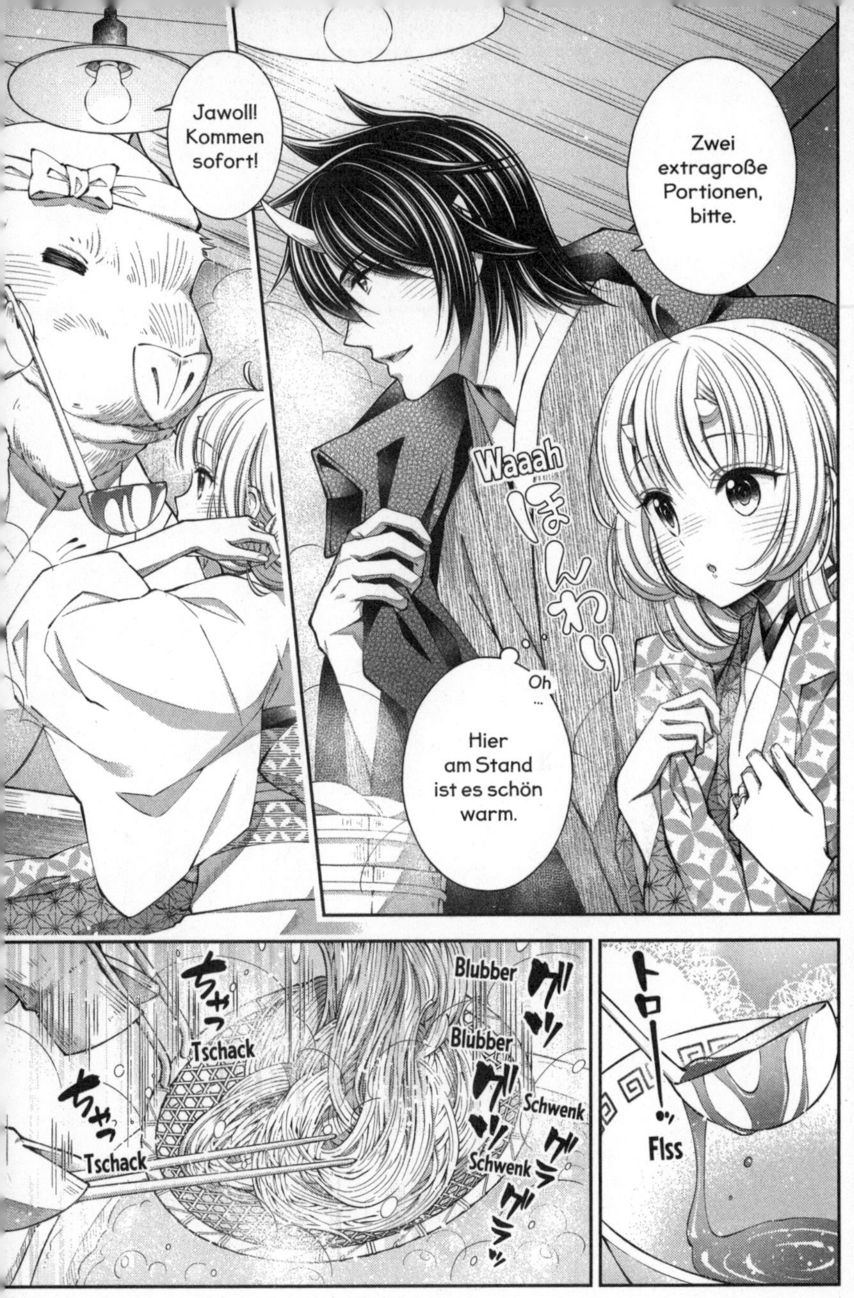

Zwei extragroße Portionen, bitte.
Jawoll! Kommen sofort!
Waaah
Oh ...
Hier am Stand ist es schön warm.
Flss
Blubber
Blubber
Schwenk
Schwenk
Tschack
Tschack

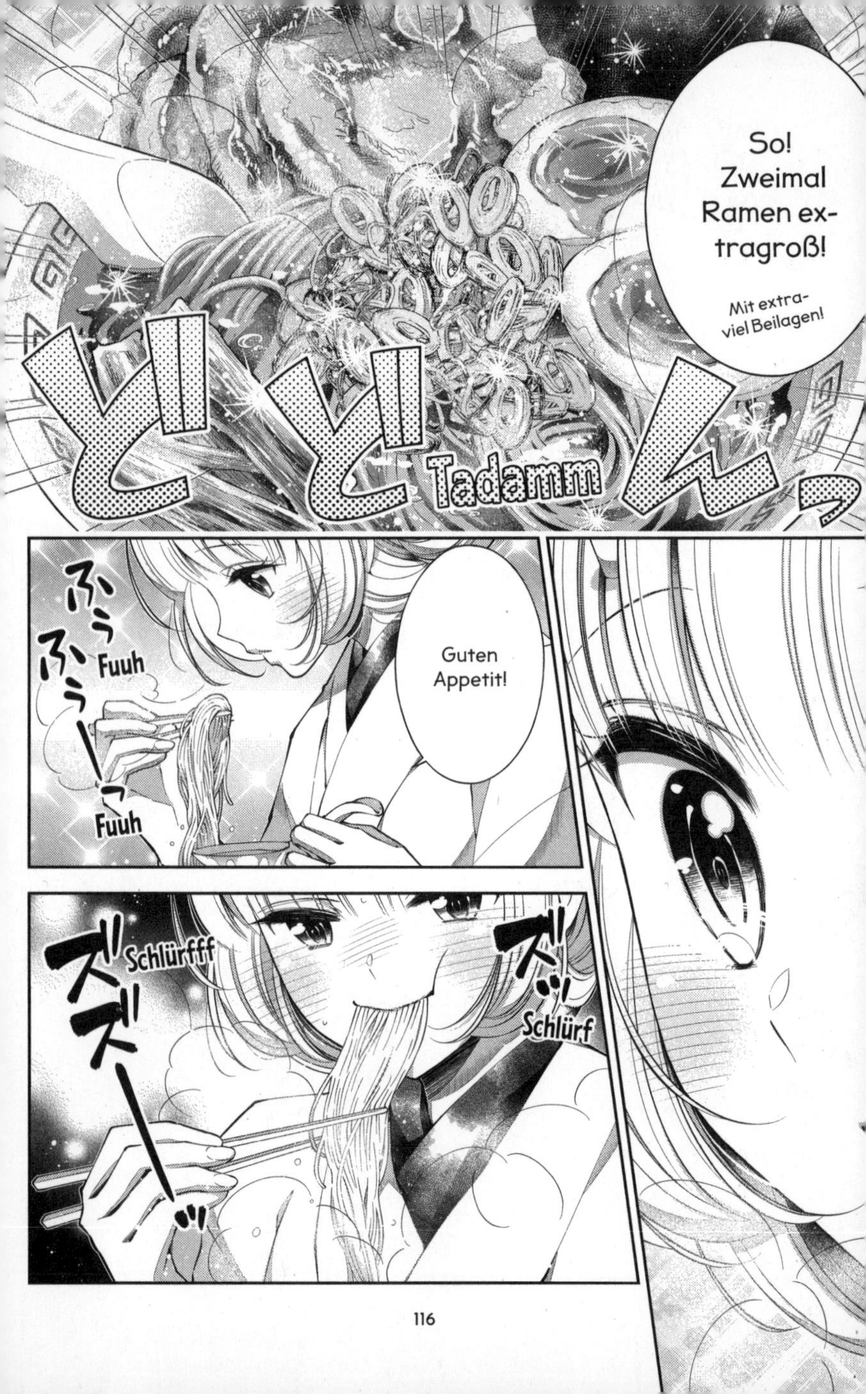

So! Zweimal Ramen ex-tragroß!
Mit extra-viel Beilagen!
どどどん
Tadamm
Guten Appetit!
ふうふうーっ
Fuuh
Fuuh
ズッ
Schlürf
ズズズーッ
Schlürfff

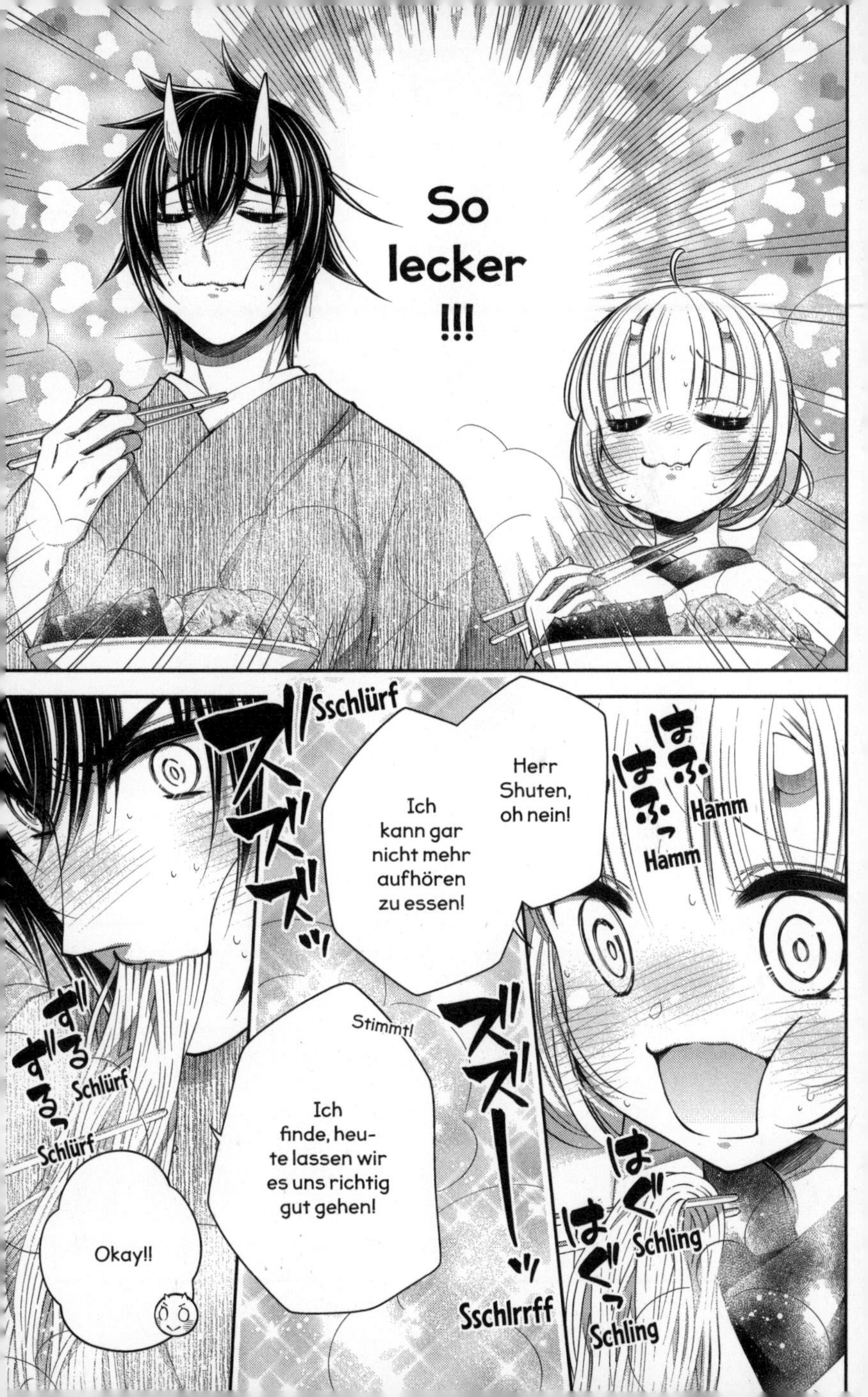

So lecker !!!

はふはふっ
Hamm Hamm

Herr Shuten, oh nein!

Ich kann gar nicht mehr aufhören zu essen!

ズズズッ
Sschlürf

ずるずるっ
Schlürf Schlürf

はぐはぐっ
Schling Schling

ズズーッ
Sschlrrff

Stimmt!

Ich finde, heute lassen wir es uns richtig gut gehen!

Okay!!

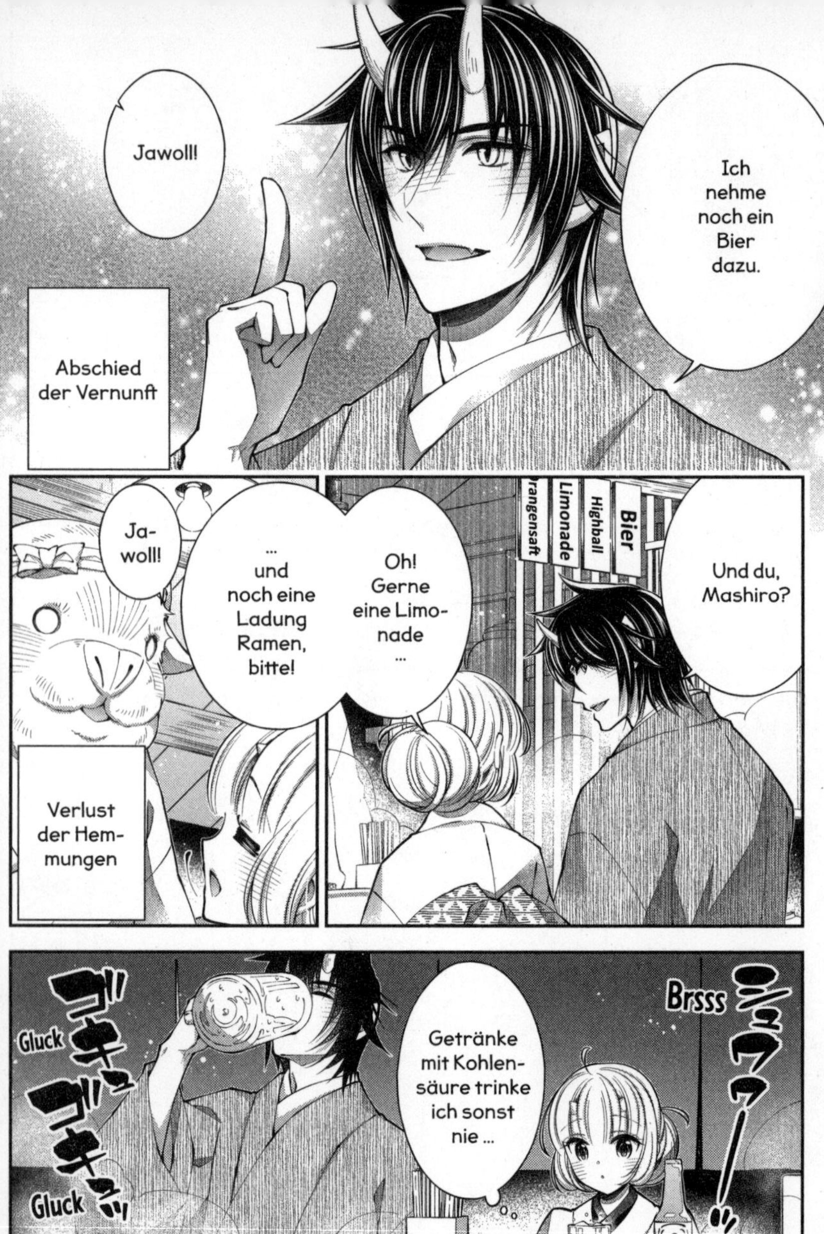
Ich nehme noch ein Bier dazu.
Jawoll!
Abschied der Vernunft
Und du, Mashiro?
Bier
Highball
Limonade
Orangensaft
Oh! Gerne eine Limonade …
… und noch eine Ladung Ramen, bitte!
Jawoll!
Verlust der Hemmungen
Brsss
Getränke mit Kohlensäure trinke ich sonst nie …
Limo
Gluck
Gluck

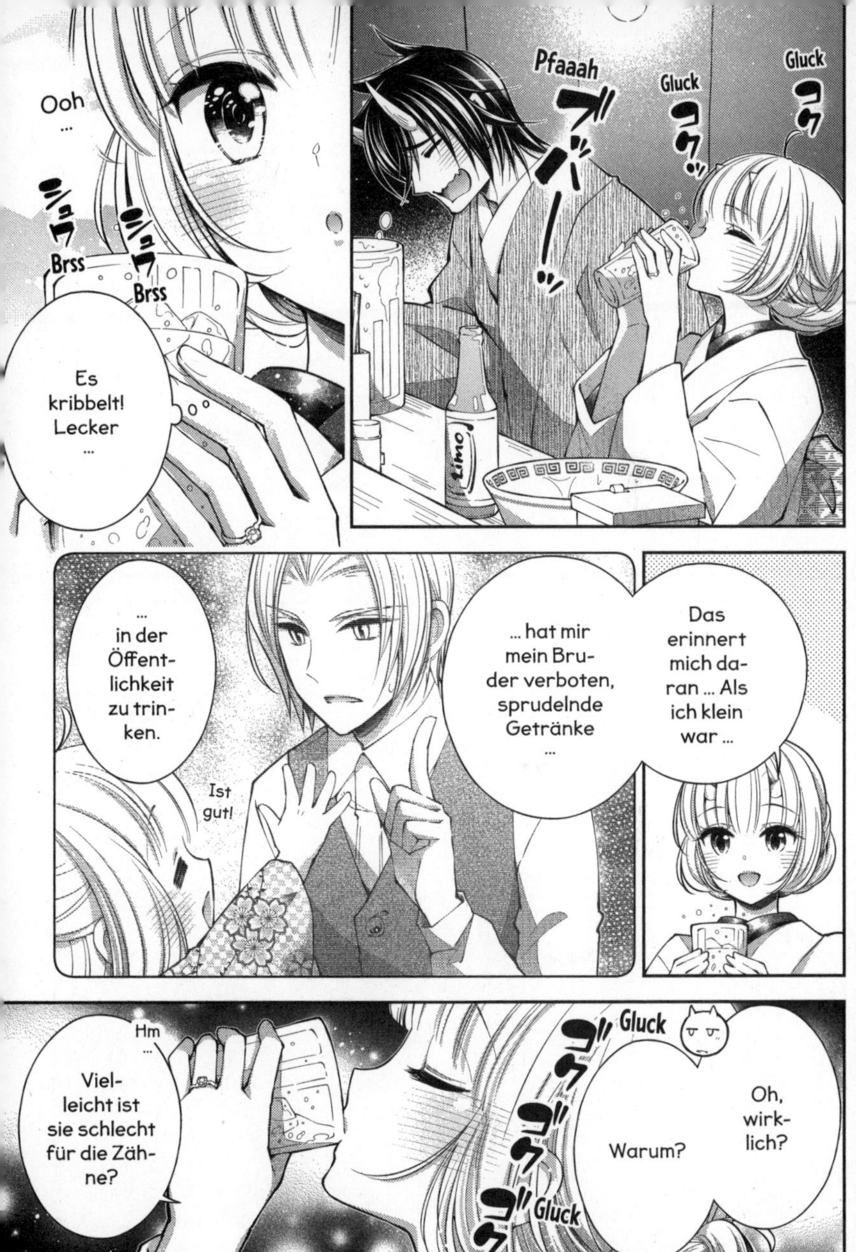
Gluck
Gluck
Pfaaah
Ooh …
Brss
Brss
Es kribbelt! Lecker …
Das erinnert mich daran … Als ich klein war …
… hat mir mein Bruder verboten, sprudelnde Getränke …
… in der Öffentlichkeit zu trinken.
Ist gut!
Oh, wirklich?
Warum?
Gluck
Gluck
Hm …
Vielleicht ist sie schlecht für die Zähne?

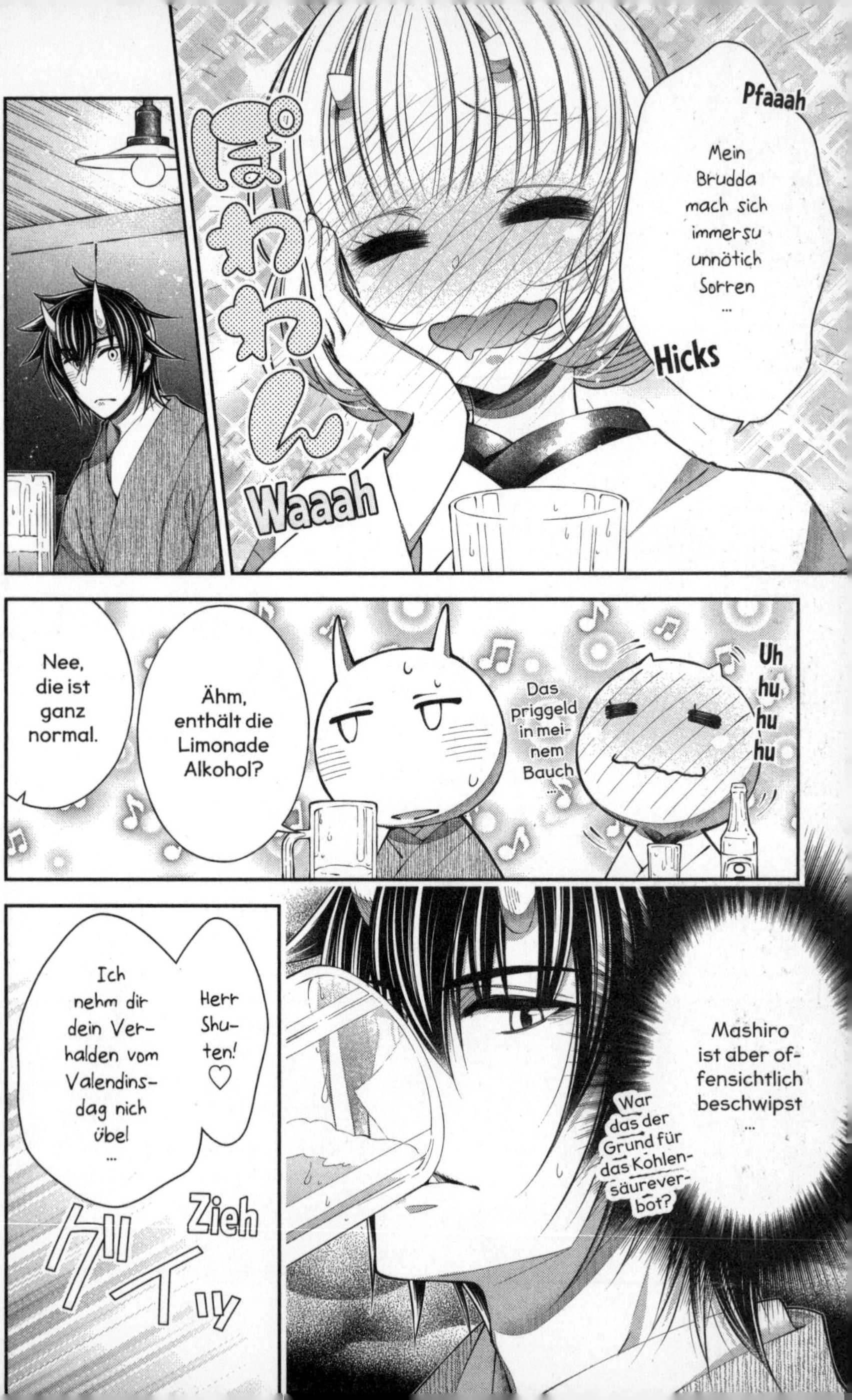

Pfaaah
Mein Brudda mach sich immersu unnötich Sorren ...
Hicks
ぽわわん
Waaah

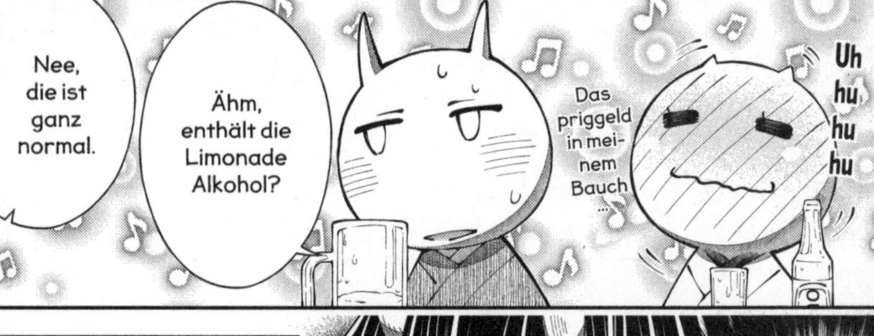

Mashiro ist aber offensichtlich beschwipst ...
War das der Grund für das Kohlensäureverbot?
Herr Shuten! ♡
Ich nehm dir dein Verhalden vom Valendinsdag nich übel ...
Zieh
グイッ

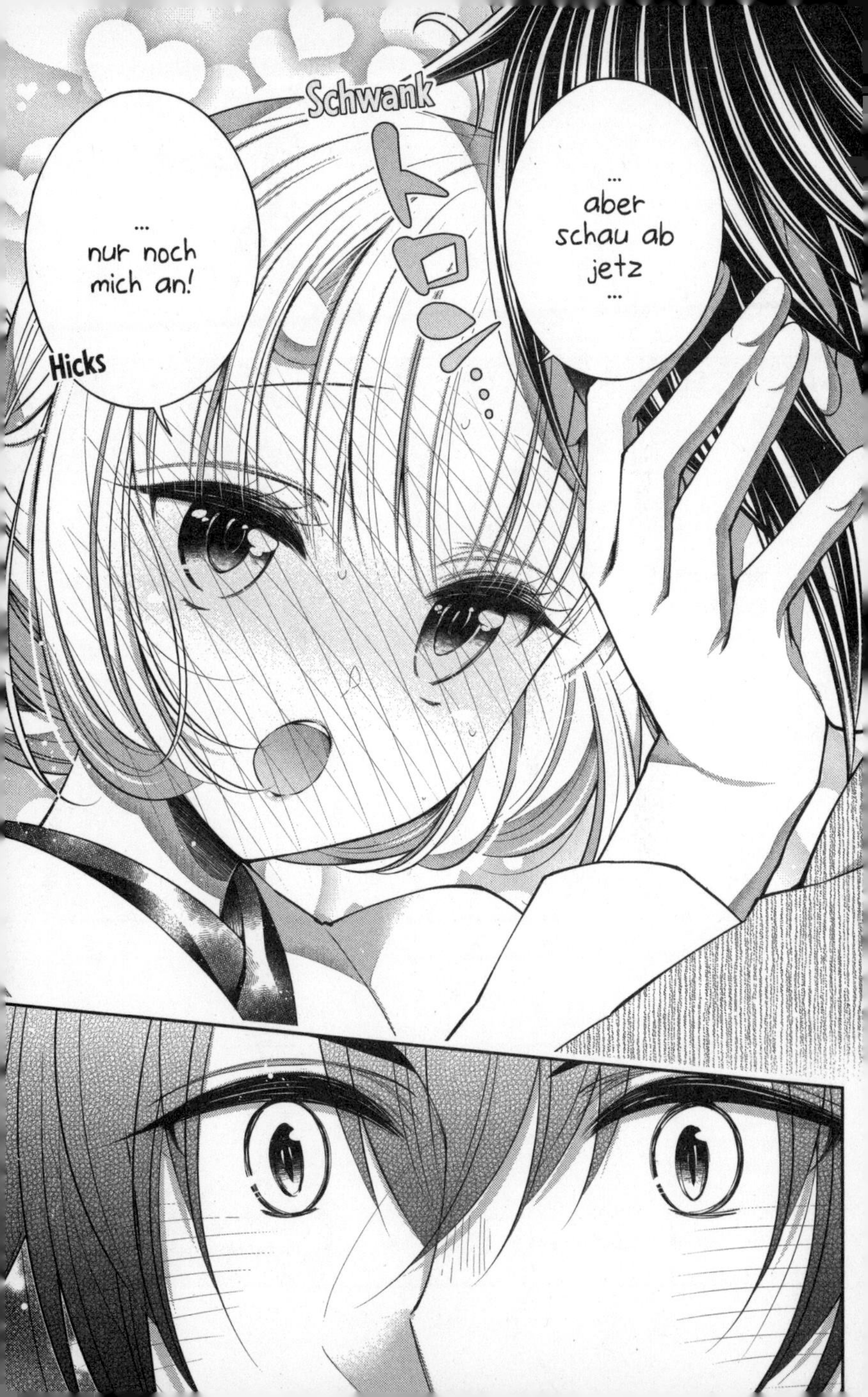

... aber schau ab jetz ...
Schwank
... nur noch mich an!
Hicks

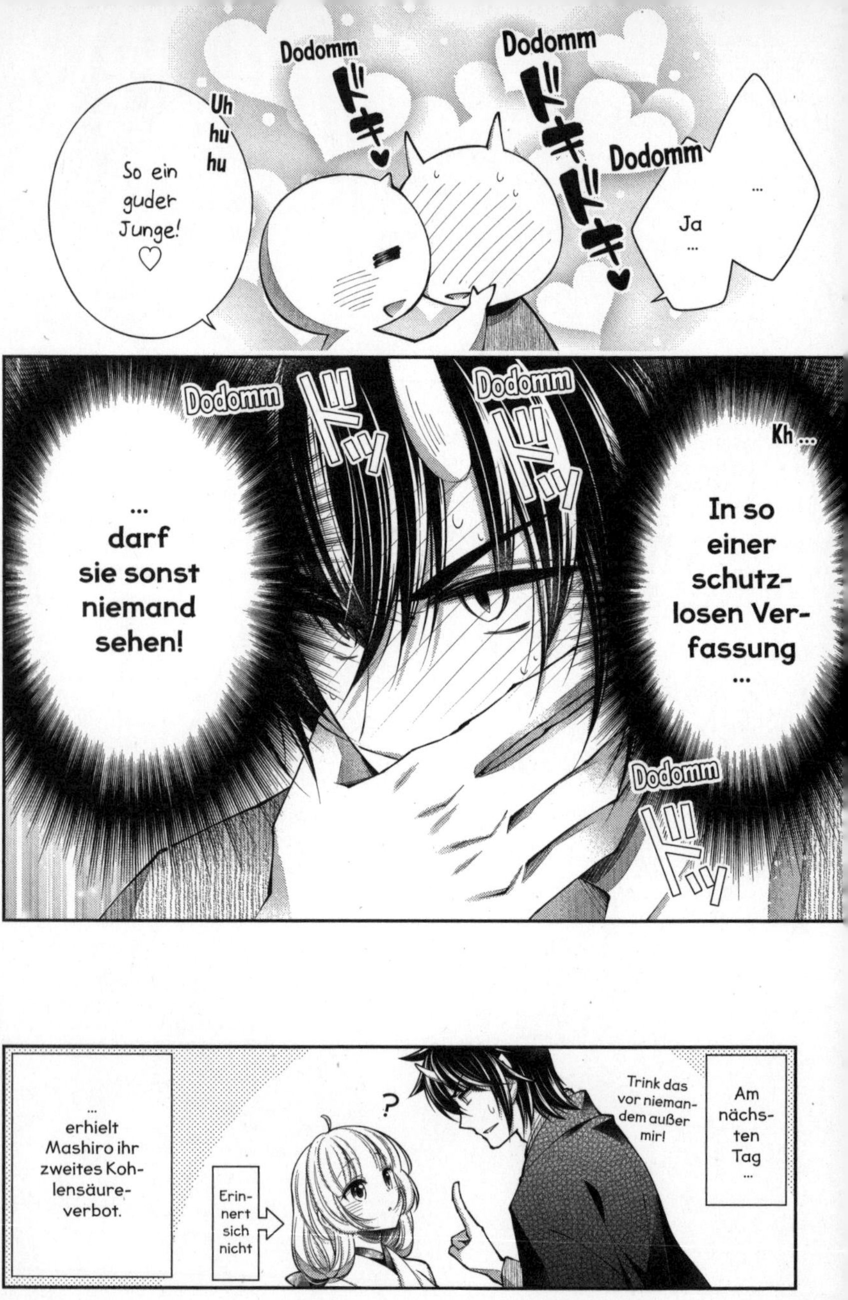

… Ja …
Dodomm ドキ
Dodomm ドキドキ
Dodomm
Uh hu hu
So ein guder Junge! ♡

Kh …
In so einer schutzlosen Verfassung …
Dodomm ドッ
Dodomm ドッ
… darf sie sonst niemand sehen!
Dodomm ドッ

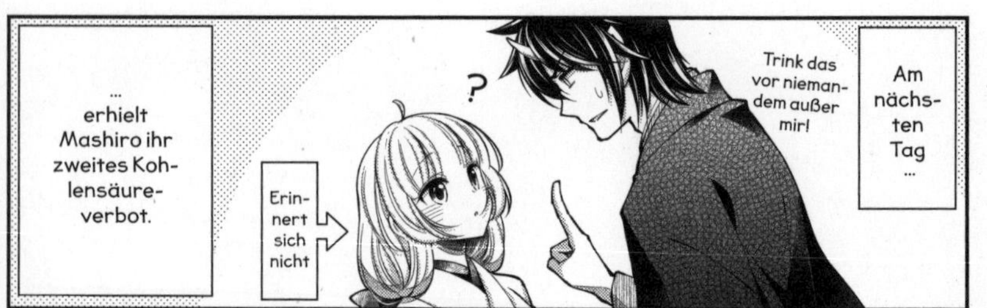

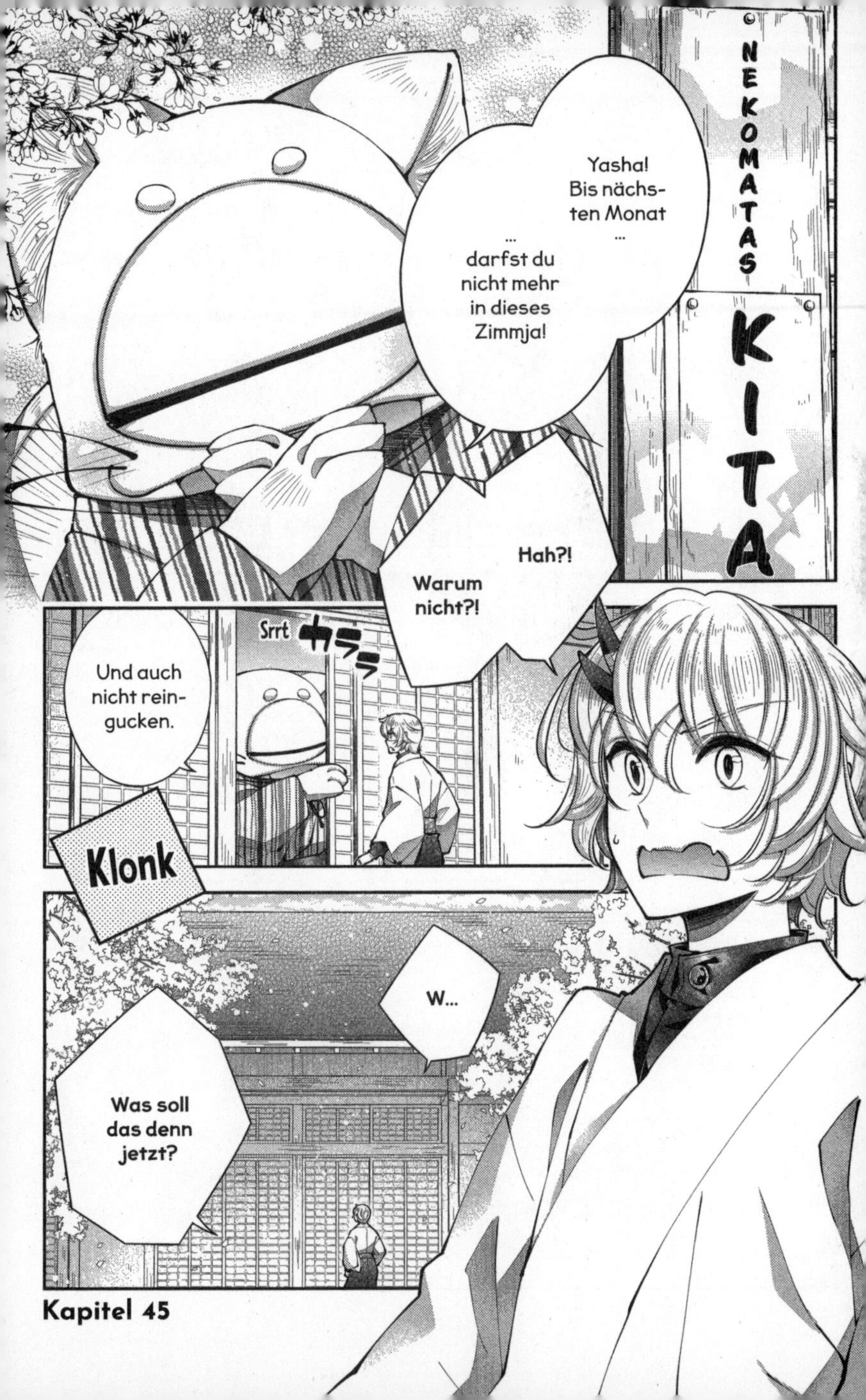
NEKOMATAS KITA
Yasha! Bis nächsten Monat …
… darfst du nicht mehr in dieses Zimmja!
Hah?!
Warum nicht?!
Srrt
Und auch nicht reingucken.
Klonk
W…
Was soll das denn jetzt?

Kapitel 45

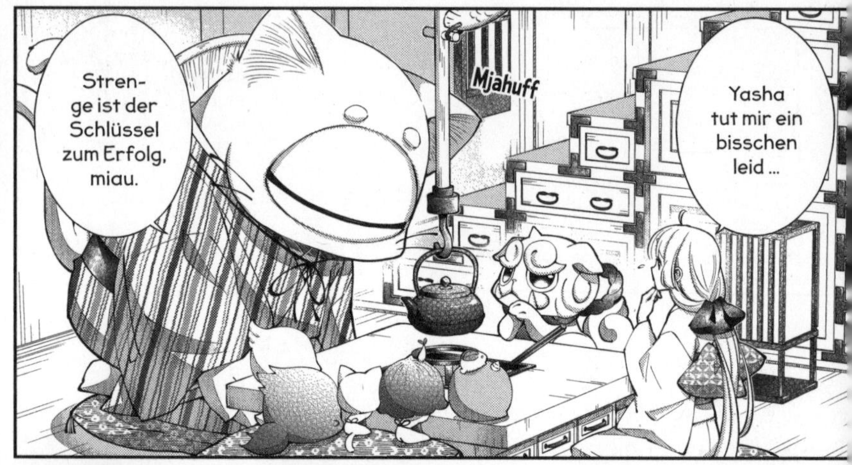
Yasha tut mir ein bisschen leid ...
Mjahuff
Strenge ist der Schlüssel zum Erfolg, miau.

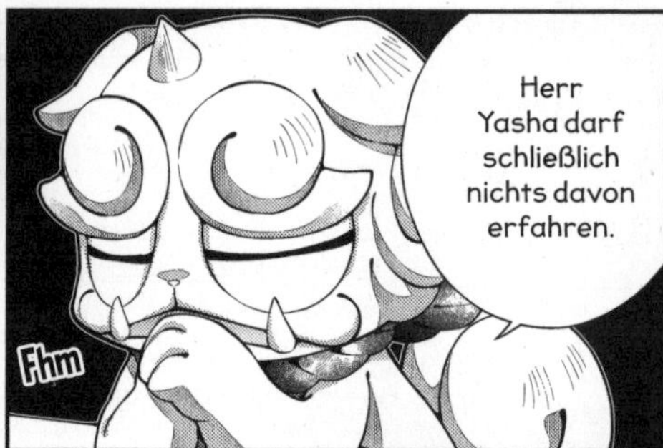
Herr Yasha darf schließlich nichts davon erfahren.
Fhm

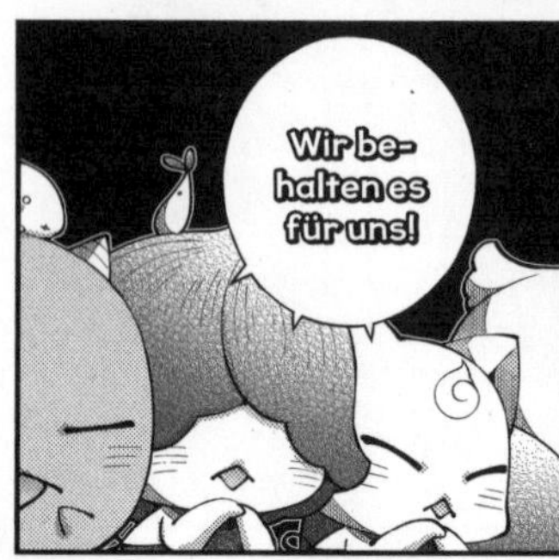
Wir behalten es für uns!

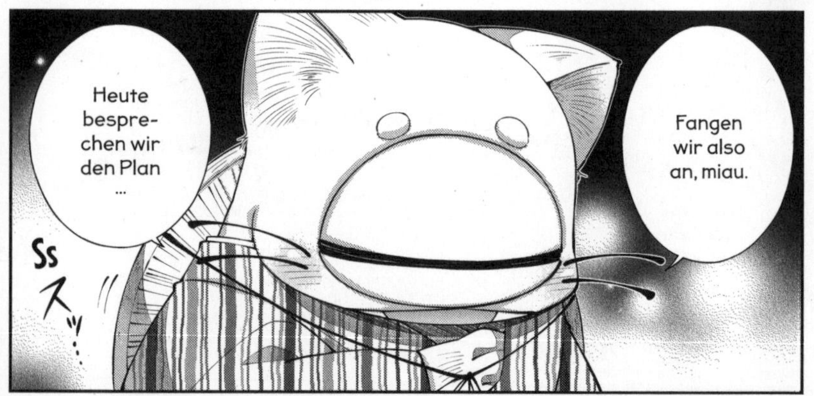
Fangen wir also an, miau.
Heute besprechen wir den Plan ...
Ss

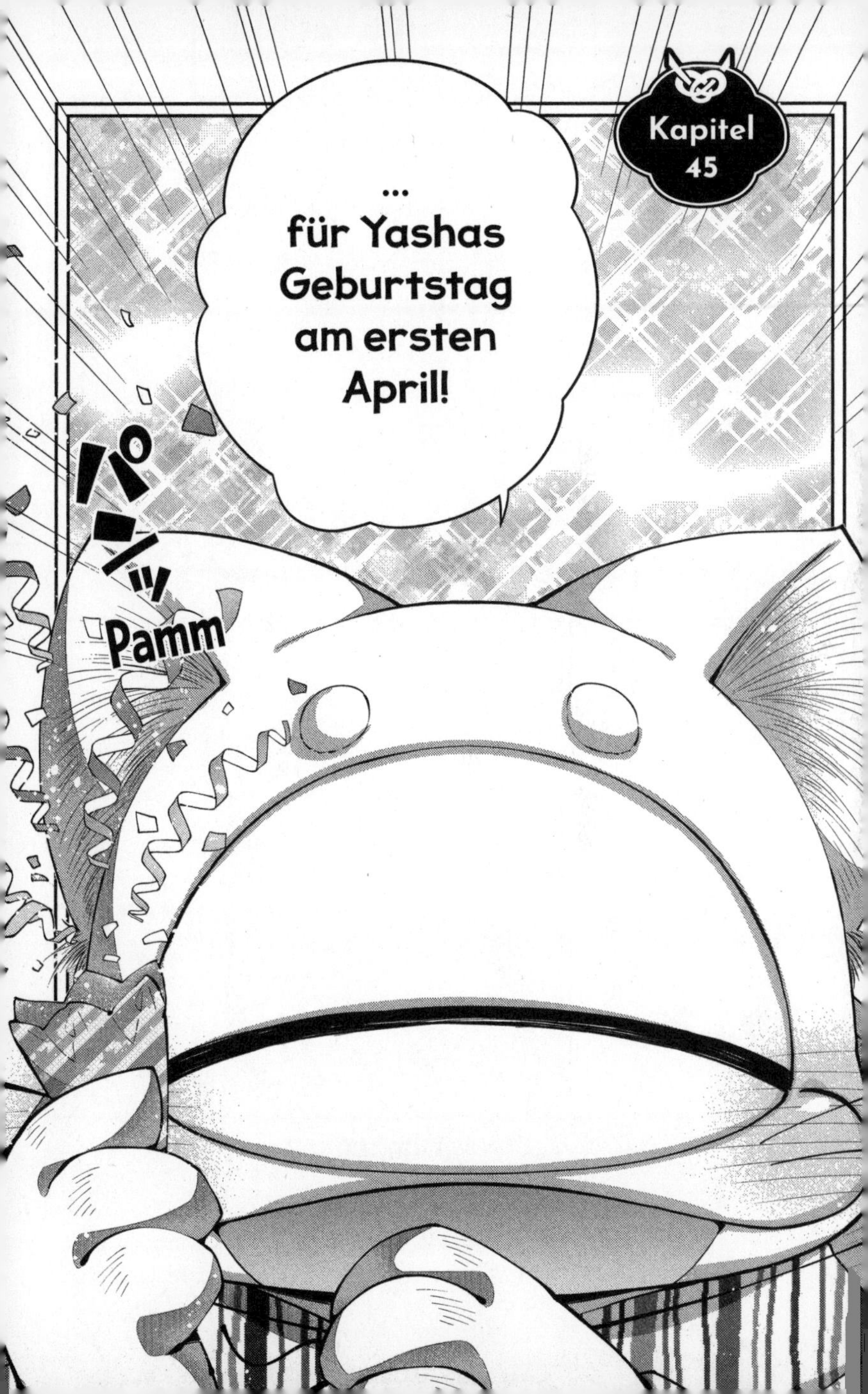
Kapitel 45
... für Yashas Geburtstag am ersten April!
Pamm

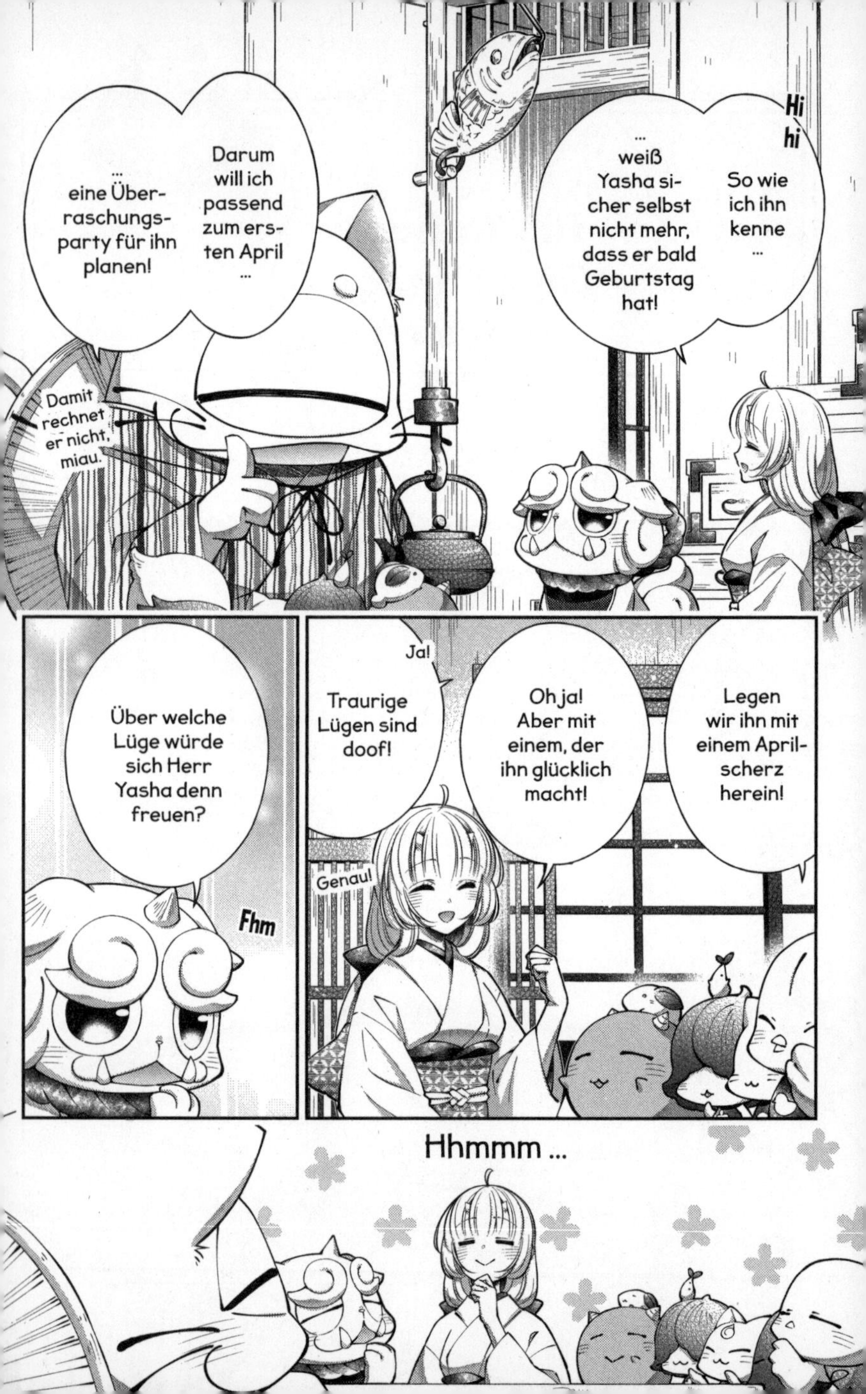
Hi hi
So wie ich ihn kenne ...
... weiß Yasha sicher selbst nicht mehr, dass er bald Geburtstag hat!
Darum will ich passend zum ersten April ...
... eine Überraschungsparty für ihn planen!
Damit rechnet er nicht, miau.
Legen wir ihn mit einem Aprilscherz herein!
Oh ja! Aber mit einem, der ihn glücklich macht!
Genau!
Ja!
Traurige Lügen sind doof!
Über welche Lüge würde sich Herr Yasha denn freuen?
Fhm
Hhmmm ...

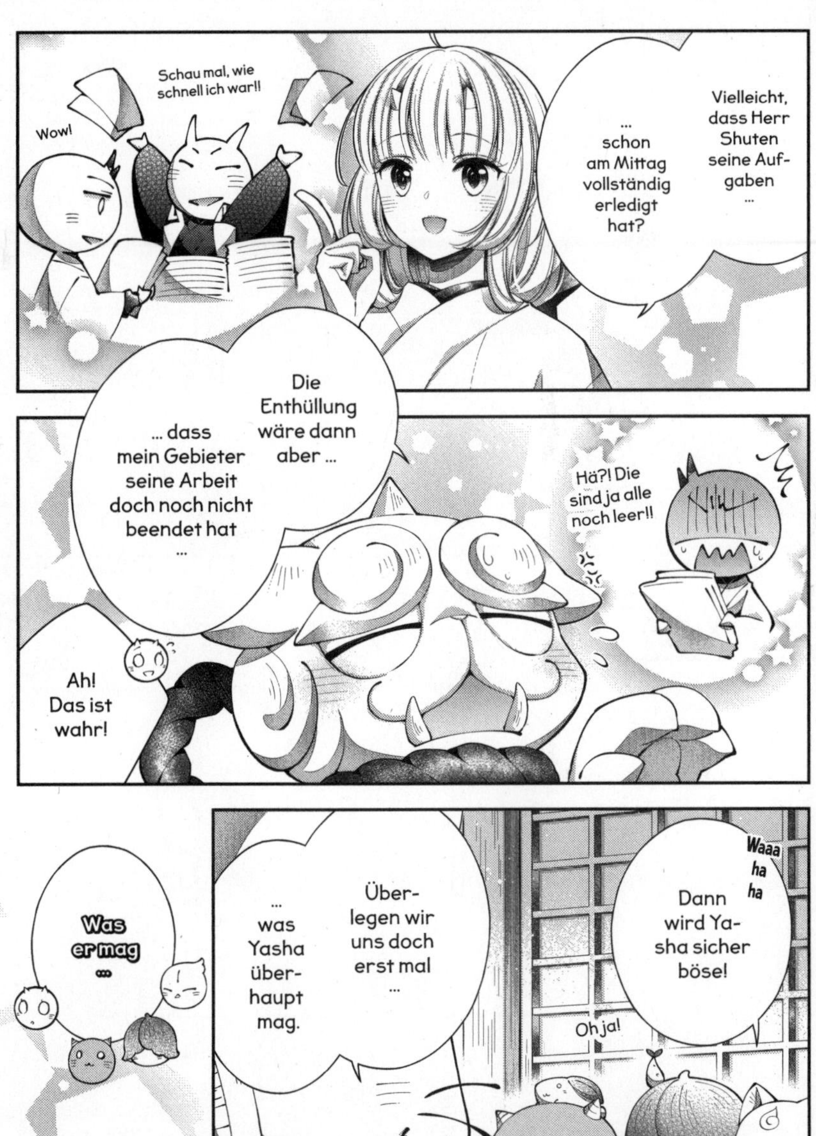
Vielleicht, dass Herr Shuten seine Aufgaben ...
... schon am Mittag vollständig erledigt hat?
Schau mal, wie schnell ich war!!
Wow!
Die Enthüllung wäre dann aber ...
... dass mein Gebieter seine Arbeit doch noch nicht beendet hat ...
Hä?! Die sind ja alle noch leer!!
Ah! Das ist wahr!
Waaa ha ha
Dann wird Yasha sicher böse!
Oh ja!
Überlegen wir uns doch erst mal ...
... was Yasha überhaupt mag.
Was er mag ...

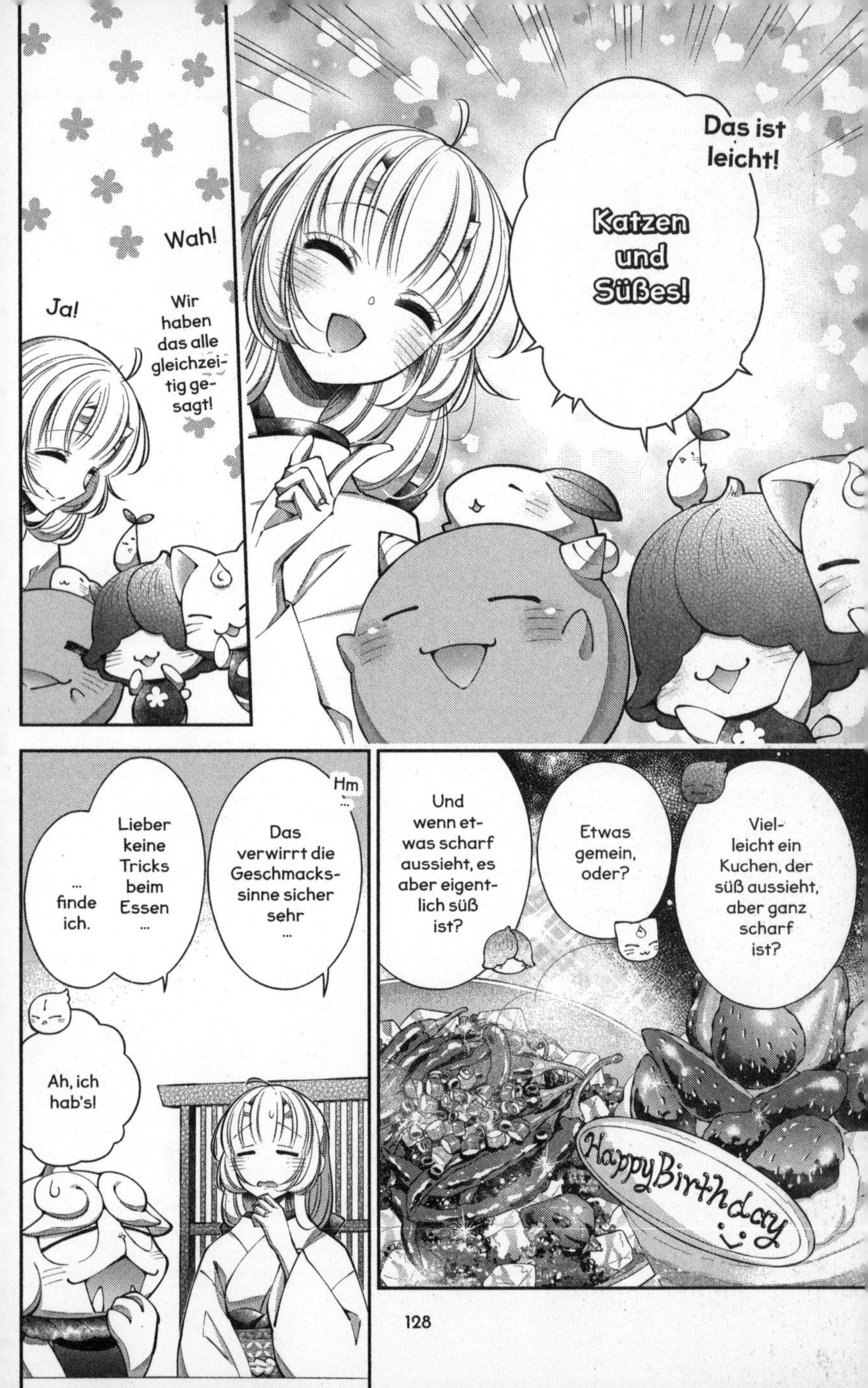
Das ist leicht!
Katzen und Süßes!
Wah!
Wir haben das alle gleichzeitig gesagt!
Ja!
Vielleicht ein Kuchen, der süß aussieht, aber ganz scharf ist?
Etwas gemein, oder?
Und wenn etwas scharf aussieht, es aber eigentlich süß ist?
Happy Birthday
Hm ...
Das verwirrt die Geschmackssinne sicher sehr ...
Lieber keine Tricks beim Essen ...
... finde ich.
Ah, ich hab's!

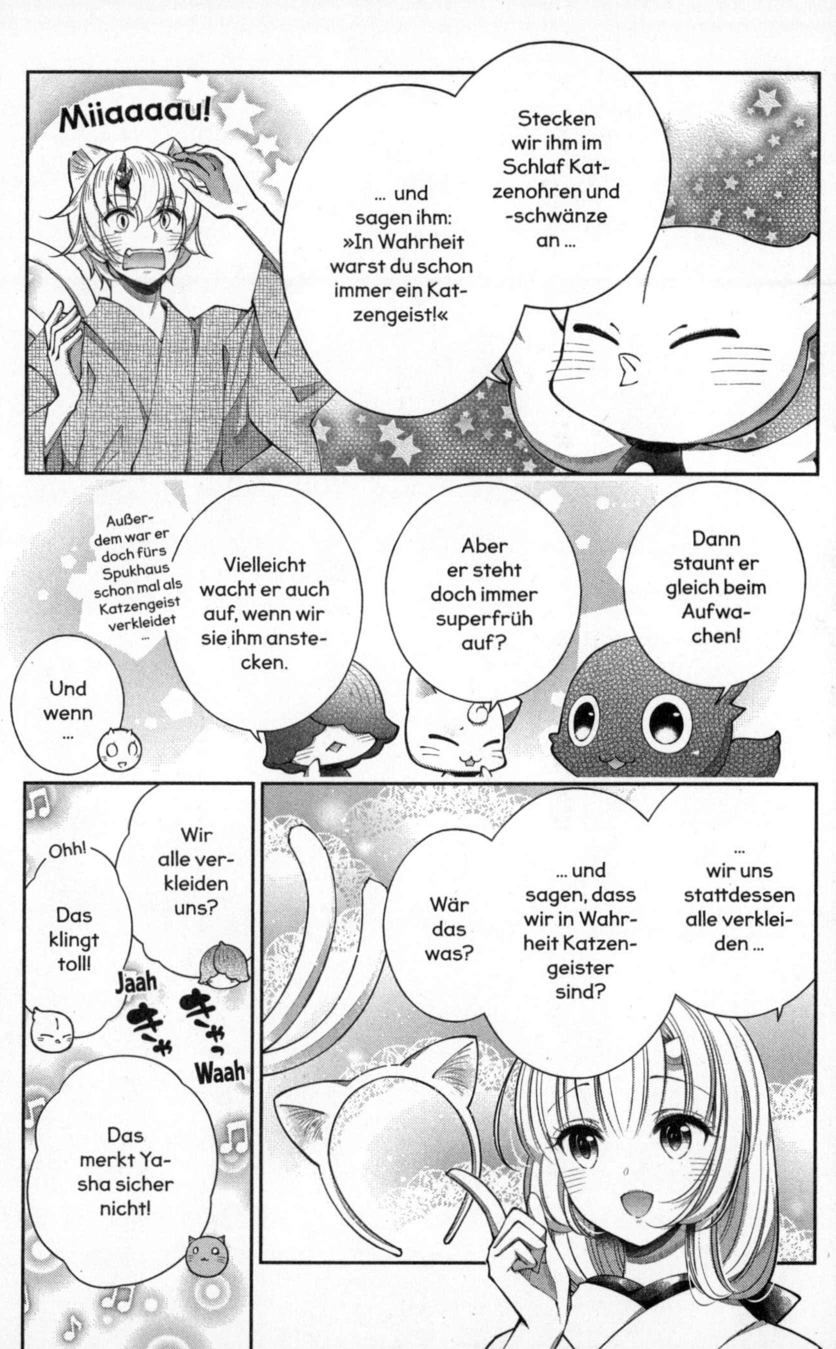
Stecken wir ihm im Schlaf Katzenohren und -schwänze an ...
... und sagen ihm: »In Wahrheit warst du schon immer ein Katzengeist!«
Miiaaaau!
Dann staunt er gleich beim Aufwachen!
Aber er steht doch immer superfrüh auf?
Vielleicht wacht er auch auf, wenn wir sie ihm anstecken.
Außerdem war er doch fürs Spukhaus schon mal als Katzengeist verkleidet ...
Und wenn ...
... wir uns stattdessen alle verkleiden ...
... und sagen, dass wir in Wahrheit Katzengeister sind?
Wär das was?
Wir alle verkleiden uns?
Ohh!
Das klingt toll!
Jaah
Waah
Das merkt Yasha sicher nicht!

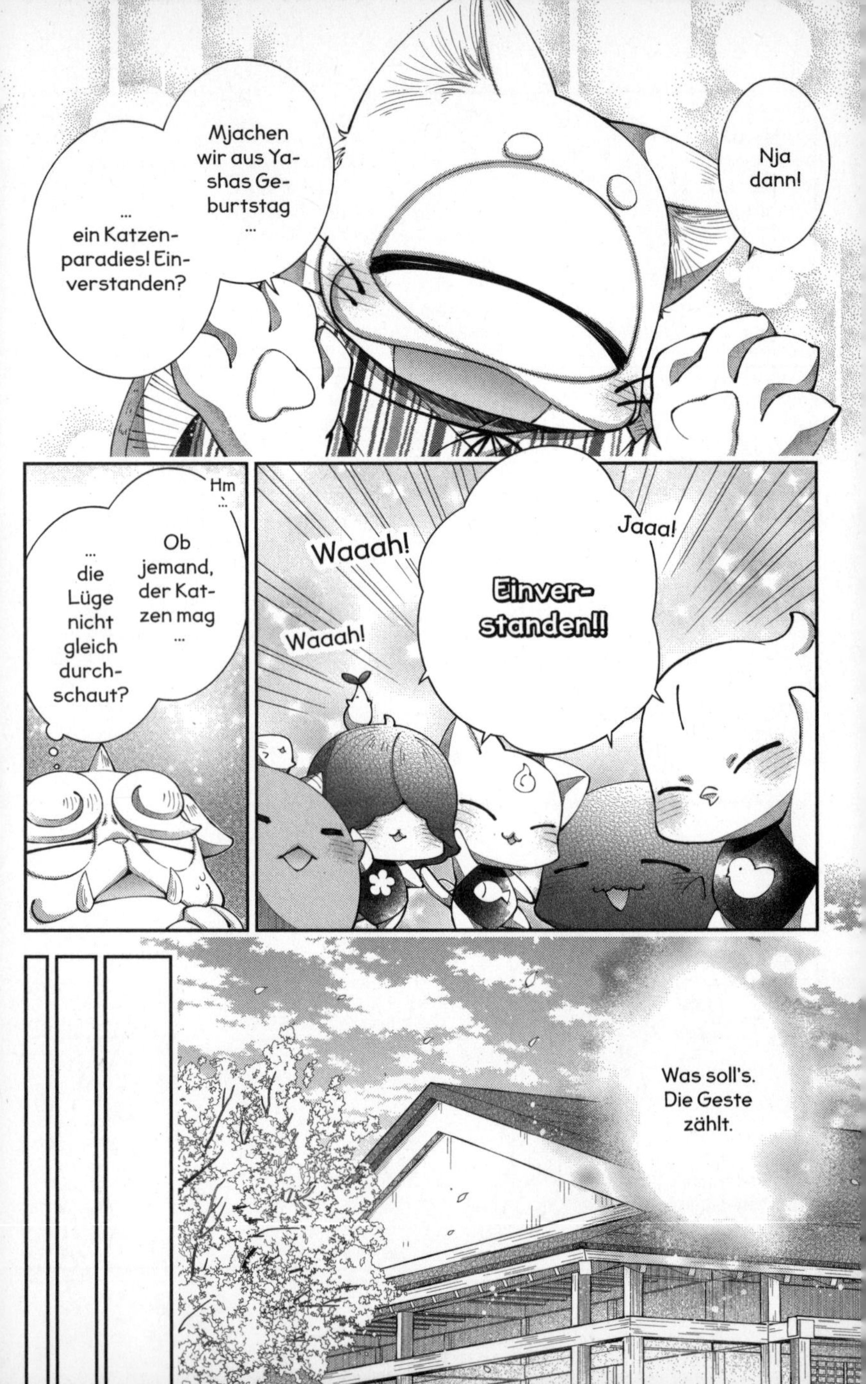

Nja dann!
Mjachen wir aus Yashas Geburtstag …
… ein Katzenparadies! Einverstanden?
Jaaa!
Einverstanden!!
Waaah!
Waaah!
Hm …
Ob jemand, der Katzen mag …
… die Lüge nicht gleich durchschaut?
Was soll's. Die Geste zählt.

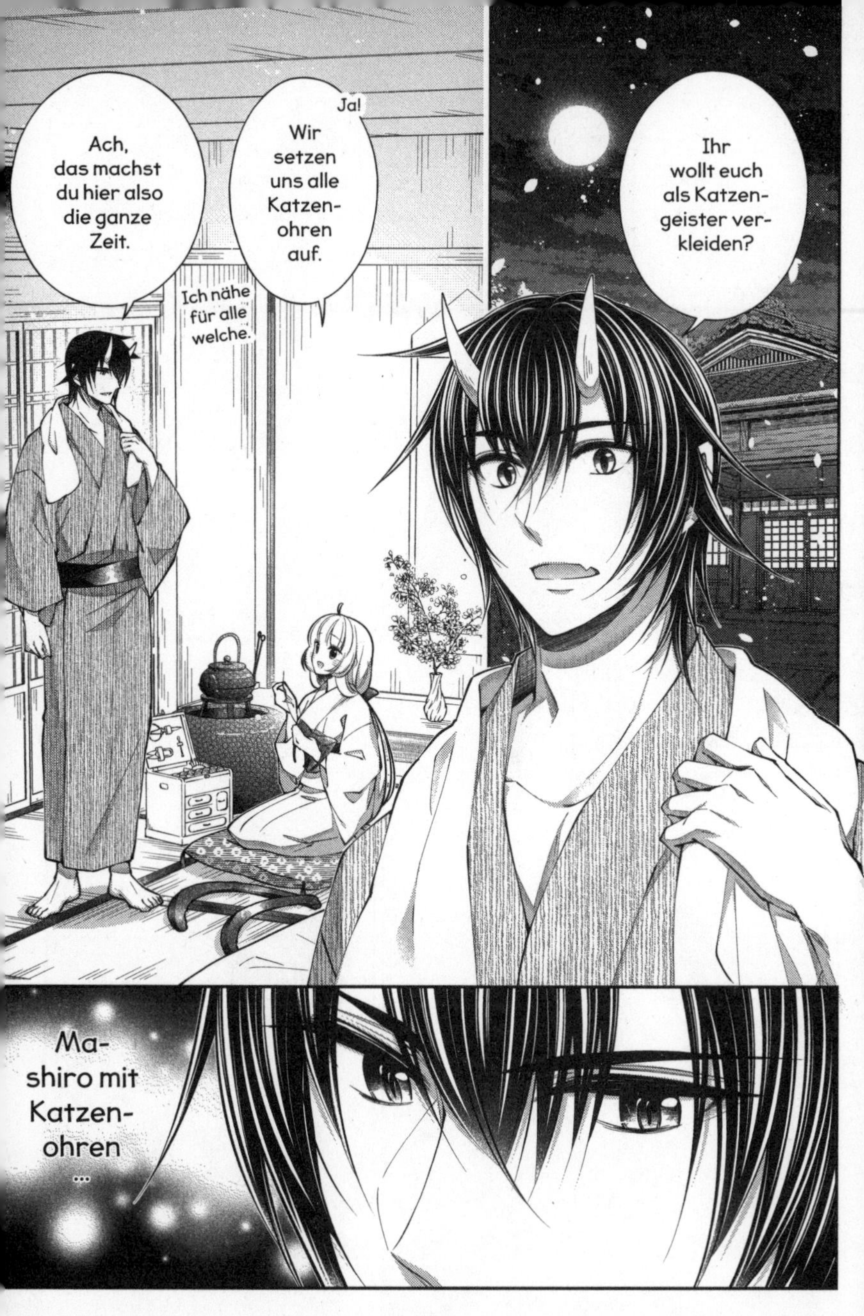
Ihr wollt euch als Katzengeister verkleiden?
Ja!
Wir setzen uns alle Katzenohren auf.
Ich nähe für alle welche.
Ach, das machst du hier also die ganze Zeit.
Mashiro mit Katzenohren ...

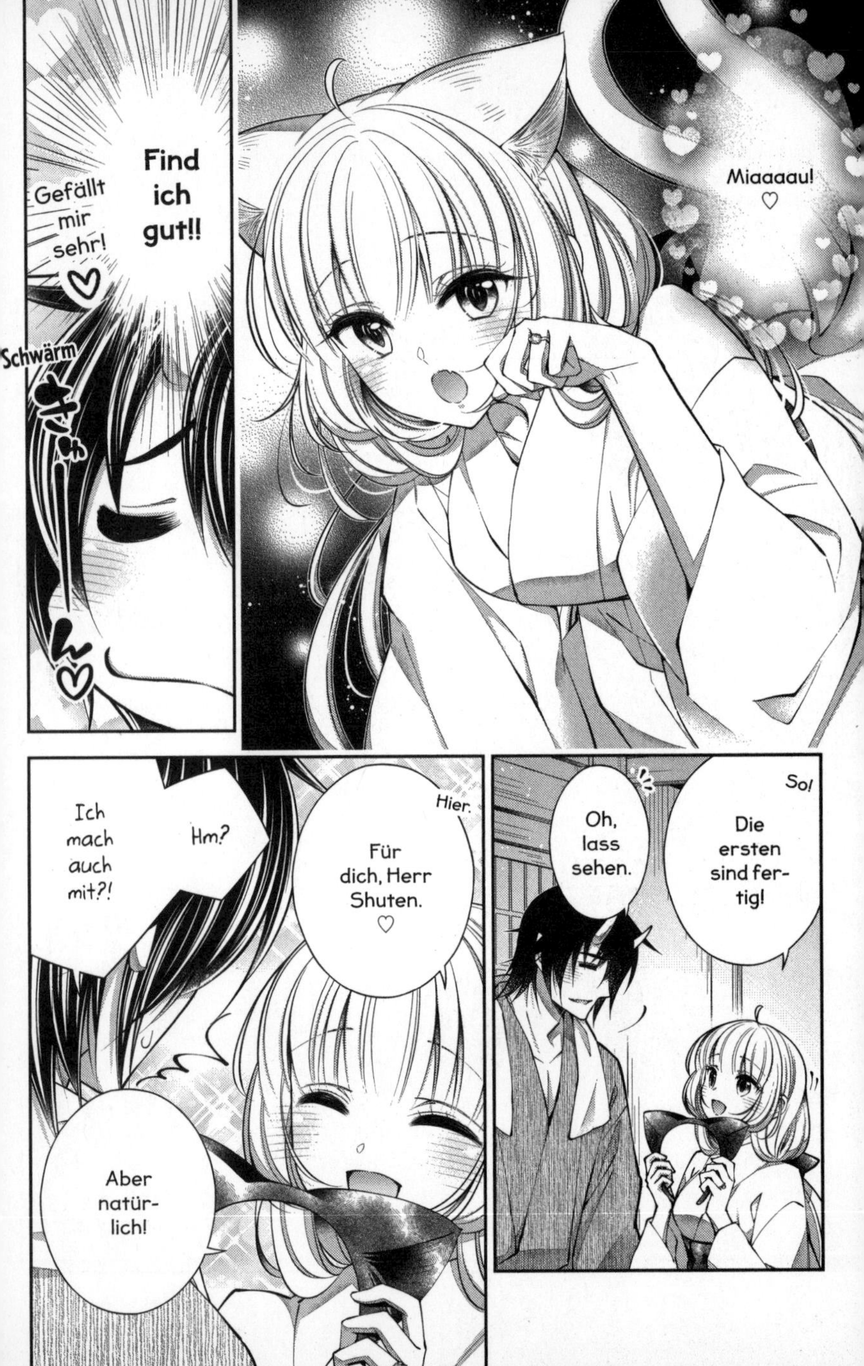
Miaaaau! ♡
Find ich gut!!
Gefällt mir sehr! ♡
Schwärm
So! Die ersten sind fer- tig!
Oh, lass sehen.
Hier. Für dich, Herr Shuten. ♡
Hm?
Ich mach auch mit?!
Aber natür- lich!

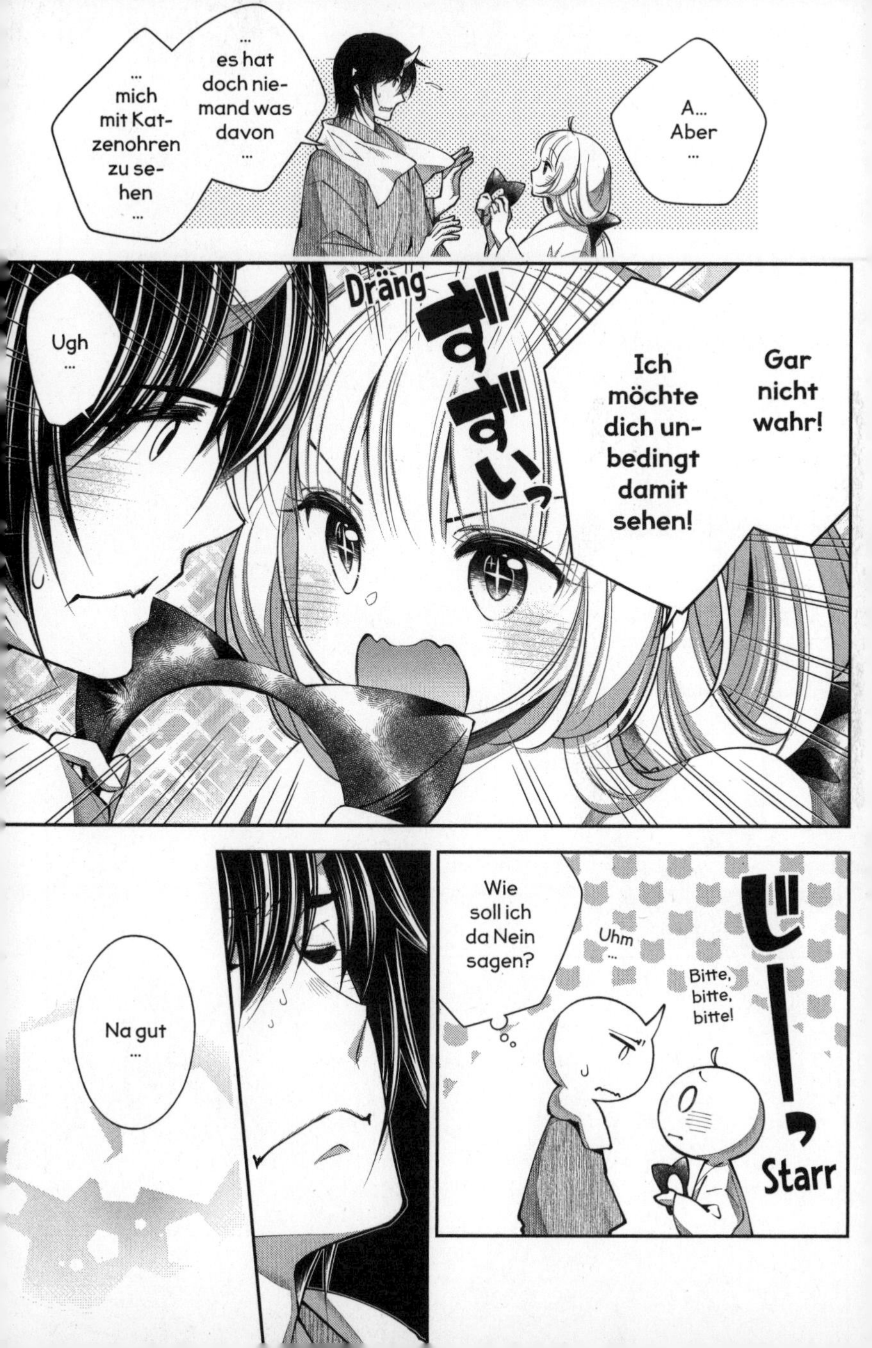

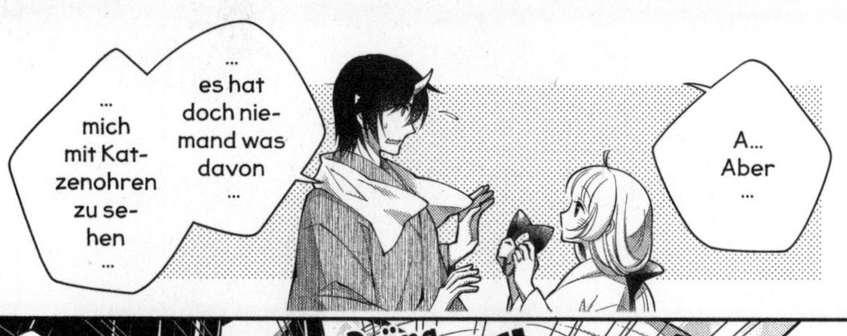
A… Aber …
… es hat doch nie-mand was davon …
… mich mit Kat-zenohren zu se-hen …

Gar nicht wahr!
Ich möchte dich un-bedingt damit sehen!
Dräng
Ugh …

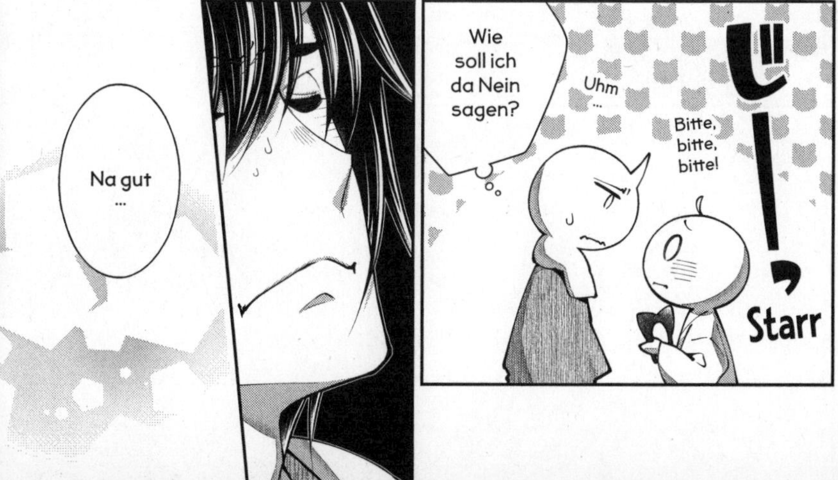
Starr
Bitte, bitte, bitte!
Uhm …
Wie soll ich da Nein sagen?
Na gut …

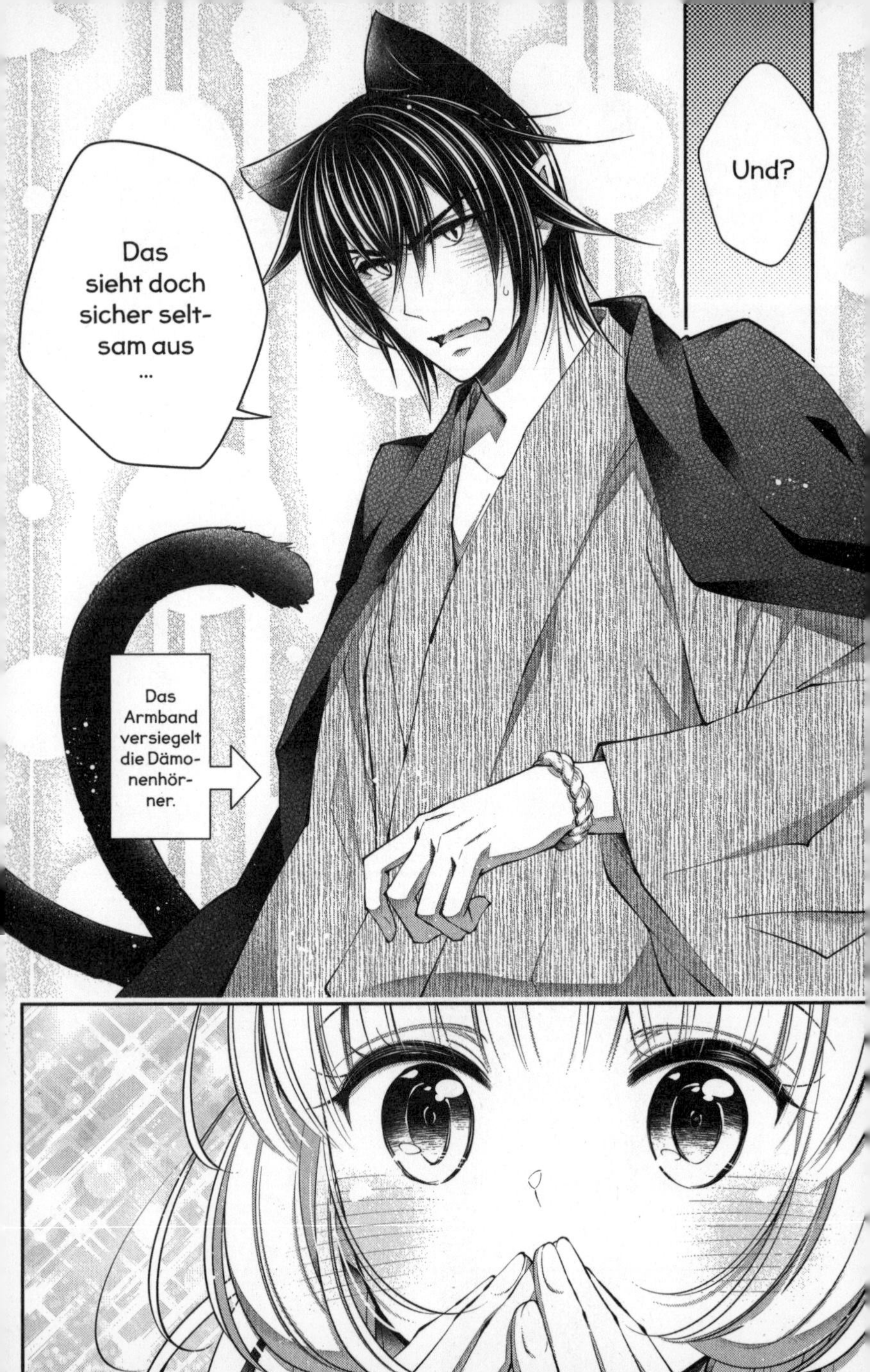
Und?
Das sieht doch sicher seltsam aus …
Das Armband versiegelt die Dämonenhörner.

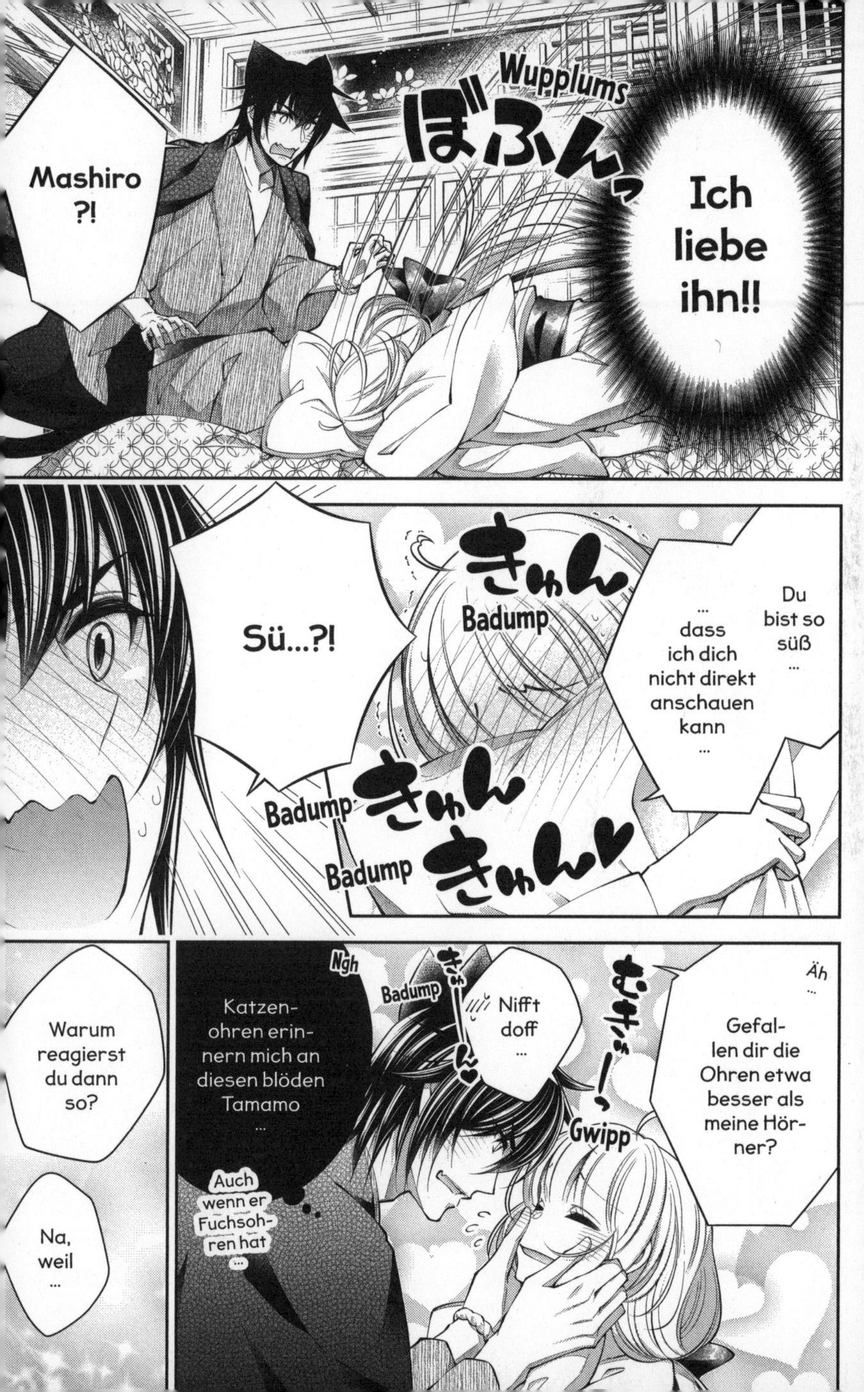
Wupplums
ぼふんっ
Ich liebe ihn!!
Mashiro ?!
Du bist so süß …
… dass ich dich nicht direkt anschauen kann …
きゅんっ
Badump
Sü…?!
Badump
きゅん
Badump
きゅん
Äh …
Gefallen dir die Ohren etwa besser als meine Hörner?
むきゅーっ
Gwipp
Nifft doff …
きゅーん
Badump
Ngh
Katzenohren erinnern mich an diesen blöden Tamamo …
Auch wenn er Fuchsohren hat …
Warum reagierst du dann so?
Na, weil …

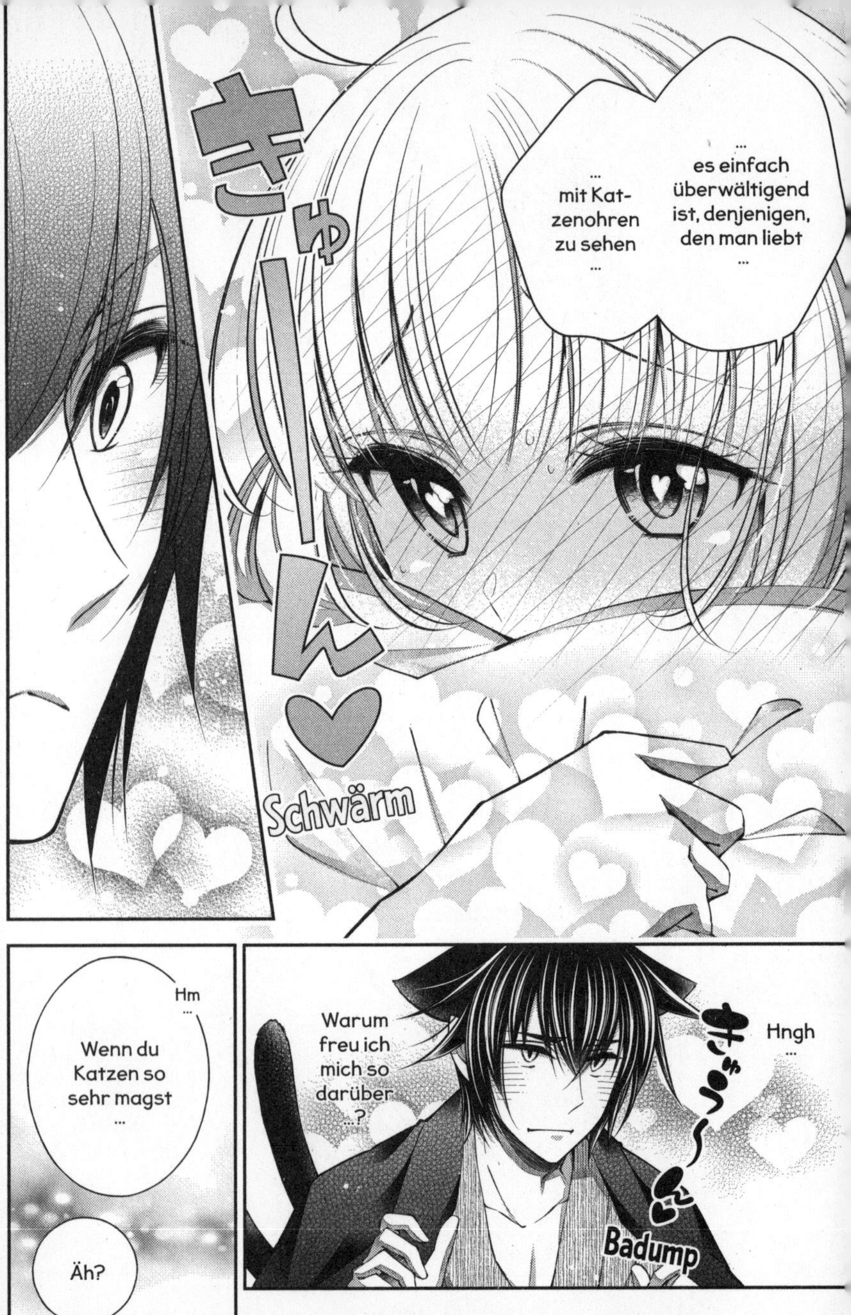

... es einfach überwältigend ist, denjenigen, den man liebt ...

... mit Katzenohren zu sehen ...

きゅーん

Schwärm

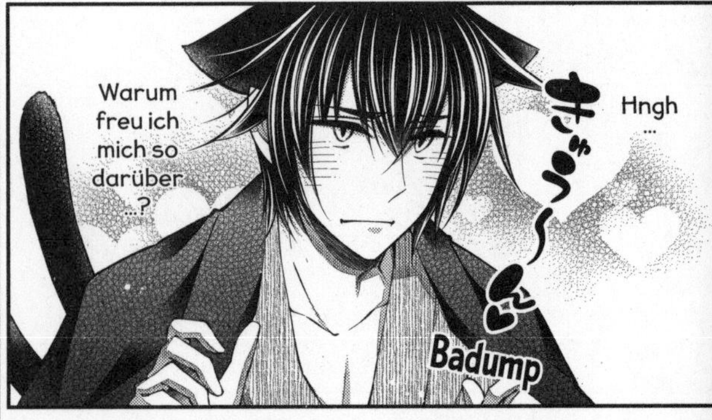

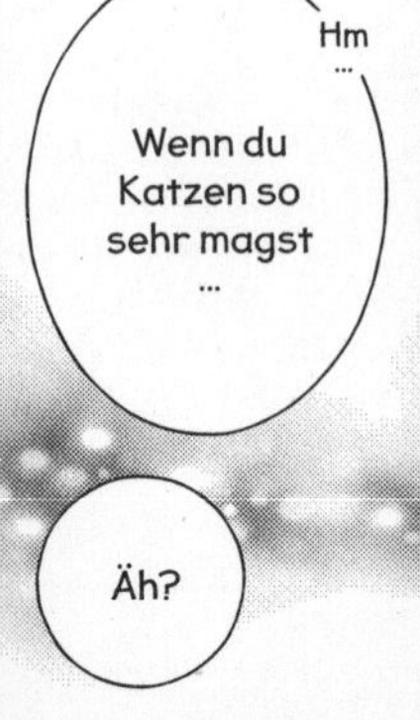

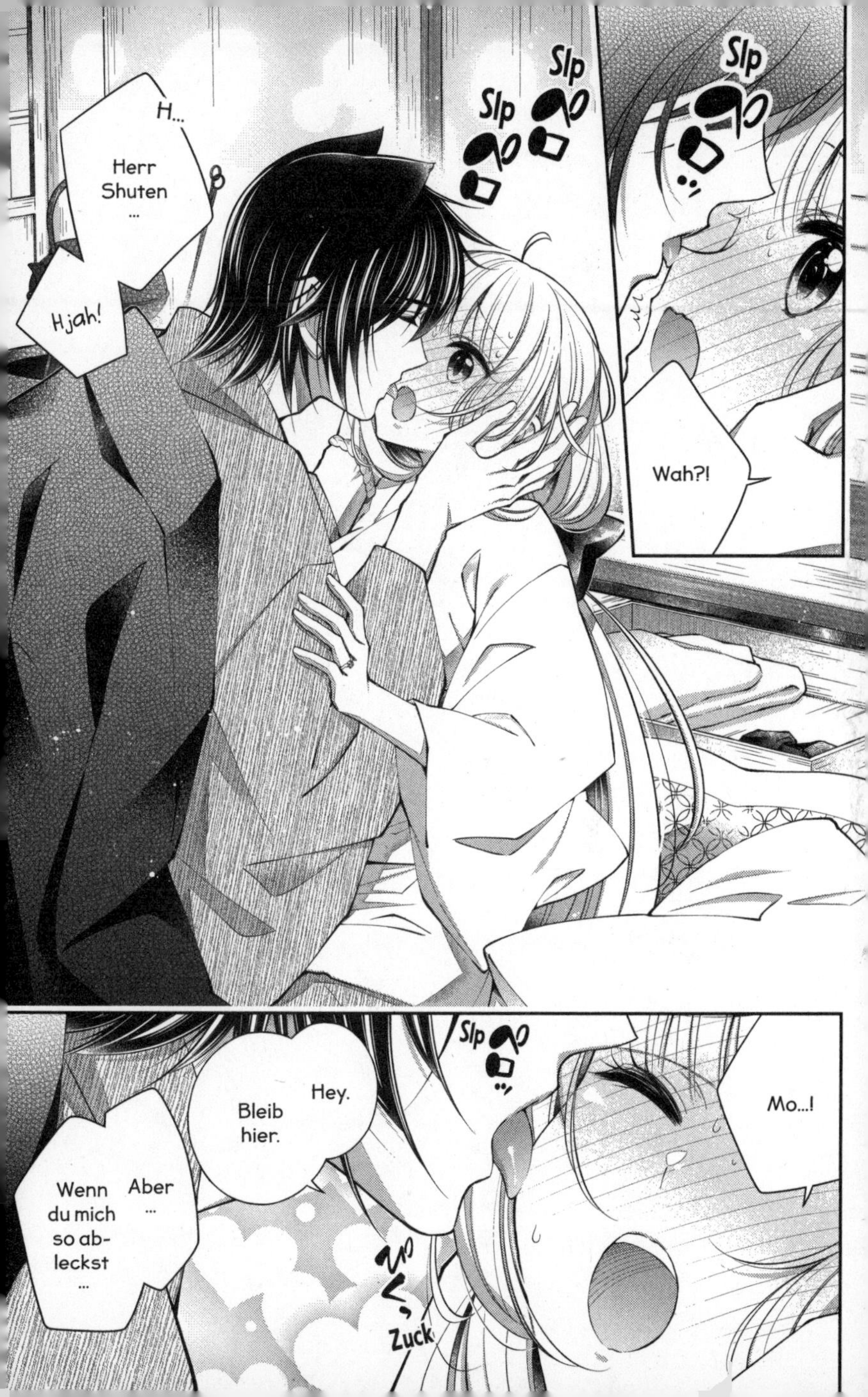
Slp
Wah?!
Slp
Slp
H...
Herr Shuten ...
Hjah!
Mo...!
Slp
Zuck
Hey.
Bleib hier.
Aber ...
Wenn du mich so ab-leckst ...

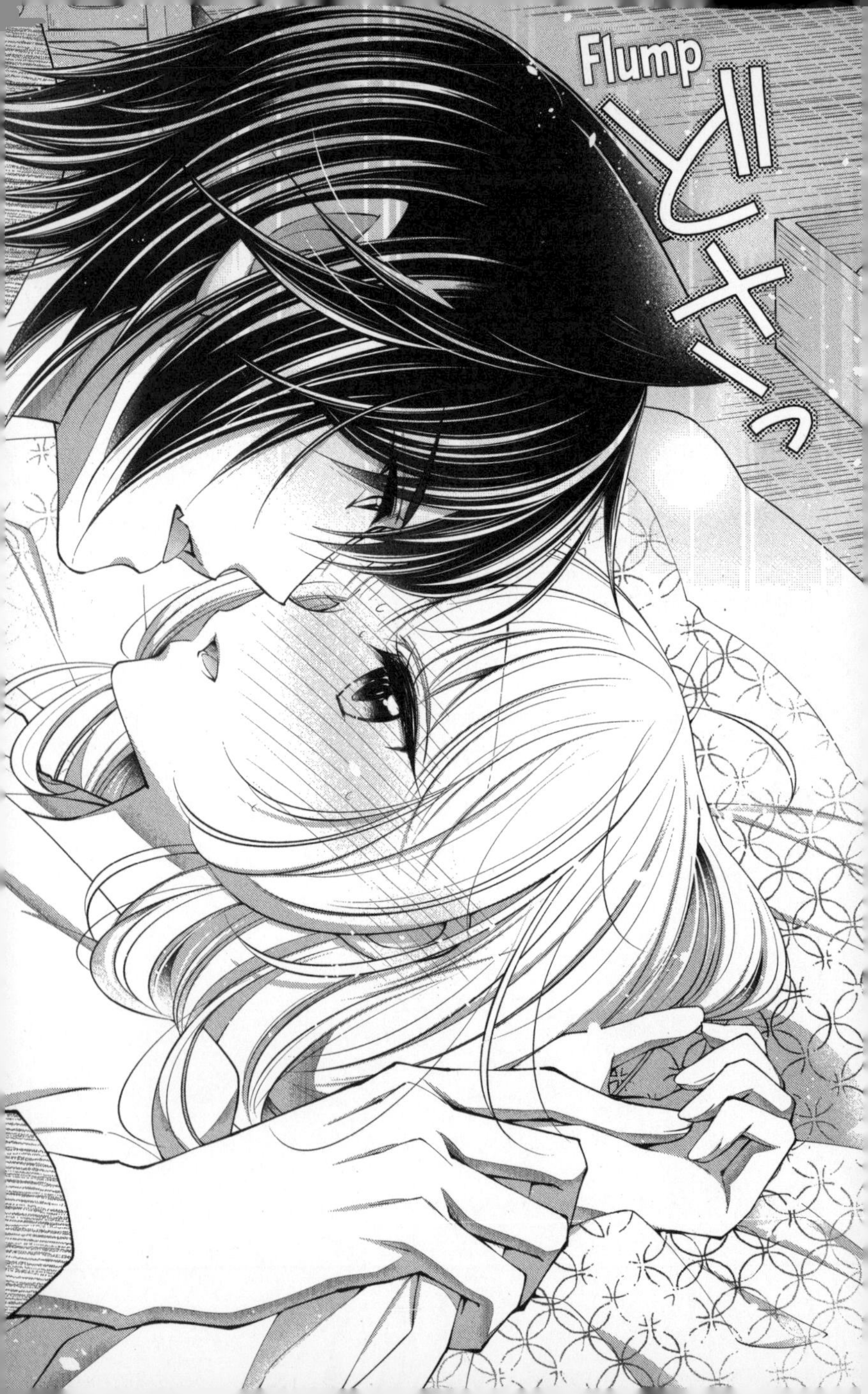

Flump
ドサッ

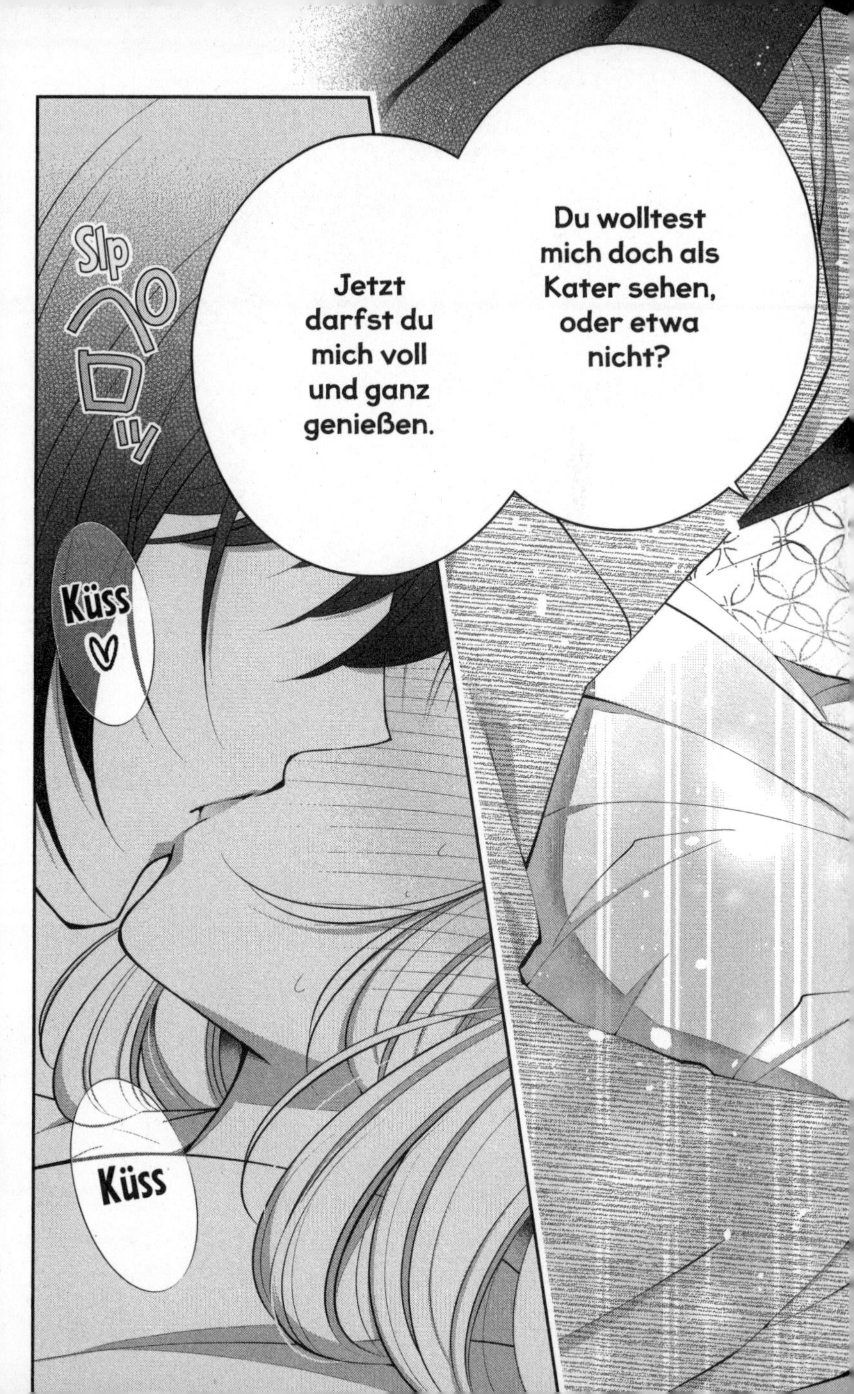
Du wolltest mich doch als Kater sehen, oder etwa nicht?
Jetzt darfst du mich voll und ganz genießen.
ペロッ
Slp
Küss ♡
Küss

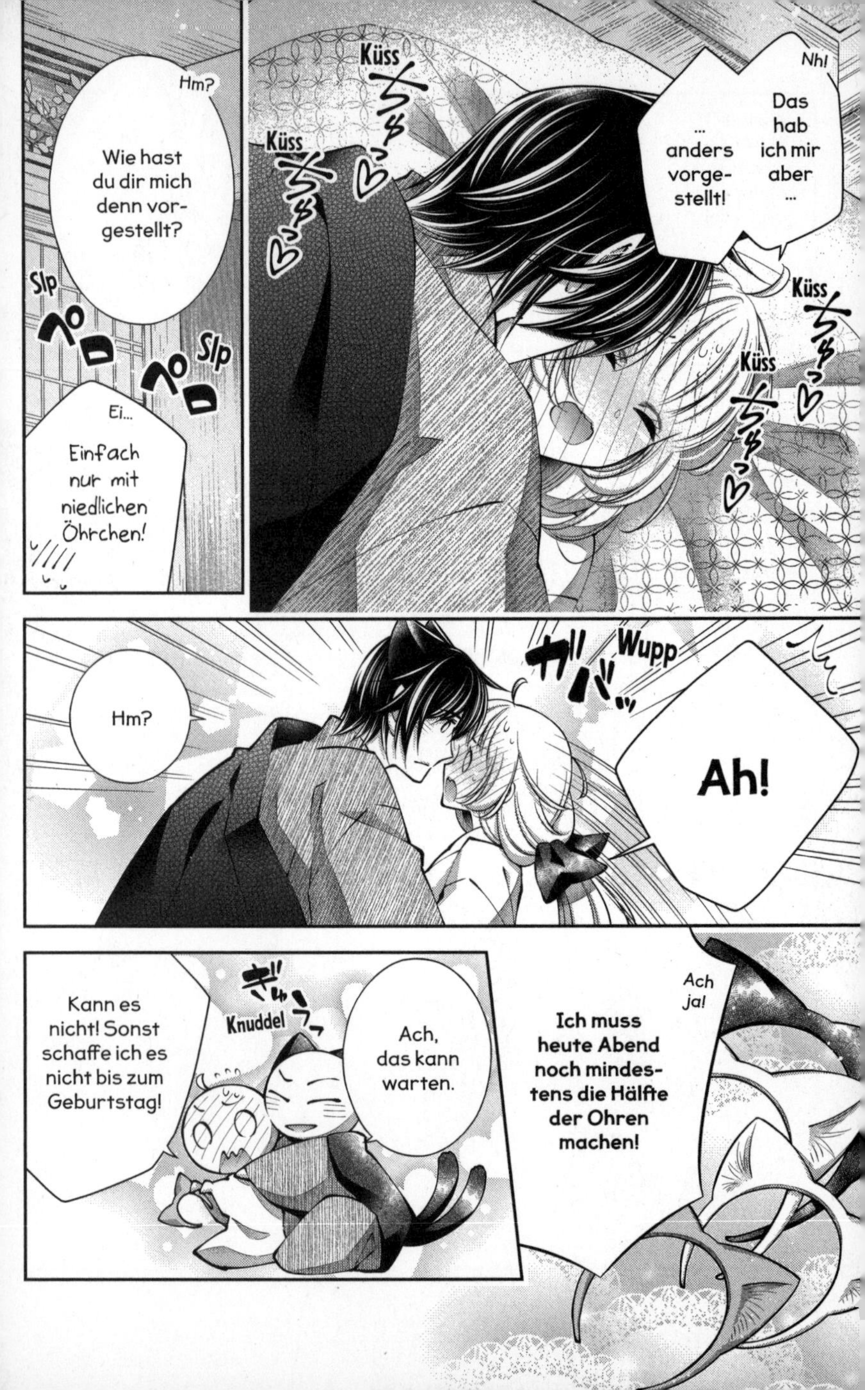
Nh!
Das hab ich mir aber ...
... anders vorgestellt!
Küss
Küss
Küss
Küss
Hm?
Wie hast du dir mich denn vorgestellt?
Slp
Slp
Ei...
Einfach nur mit niedlichen Öhrchen!
Wupp
Ah!
Hm?
Ach ja!
Ich muss heute Abend noch mindestens die Hälfte der Ohren machen!
Knuddel
Ach, das kann warten.
Kann es nicht! Sonst schaffe ich es nicht bis zum Geburtstag!

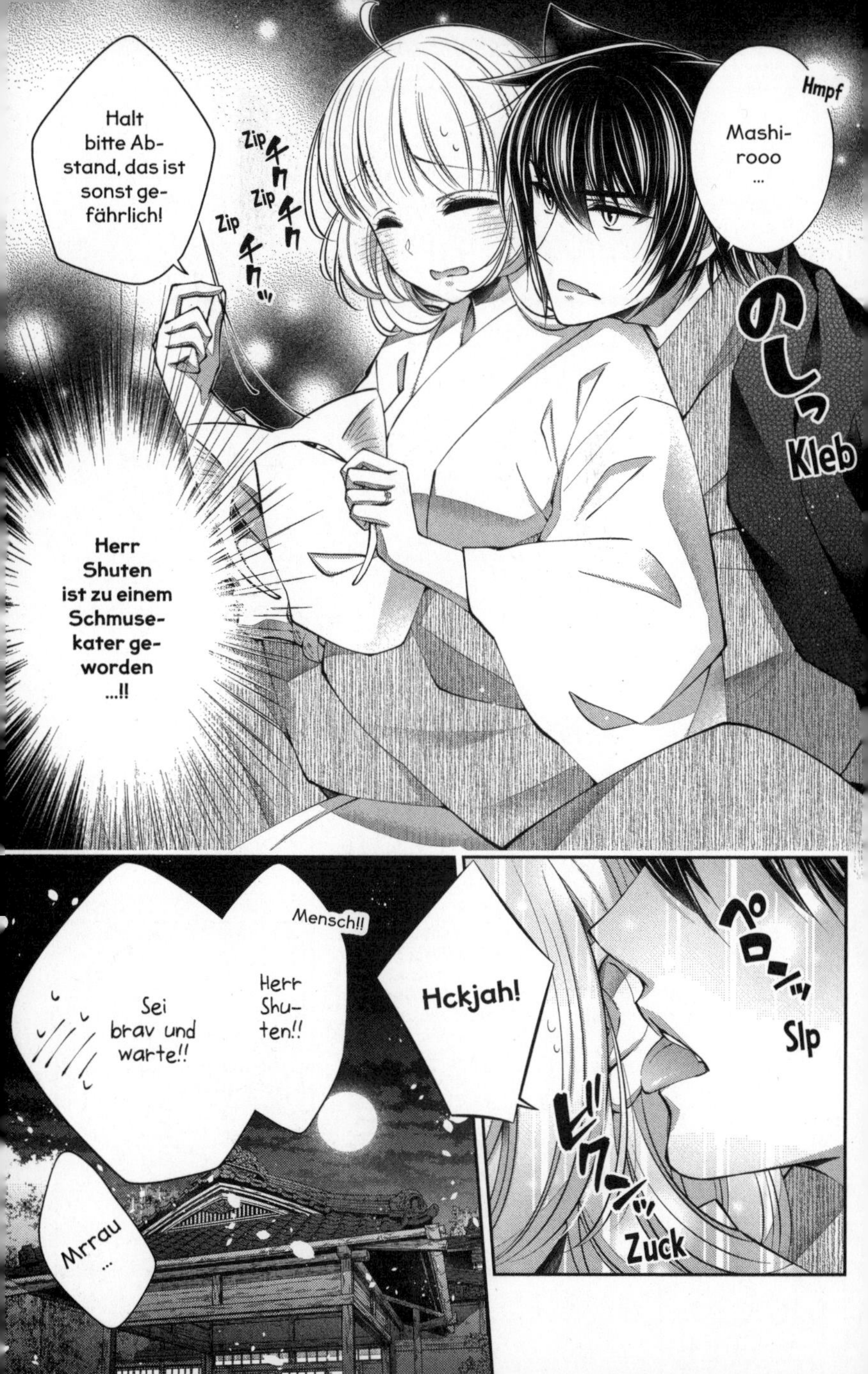

Hmpf
Mashi-rooo ...
のしっ
Kleb
チクチクチクッ
Zip Zip Zip
Halt bitte Abstand, das ist sonst gefährlich!
Herr Shuten ist zu einem Schmusekater geworden ...!!
ペローッ
Slp
Hckjah!
ビクンッ
Zuck
Mensch!!
Herr Shuten!!
Sei brav und warte!!
Mrrau ...

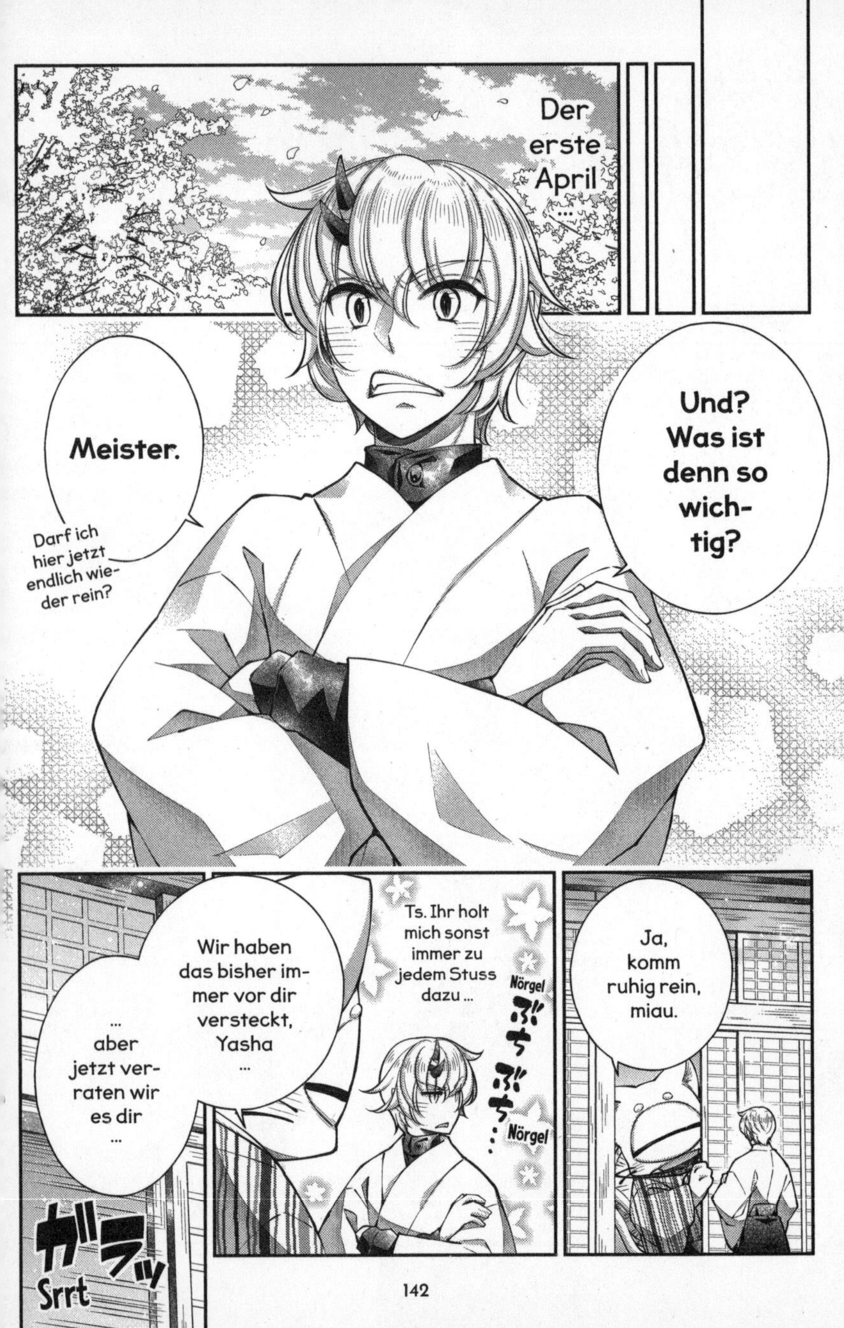
Der erste April ...
Und? Was ist denn so wich-tig?
Meister.
Darf ich hier jetzt endlich wie-der rein?
Ja, komm ruhig rein, miau.
Ts. Ihr holt mich sonst immer zu jedem Stuss dazu ...
Nörgel
ぶち
ぶち...
Nörgel
Wir haben das bisher im-mer vor dir versteckt, Yasha ...
... aber jetzt ver-raten wir es dir ...
ガラッ
Srrt

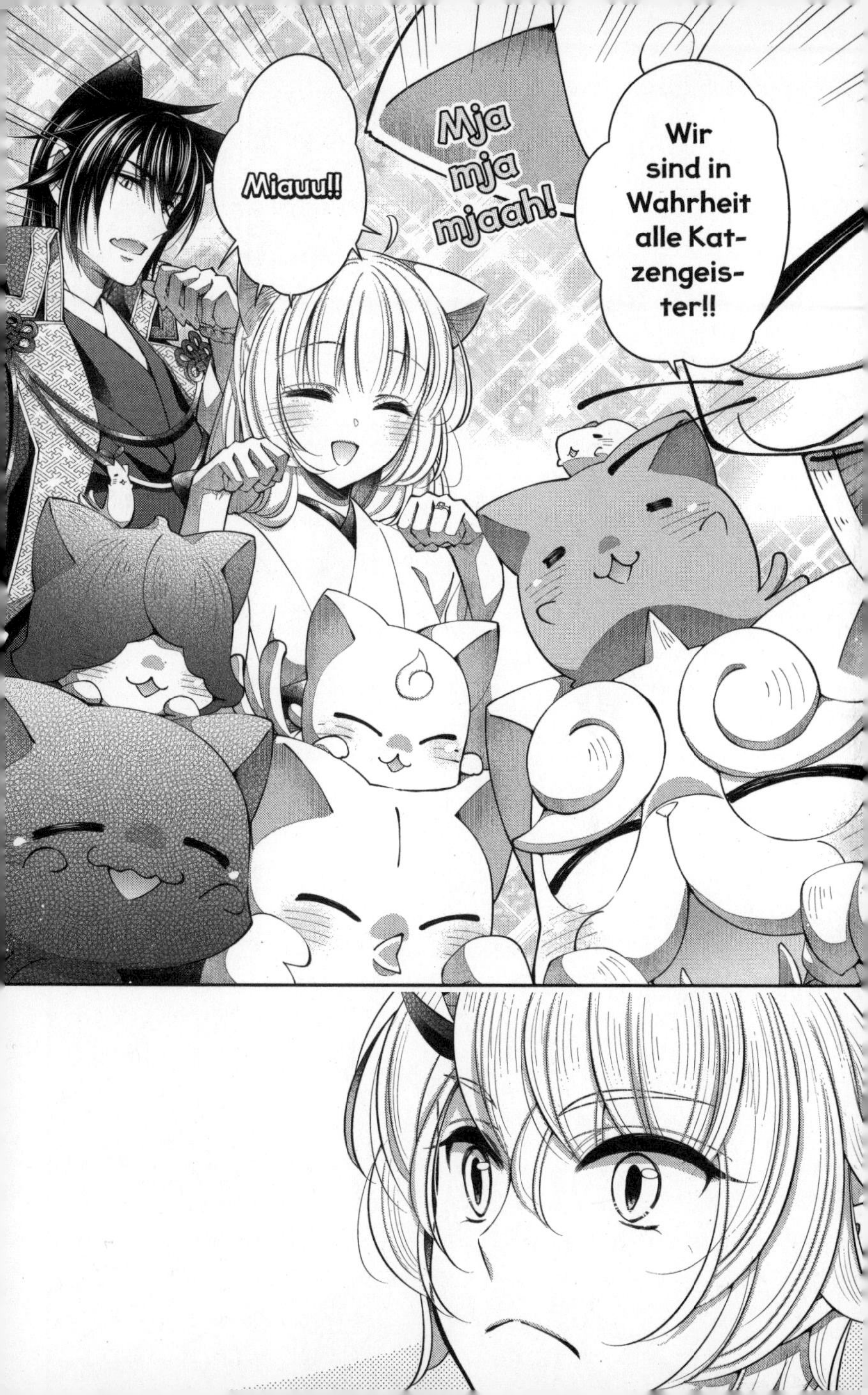
Wir sind in Wahrheit alle Katzengeister!!
Mja mja mjaàh!
Miauu!!

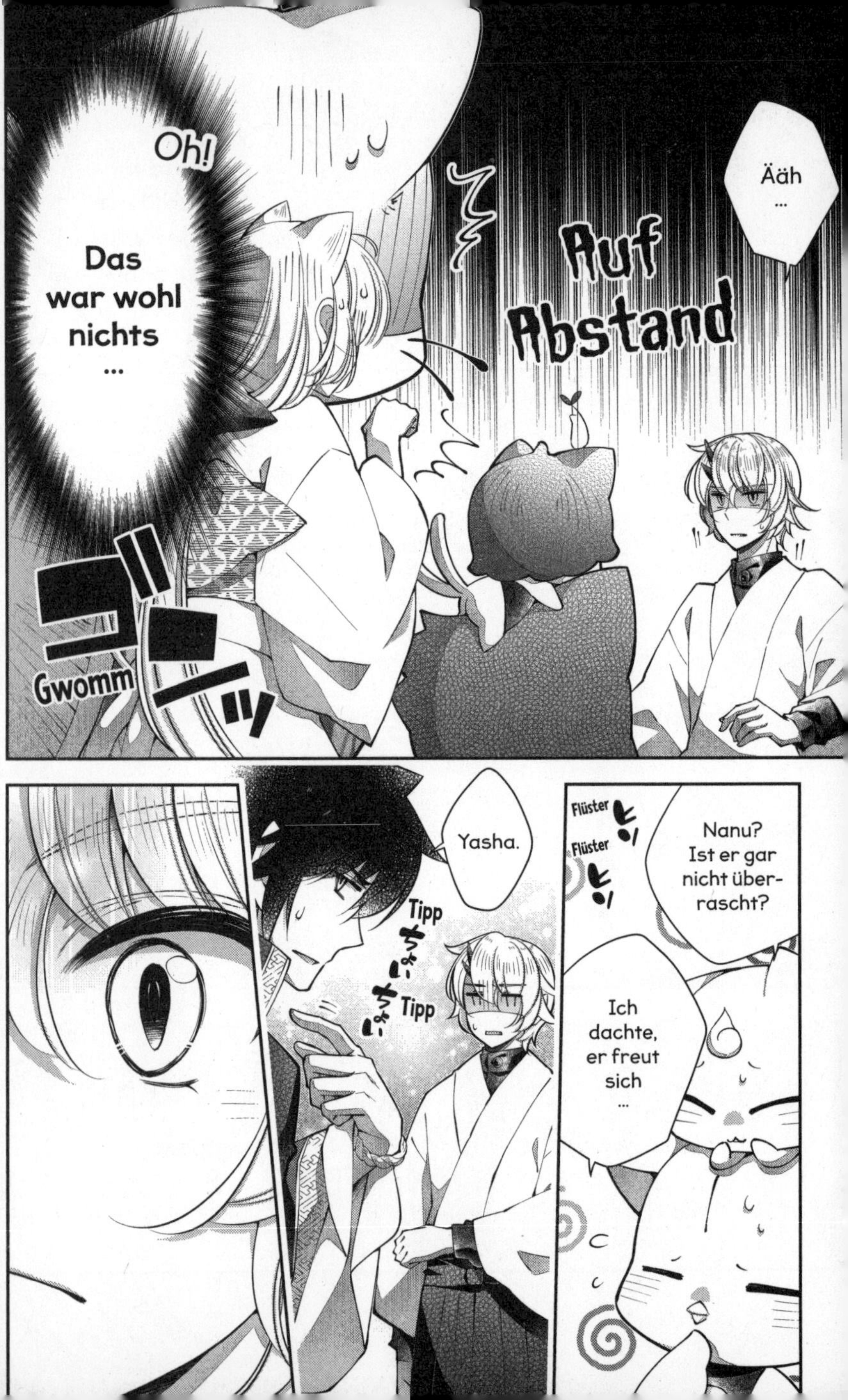

Ääh ...
Auf Abstand
Oh!
Das war wohl nichts ...
Gwomm
Flüster
Flüster
Nanu? Ist er gar nicht überrascht?
Ich dachte, er freut sich ...
Yasha.
Tipp
Tipp

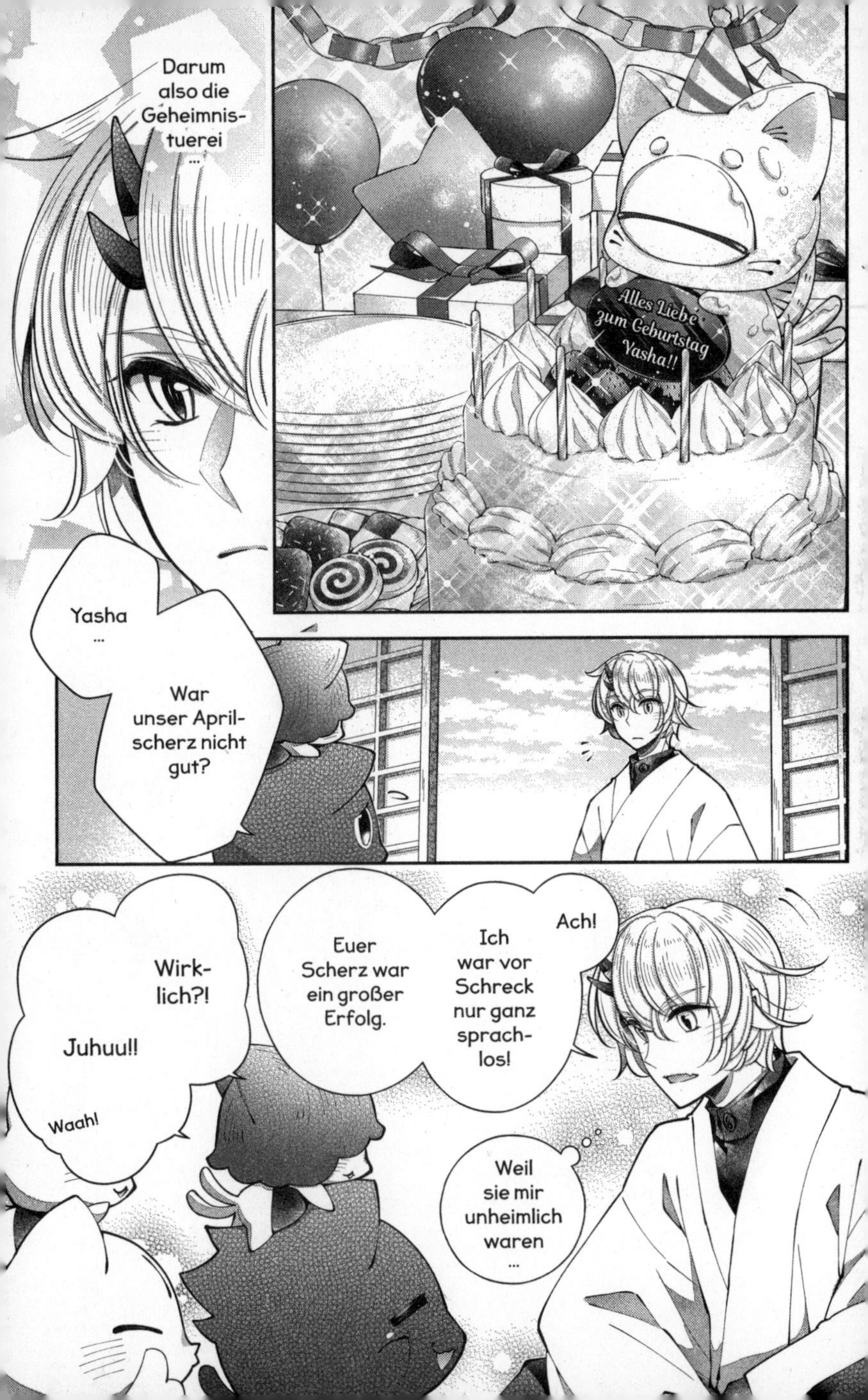
Darum also die Geheimnis-tuerei …
Alles Liebe zum Geburtstag Yasha!!
Yasha …
War unser April-scherz nicht gut?
Ach!
Ich war vor Schreck nur ganz sprach-los!
Euer Scherz war ein großer Erfolg.
Wirk-lich?!
Juhuu!!
Waah!
Weil sie mir unheimlich waren …

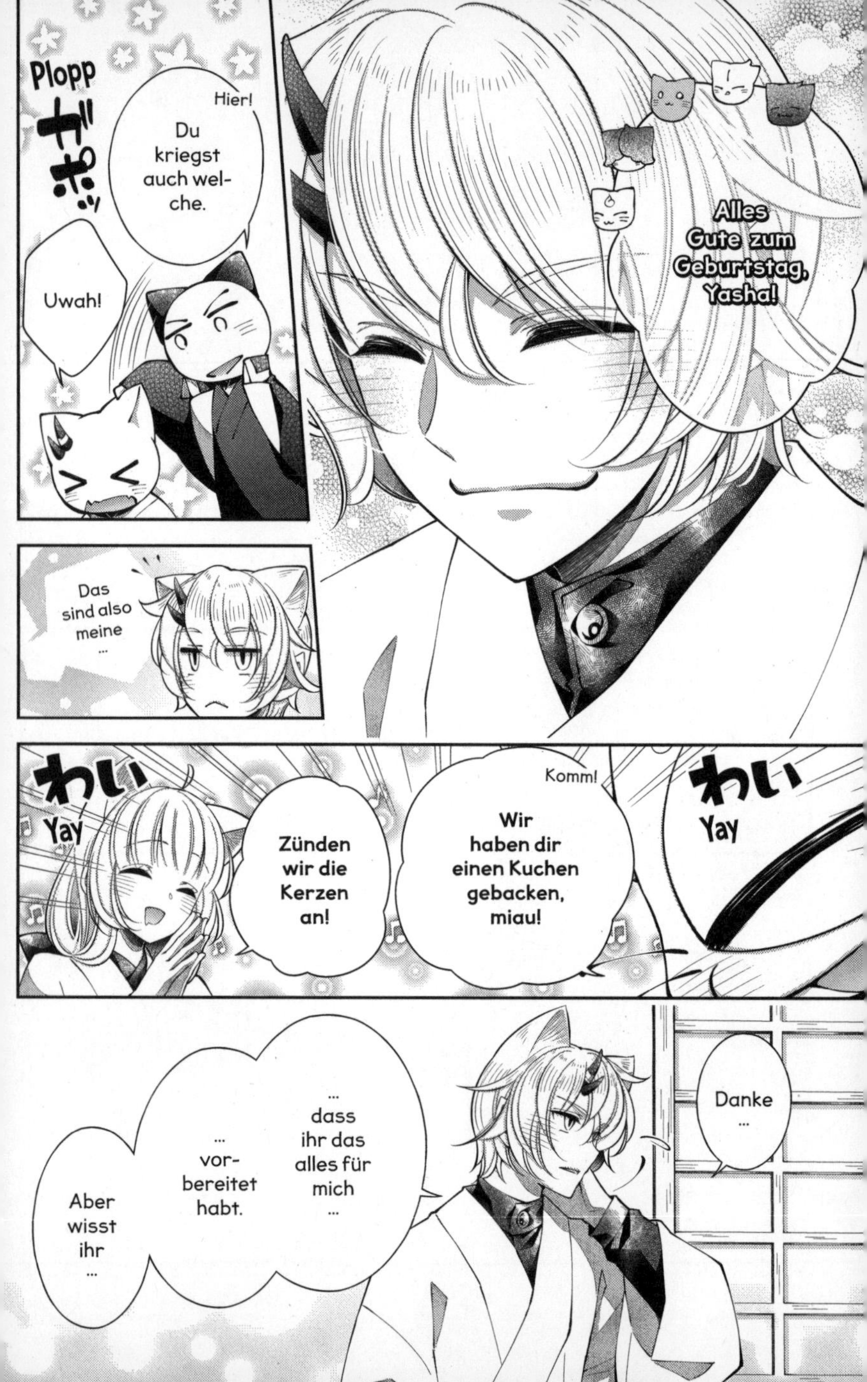

Alles Gute zum Geburtstag, Yasha!
ガポッ
Plopp
Hier!
Du kriegst auch wel-che.
Uwah!
Das sind also meine ...
わい
Yay
Komm!
Wir haben dir einen Kuchen gebacken, miau!
Zünden wir die Kerzen an!
わい
Yay
Danke ...
... dass ihr das alles für mich ...
... vor-bereitet habt.
Aber wisst ihr ...

Heute ist nicht mein Geburtstag.

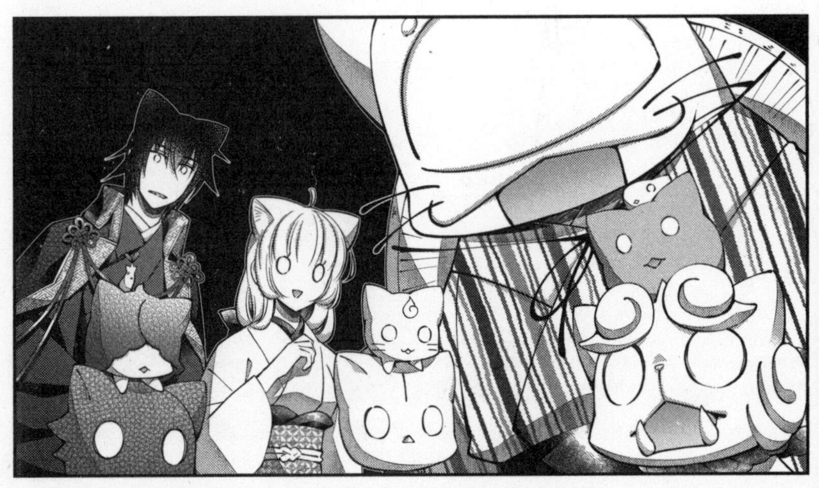

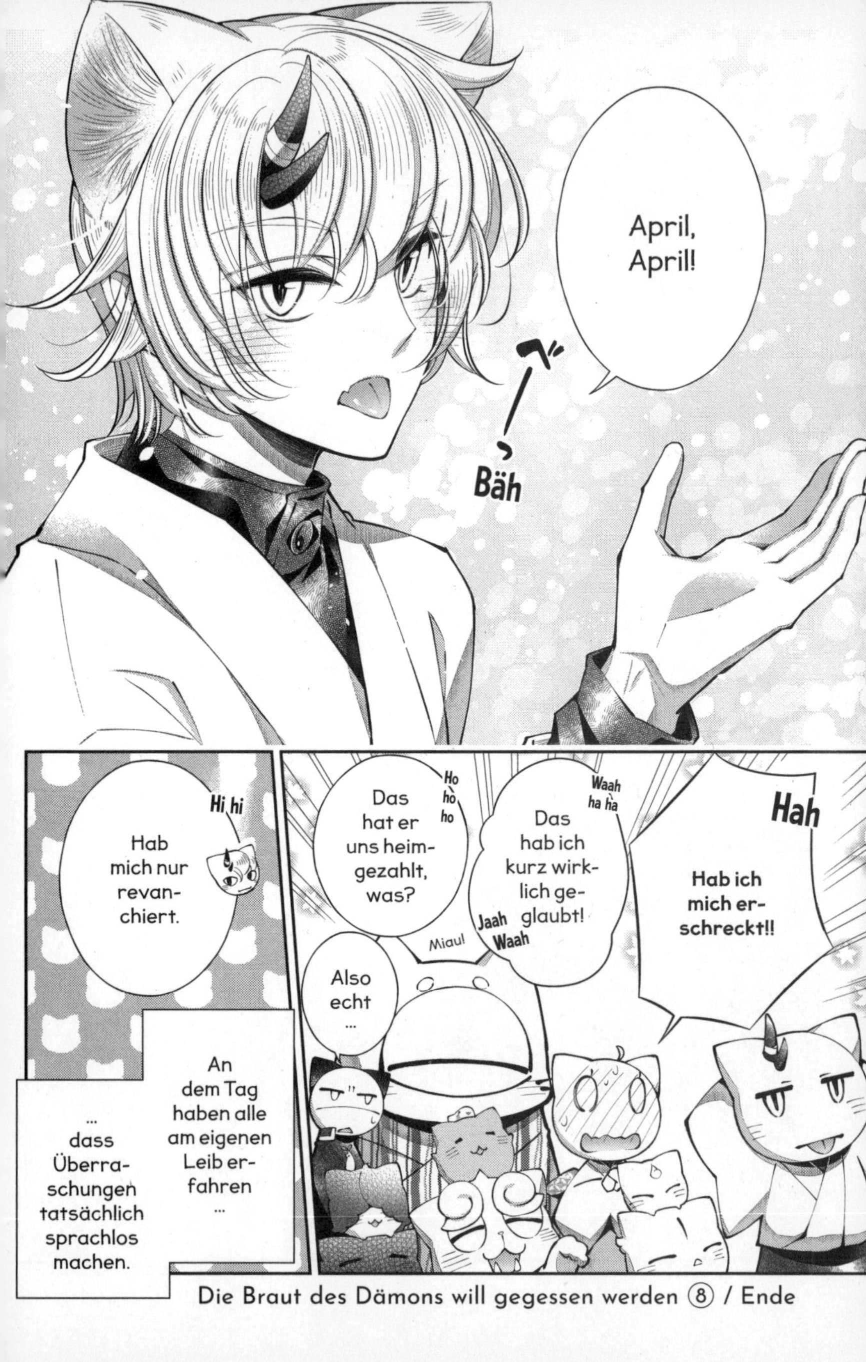

Die Braut des Dämons will gegessen werden ⑧ / Ende

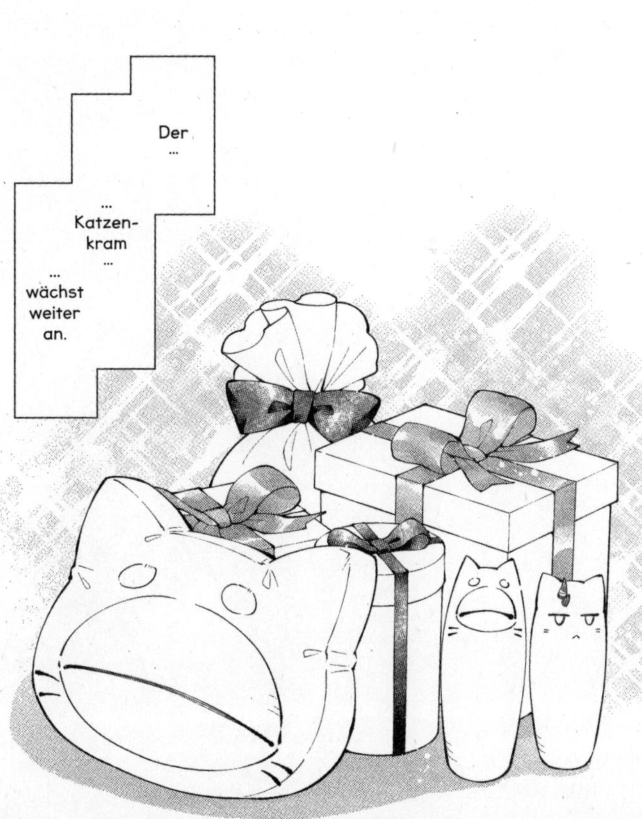

Der …
… Katzen-kram …
… wächst weiter an.

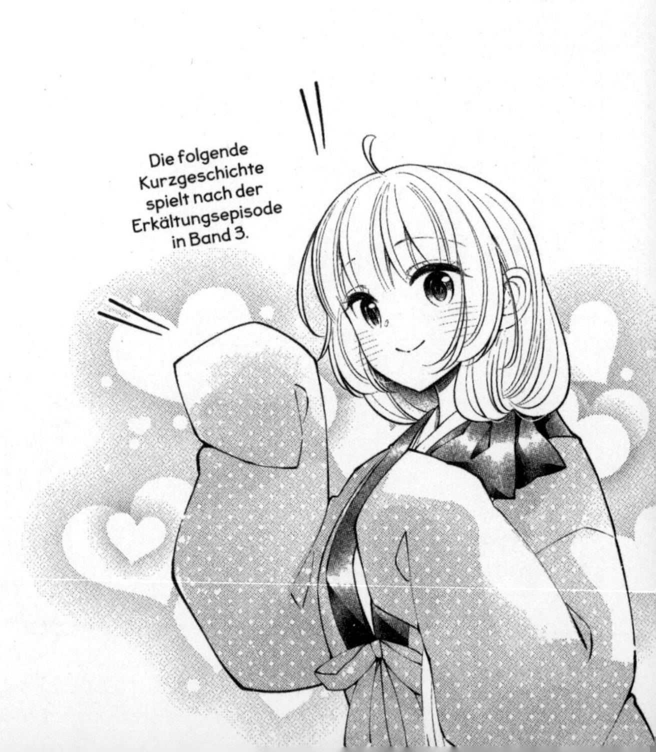
Die folgende
Kurzgeschichte
spielt nach der
Erkältungsepisode
in Band 3.

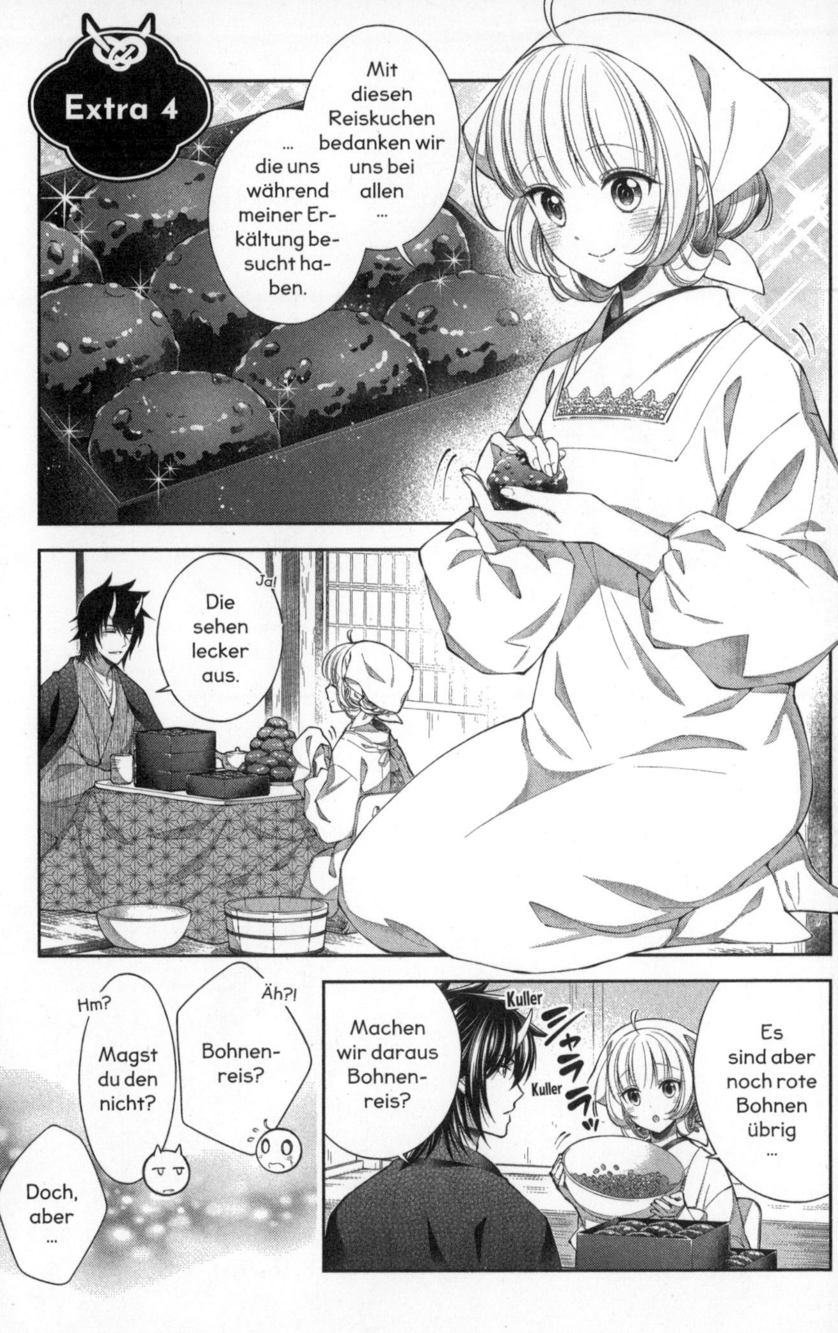
Extra 4
Mit diesen Reiskuchen bedanken wir uns bei allen …
… die uns während meiner Erkältung besucht haben.
Ja!
Die sehen lecker aus.
Es sind aber noch rote Bohnen übrig …
Kuller
Kuller
Machen wir daraus Bohnenreis?
Äh?!
Bohnenreis?
Hm?
Magst du den nicht?
Doch, aber …

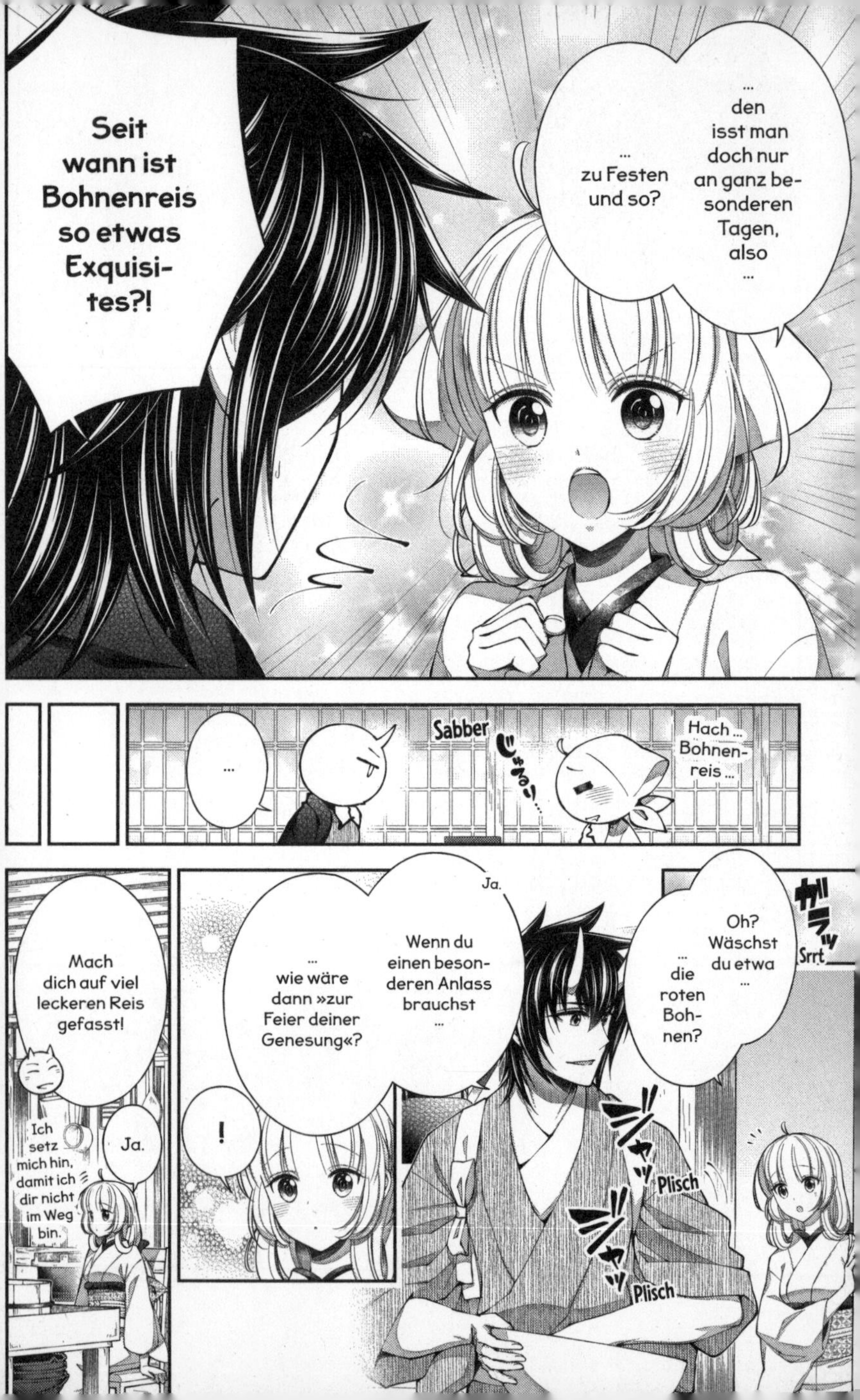

... den isst man doch nur an ganz besonderen Tagen, also ...

... zu Festen und so?

Seit wann ist Bohnenreis so etwas Exquisites?!

Hach ... Bohnenreis ...

Sabber

...

Srrt

Oh? Wäschst du etwa ...

... die roten Bohnen?

Plisch

Plisch

Ja.

Wenn du einen besonderen Anlass brauchst ...

... wie wäre dann »zur Feier deiner Genesung«?

!

Mach dich auf viel leckeren Reis gefasst!

Ja.

Ich setz mich hin, damit ich dir nicht im Weg bin.

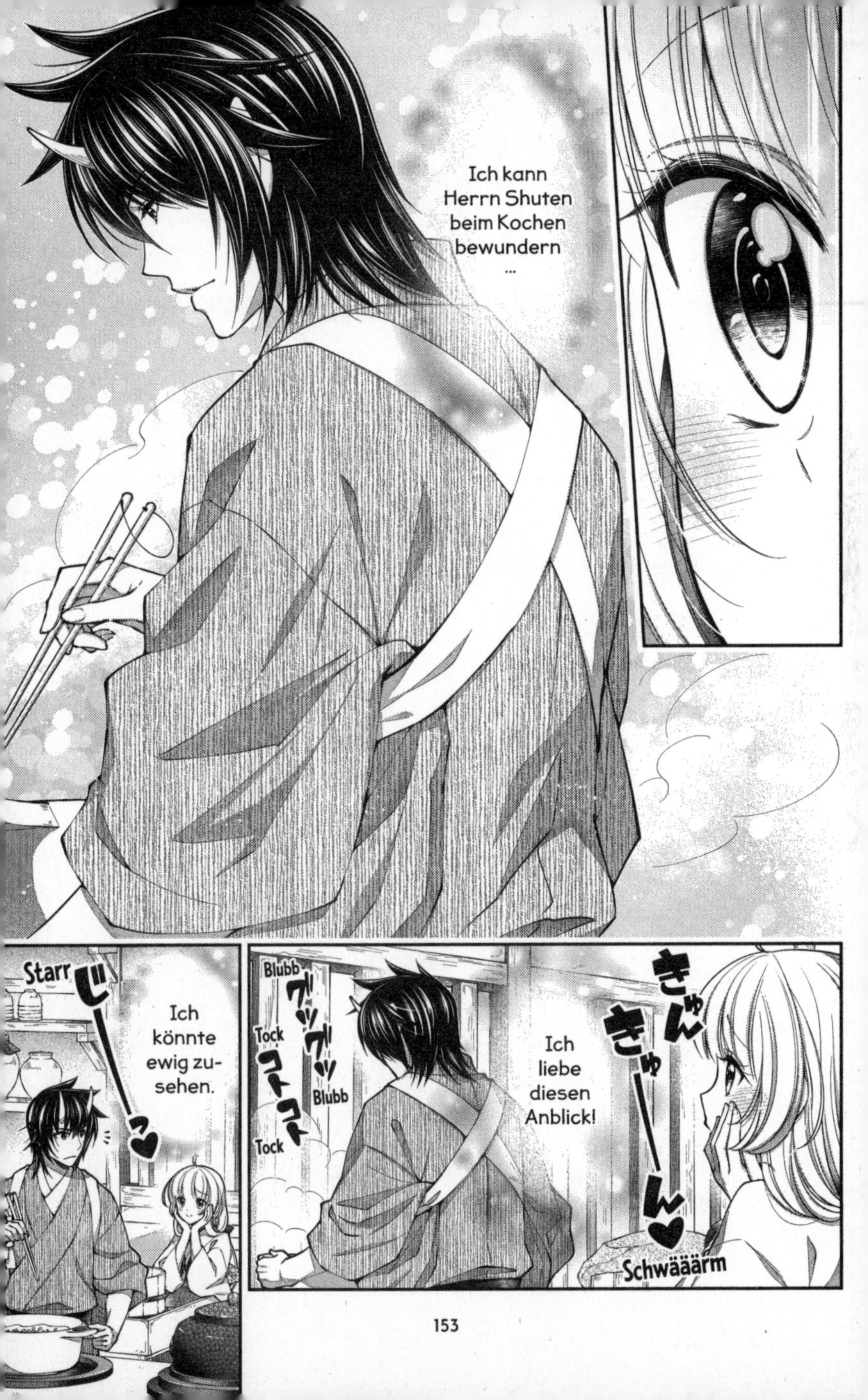

Ich kann Herrn Shuten beim Kochen bewundern ...

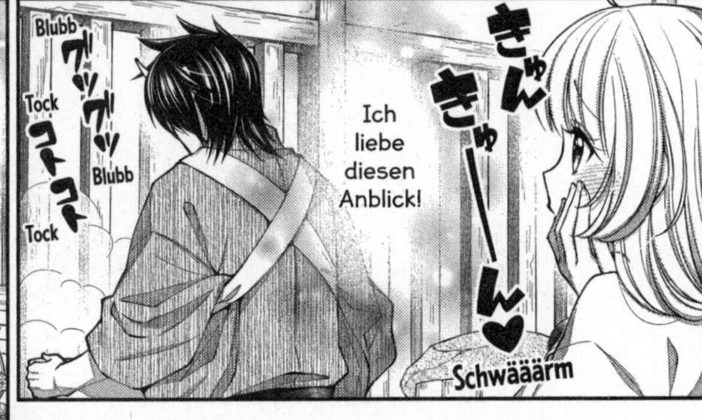

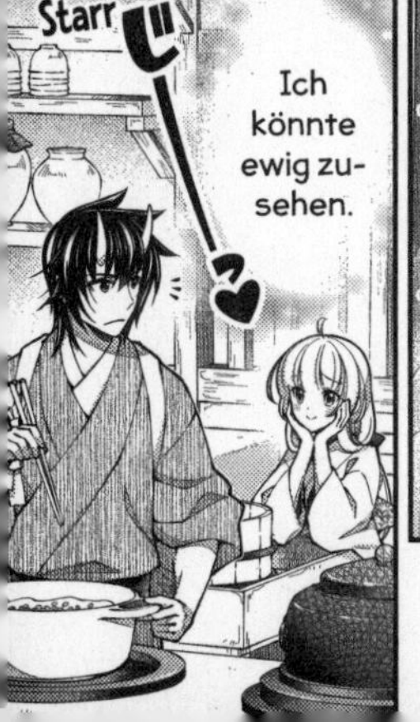

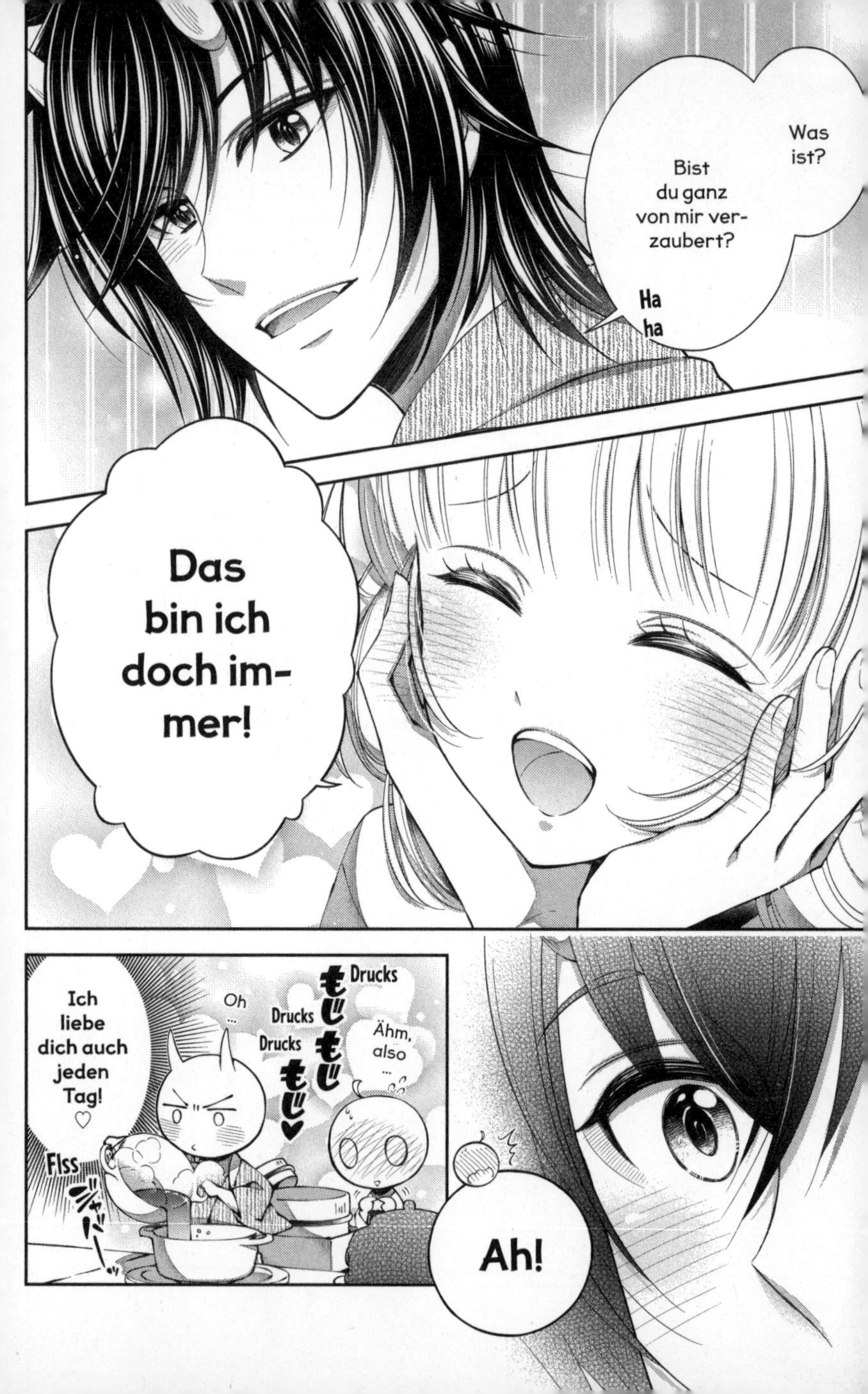
Was ist?
Bist du ganz von mir verzaubert?
Ha ha
Das bin ich doch immer!
Ah!
Drucks
Drucks
Drucks
もじもじもじ♥
Oh ...
Ähm, also ...
Ich liebe dich auch jeden Tag! ♡
Flss
ジャバー

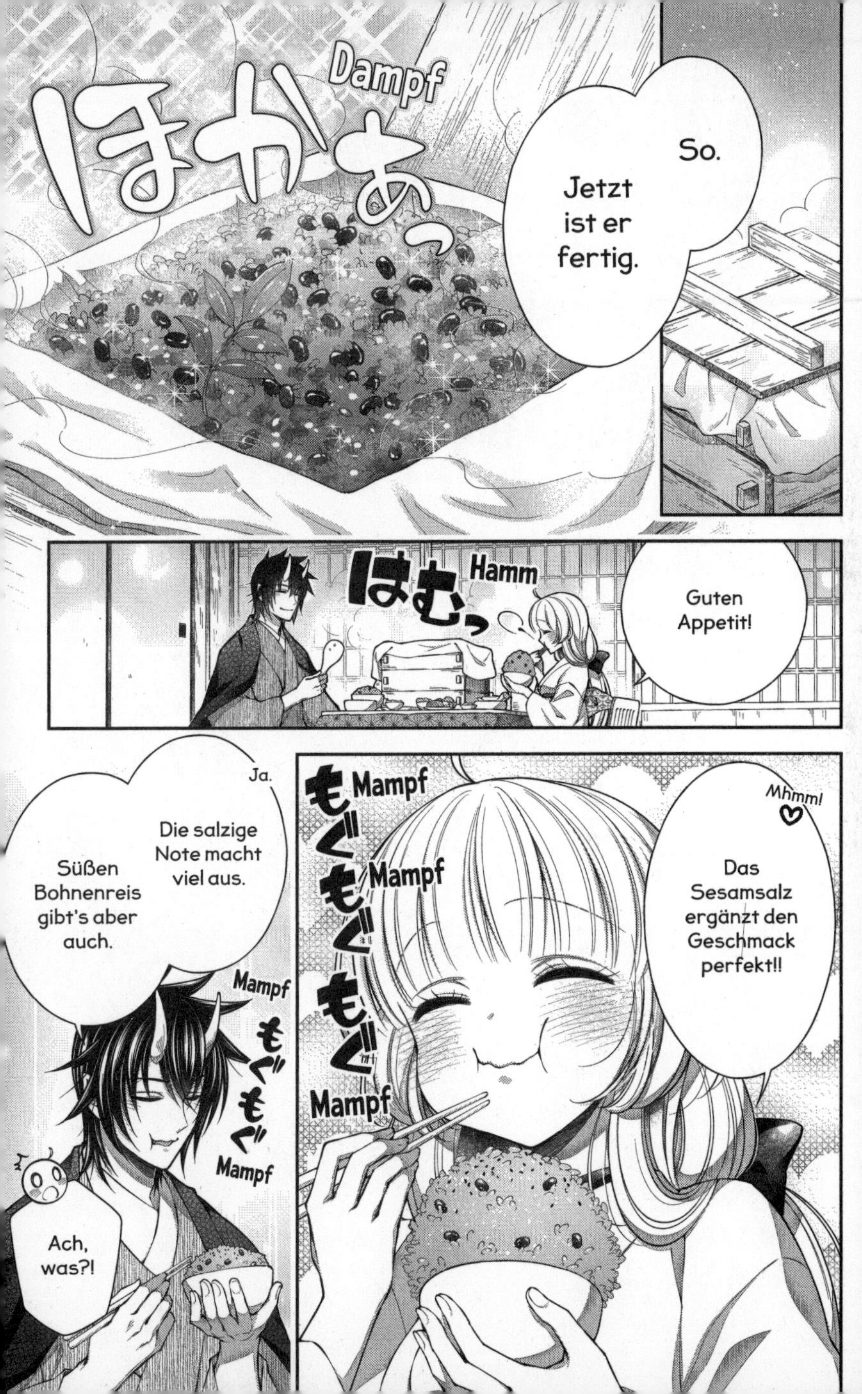
ほかあっ
Dampf
So.
Jetzt ist er fertig.
はむっ
Hamm
Guten Appetit!
もぐもぐもぐ
Mampf
Mampf
Mampf
Mhmm!
Das Sesamsalz ergänzt den Geschmack perfekt!!
Ja.
Die salzige Note macht viel aus.
Süßen Bohnenreis gibt's aber auch.
もぐもぐ
Mampf
Mampf
Ach, was?!

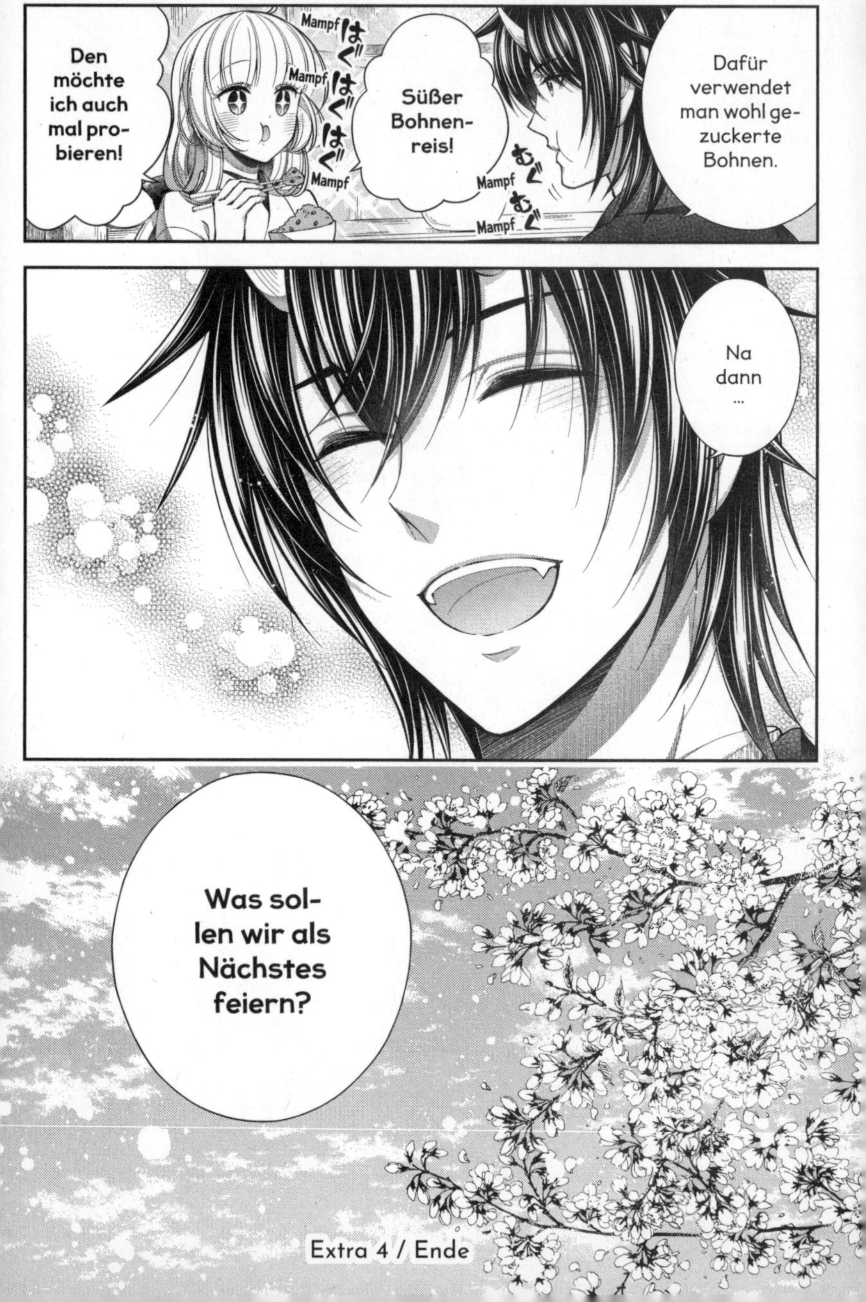

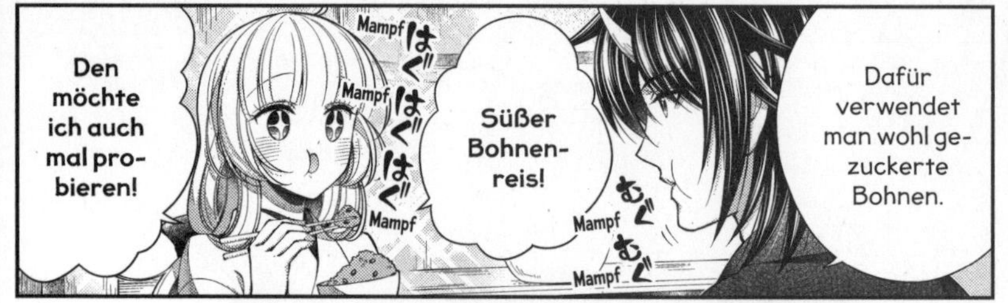

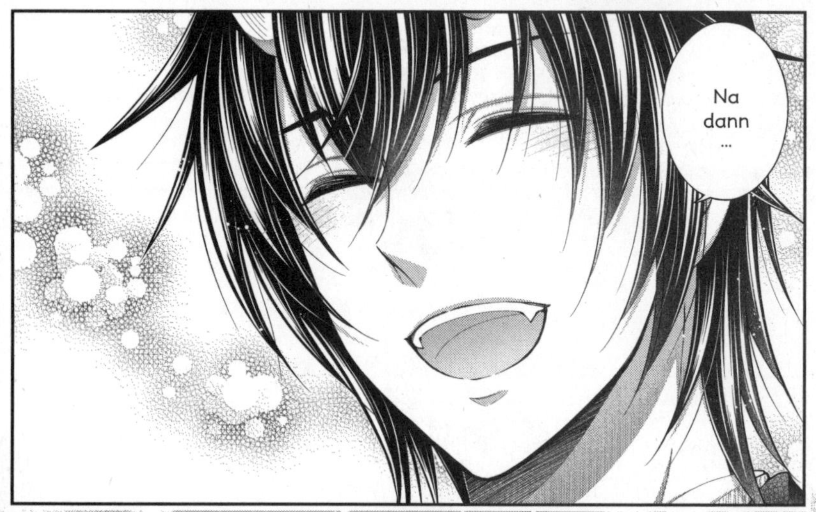

Was sollen wir als Nächstes feiern?

Extra 4 / Ende

Extra 5

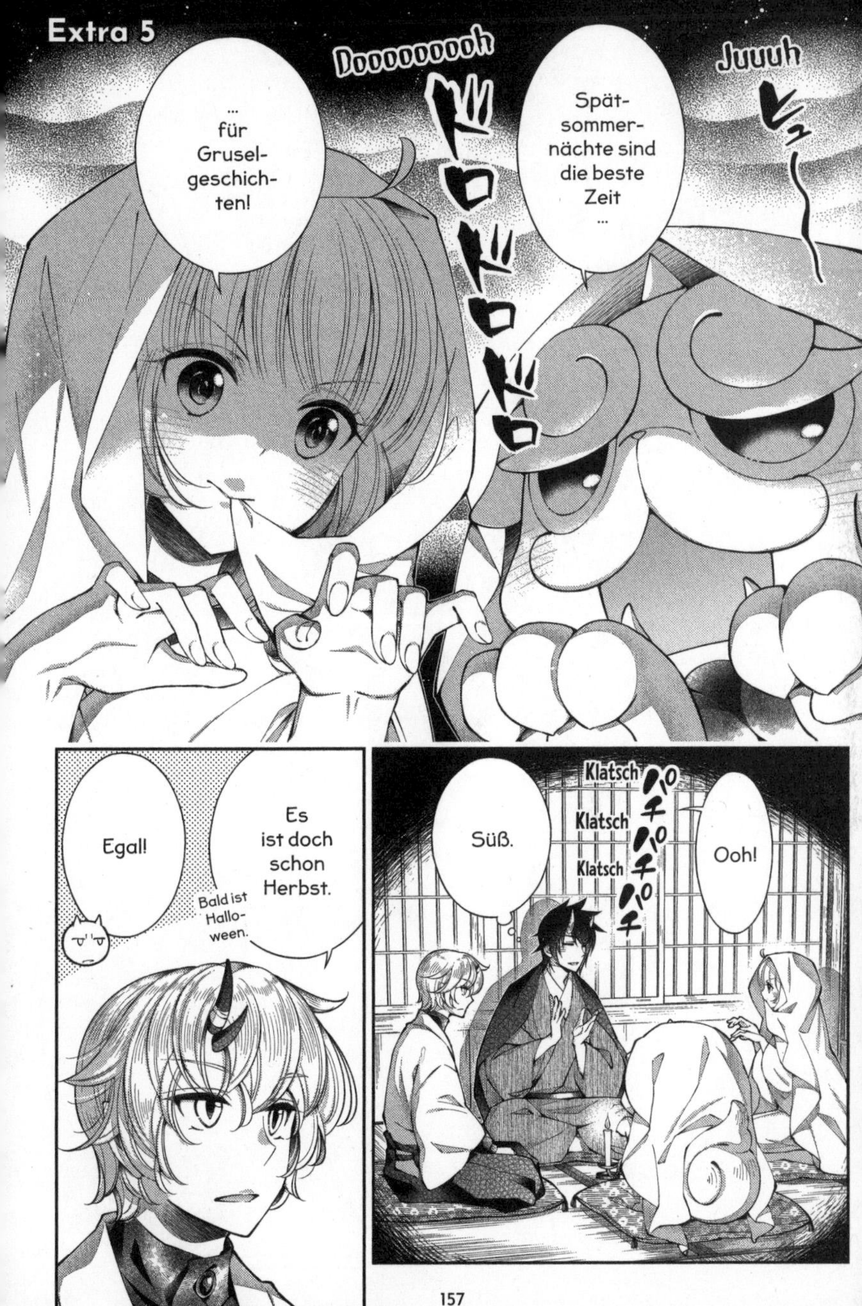

Juuuh
ヒュ～
Spät-
sommer-
nächte sind
die beste
Zeit
...
Dooooooooh
ドロドロドロドロ
...
für
Grusel-
geschich-
ten!
Ooh!
Klatsch
Klatsch
Klatsch
パチパチパチ
Süß.
Es
ist doch
schon
Herbst.
Bald ist
Hallo-
ween.
Egal!

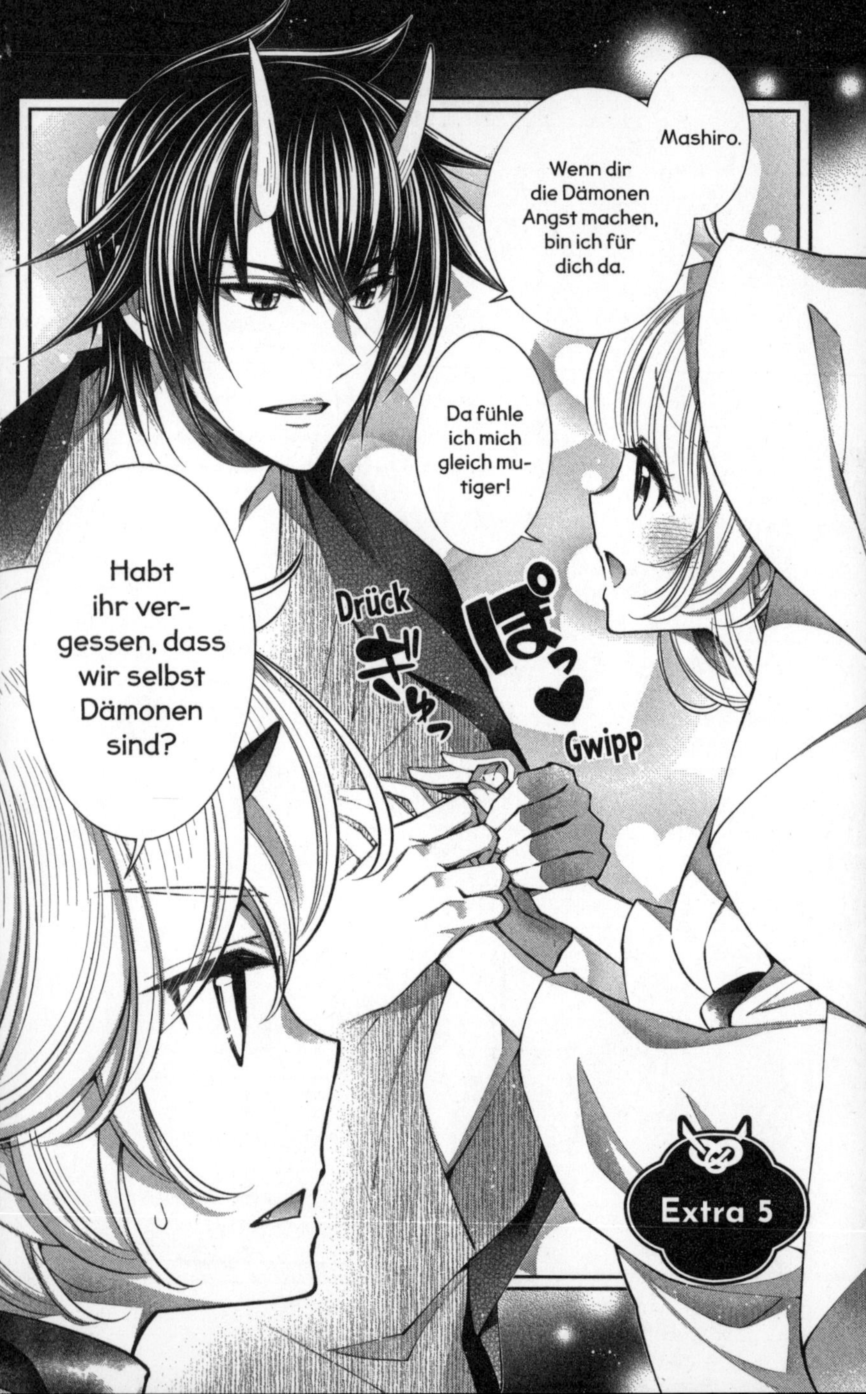

Mashiro. Wenn dir die Dämonen Angst machen, bin ich für dich da.
Da fühle ich mich gleich mutiger!
ぽっ
Gwipp
ぎゅっ
Drück
Habt ihr vergessen, dass wir selbst Dämonen sind?
Extra 5

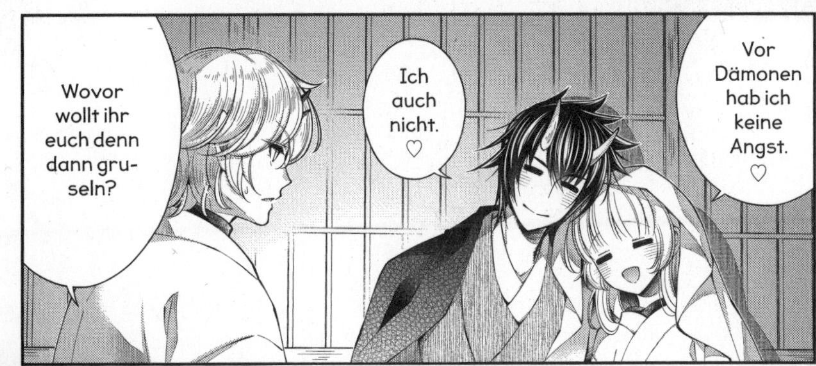
Vor Dämonen hab ich keine Angst. ♡
Ich auch nicht. ♡
Wovor wollt ihr euch denn dann gruseln?

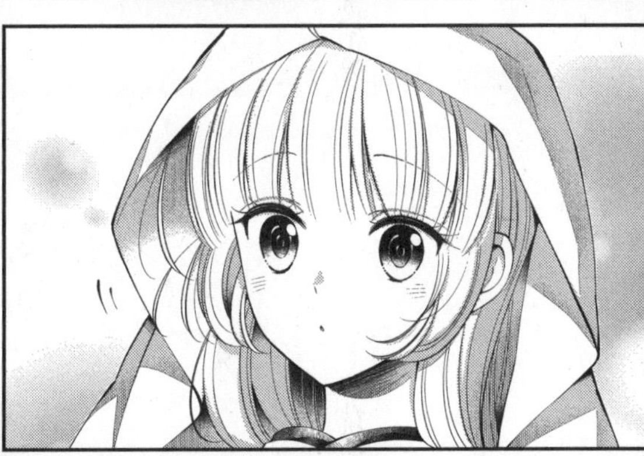

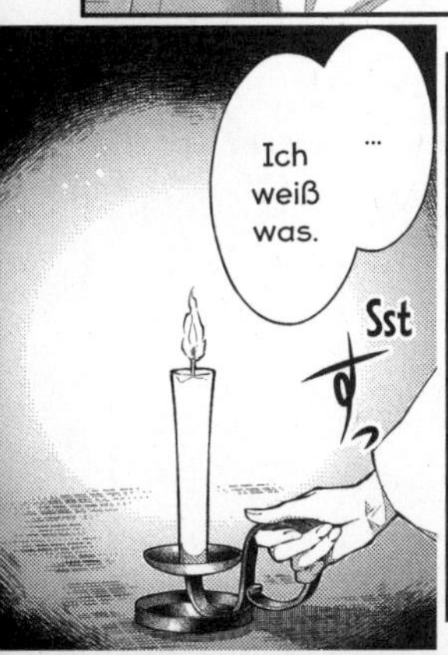
… Ich weiß was.
Sst

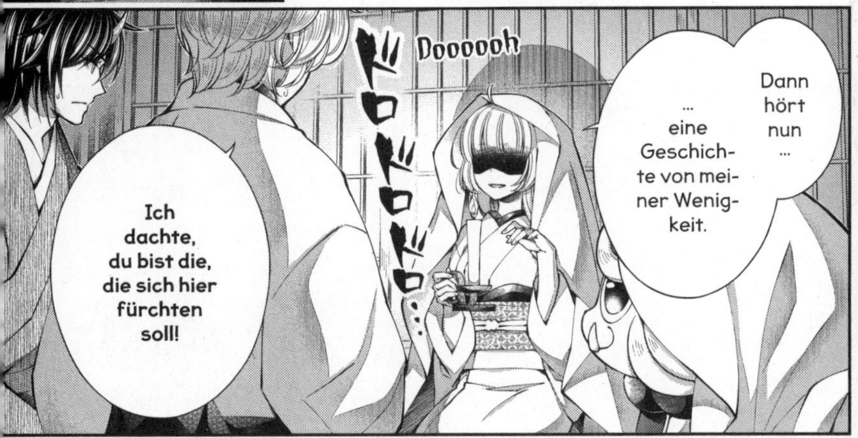
Dann hört nun …
… eine Geschichte von meiner Wenigkeit.
Doooooh
Ich dachte, du bist die, die sich hier fürchten soll!

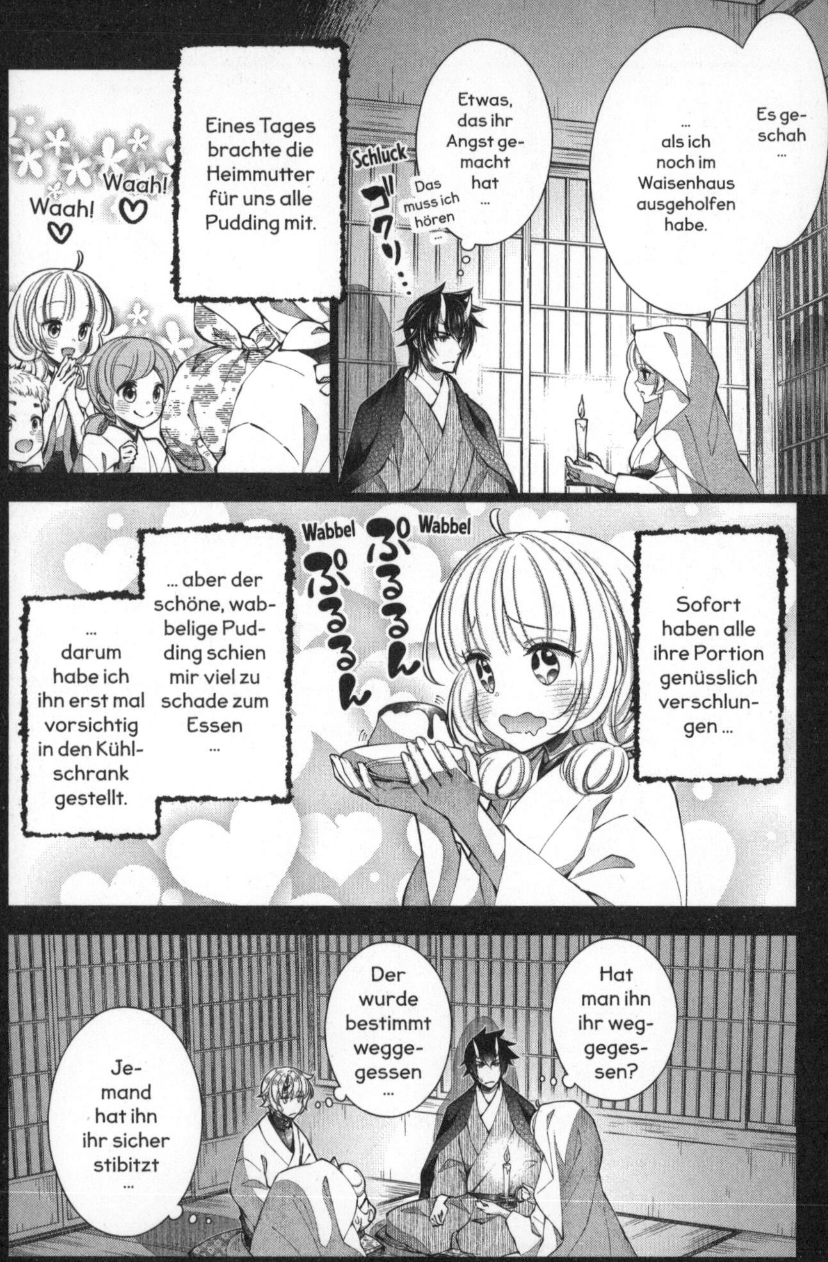

Es geschah ...
... als ich noch im Waisenhaus ausgeholfen habe.
Etwas, das ihr Angst gemacht hat ...
Das muss ich hören ...
Schluck
ゴクリ…
Eines Tages brachte die Heimmutter für uns alle Pudding mit.
Waah!
Waah!
Sofort haben alle ihre Portion genüsslich verschlungen ...
Wabbel
ぷるるん
Wabbel
ぷるるん
... aber der schöne, wabbelige Pudding schien mir viel zu schade zum Essen ...
... darum habe ich ihn erst mal vorsichtig in den Kühlschrank gestellt.
Hat man ihn ihr weggegessen?
Der wurde bestimmt weggegessen ...
Jemand hat ihn ihr sicher stibitzt ...

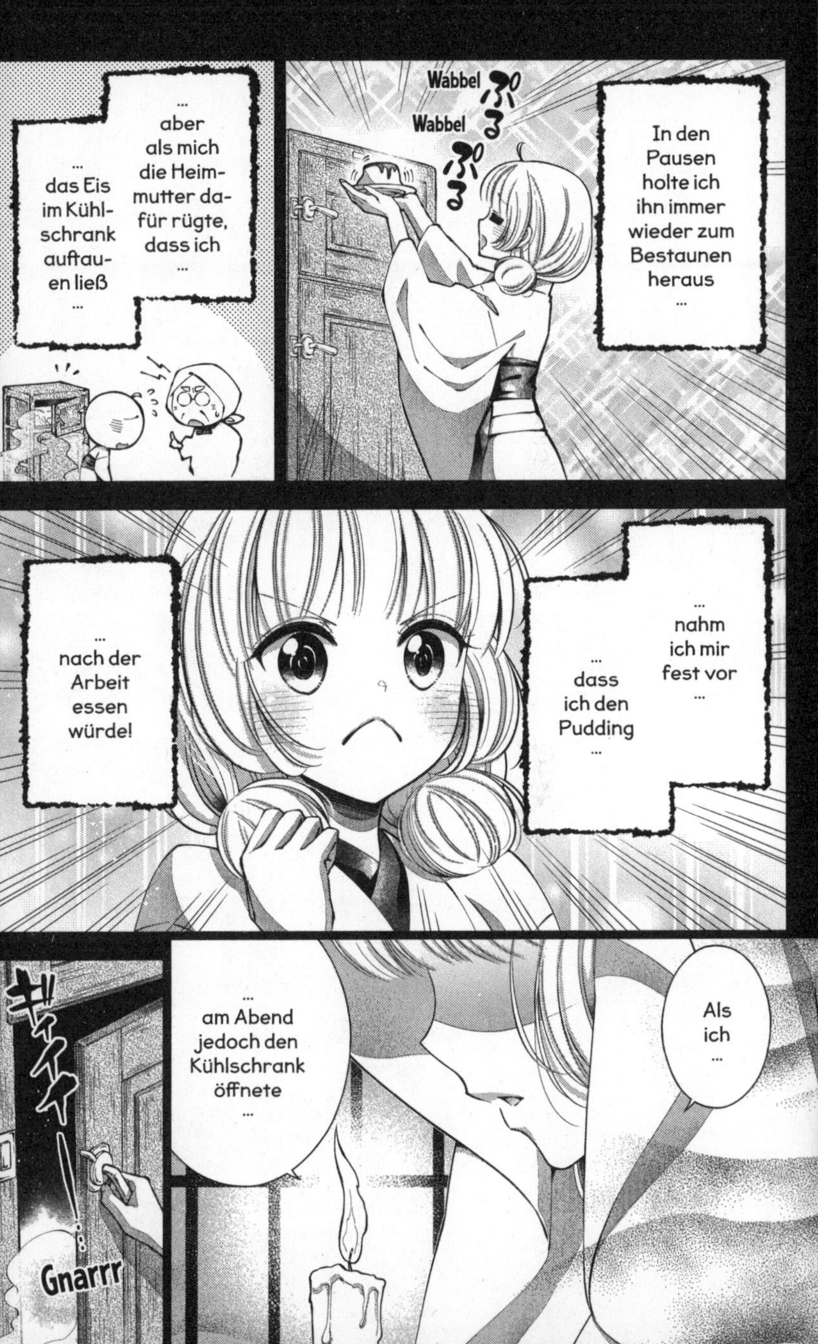
Wabbel
Wabbel
In den Pausen holte ich ihn immer wieder zum Bestaunen heraus ...
... aber als mich die Heimmutter dafür rügte, dass ich ...
... das Eis im Kühlschrank auftauen ließ ...
... nahm ich mir fest vor ...
... dass ich den Pudding ...
... nach der Arbeit essen würde!
Als ich ...
... am Abend jedoch den Kühlschrank öffnete ...
Gnarrr

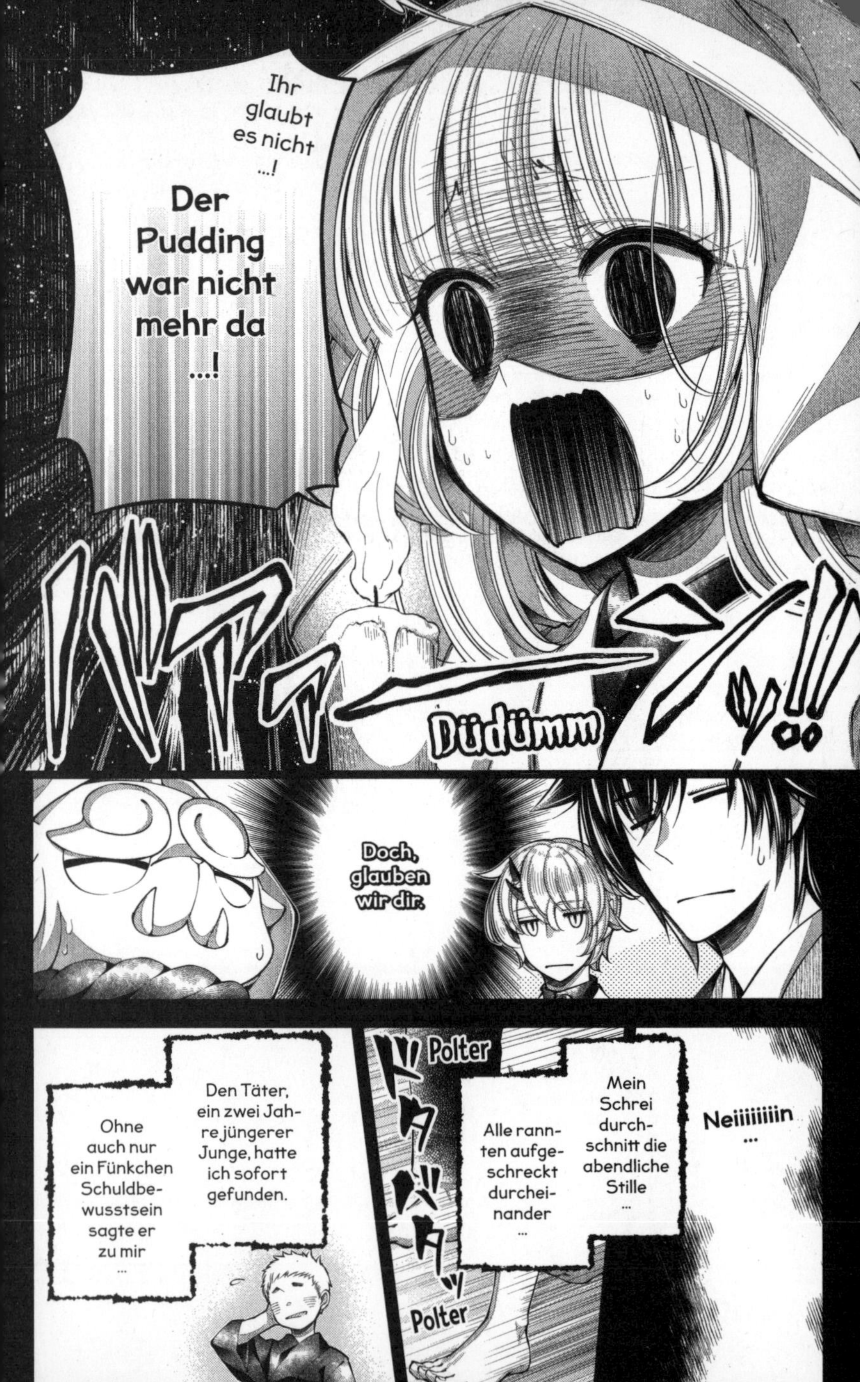
Ihr glaubt es nicht ...!
Der Pudding war nicht mehr da ...!
Düdümm
Doch, glauben wir dir.
Neiiiiiiiin ...
Mein Schrei durchschnitt die abendliche Stille ...
Alle rannten aufgeschreckt durcheinander ...
Polter
Polter
Den Täter, ein zwei Jahre jüngerer Junge, hatte ich sofort gefunden.
Ohne auch nur ein Fünkchen Schuldbewusstsein sagte er zu mir ...

»Ich dachte, du isst den nicht.«

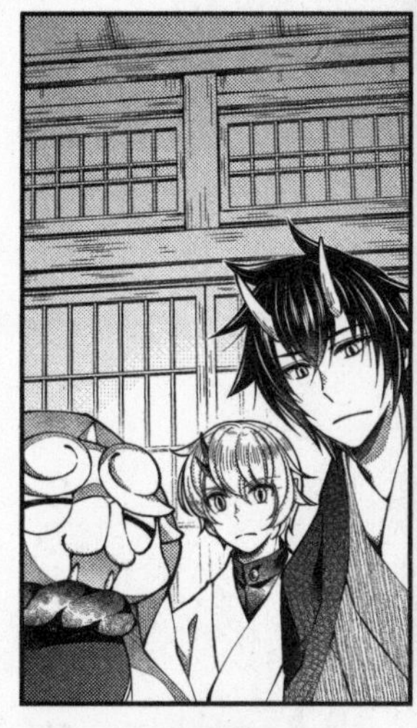

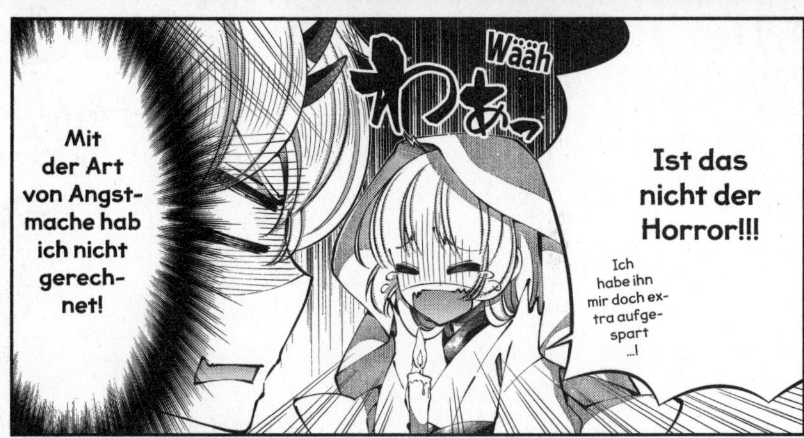

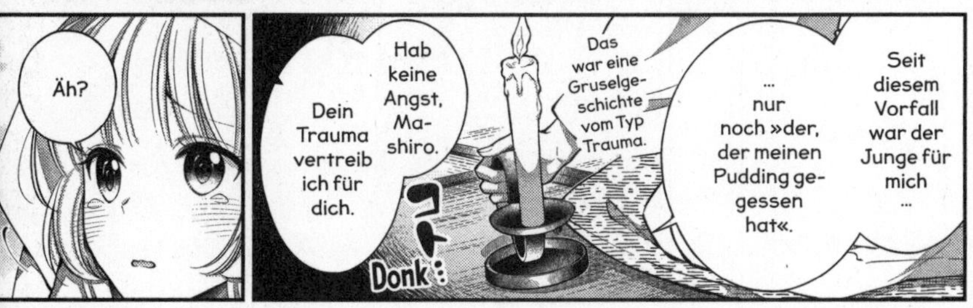

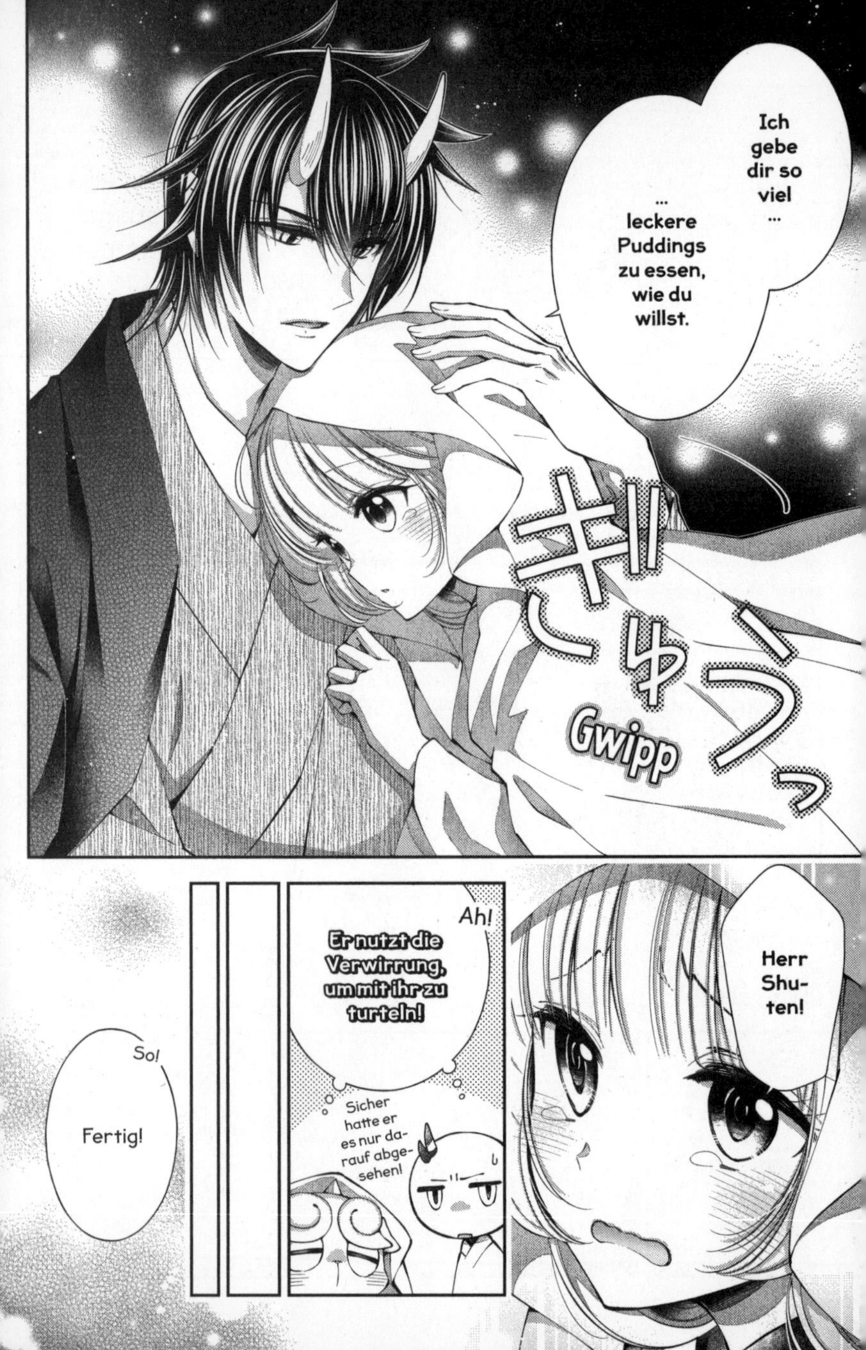
Ich gebe dir so viel …
… leckere Puddings zu essen, wie du willst.
ぎゅうっ
Gwipp
Herr Shu-ten!
Ah!
Er nutzt die Verwirrung, um mit ihr zu turteln!
Sicher hatte er es nur darauf abgesehen!
So!
Fertig!

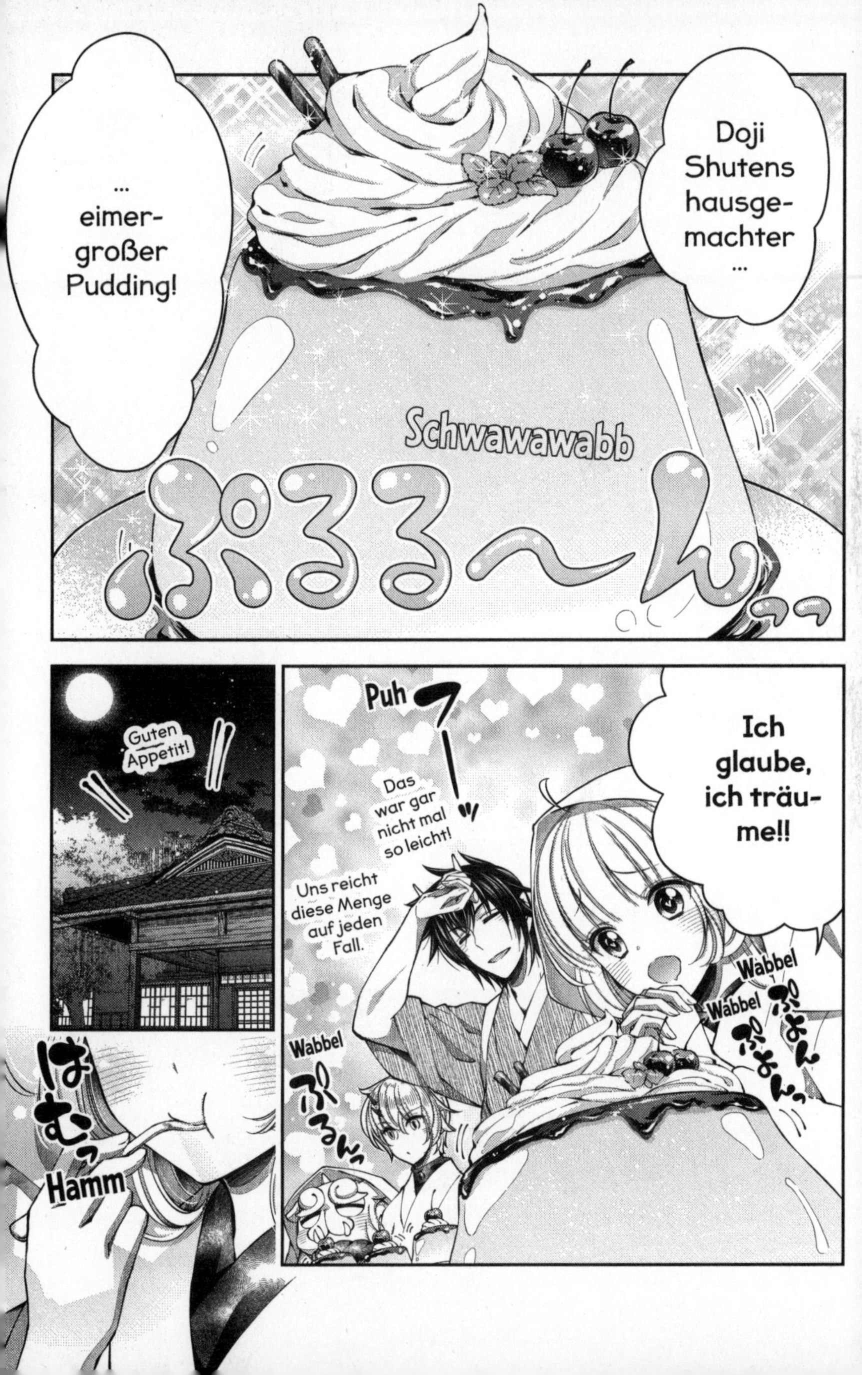

Doji Shutens hausgemachter …

… eimergroßer Pudding!

Schwawawabb

ぷるる〜ん

Ich glaube, ich träume!!

Puh

Das war gar nicht mal so leicht!

Uns reicht diese Menge auf jeden Fall.

Wabbel
ぷよん

Wabbel
ぷよん

Wabbel
ぷるん

Guten Appetit!

はむっ
Hamm

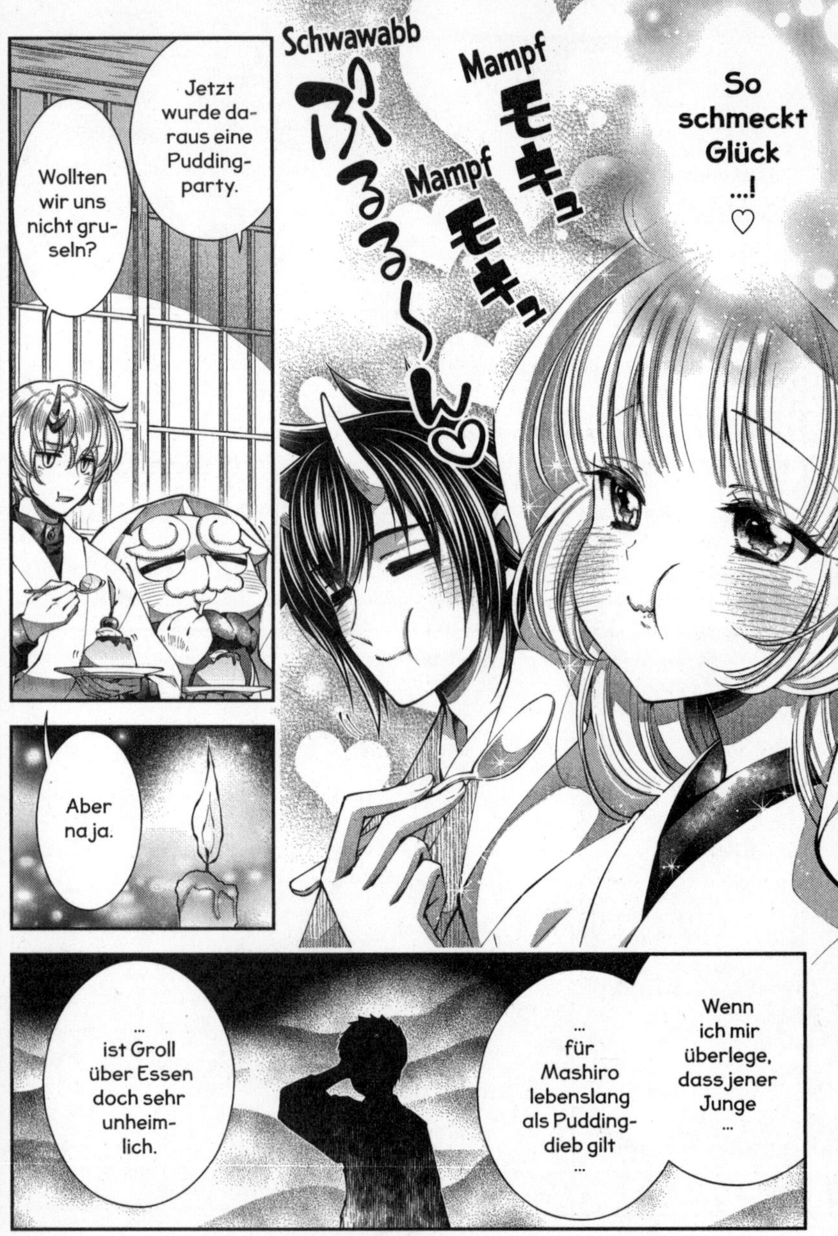
So schmeckt Glück ...! ♡
Mampf モキュ
Mampf モキュ
Schwawabb ぷるる～ん♡
Jetzt wurde daraus eine Puddingparty.
Wollten wir uns nicht gruseln?
Aber na ja.
Wenn ich mir überlege, dass jener Junge ...
... für Mashiro lebenslang als Puddingdieb gilt ...
... ist Groll über Essen doch sehr unheimlich.

Extra 5 / Ende

Nachwort

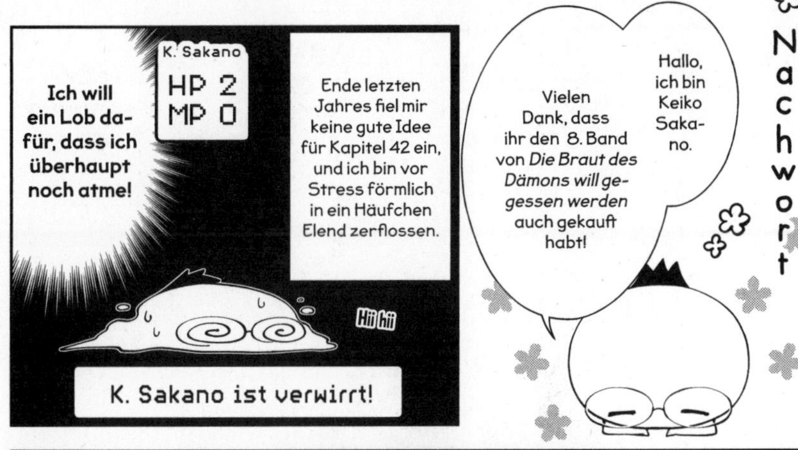

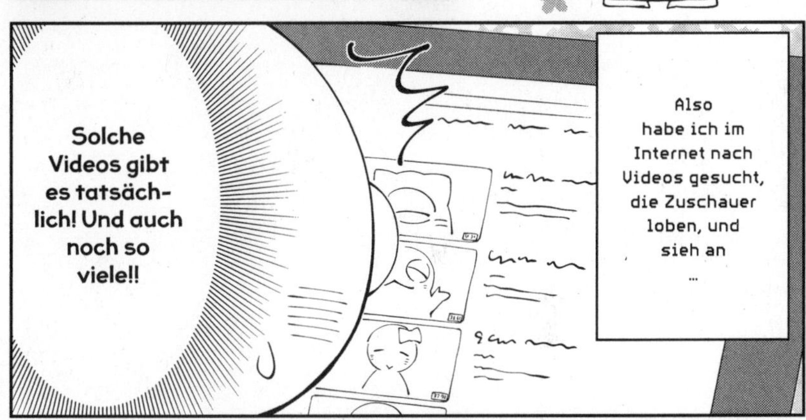

* Gachapin: Ein Maskottchen aus der japanischen Morgenschau *Gachapin x Mukku*

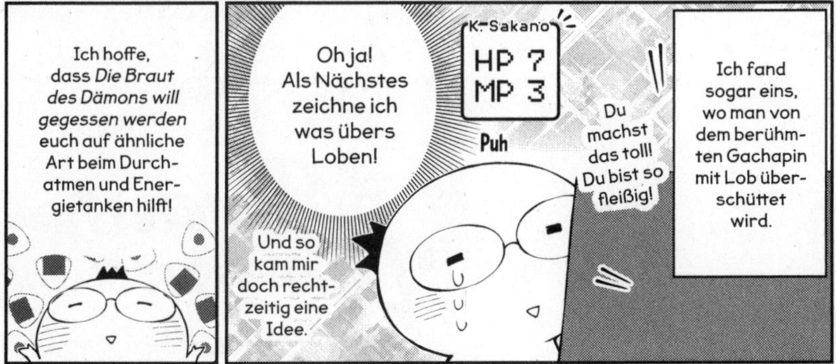

Auf ein Wiedersehen in Band 9!

Die Braut des Dämons will gegessen werden

Special

Der verschmähte große Bruder

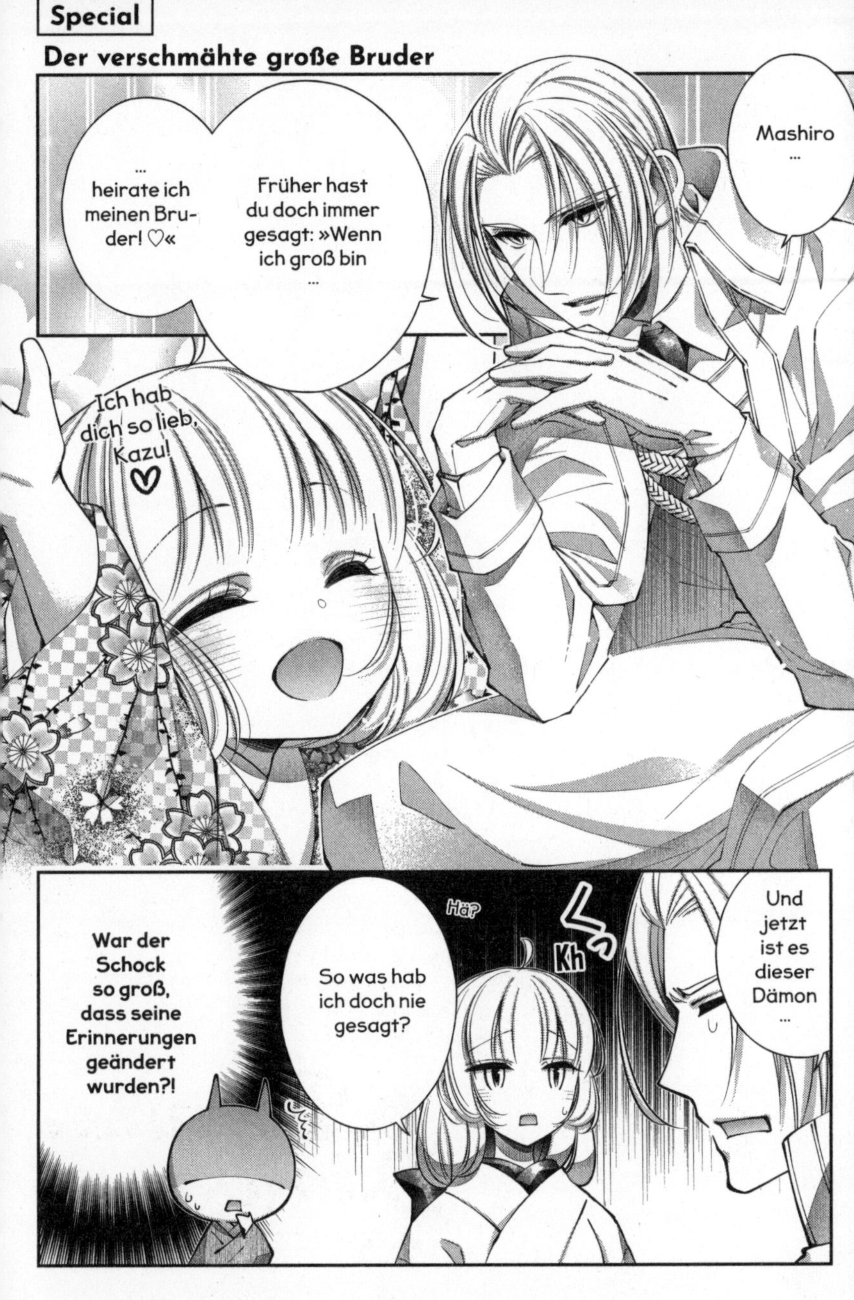

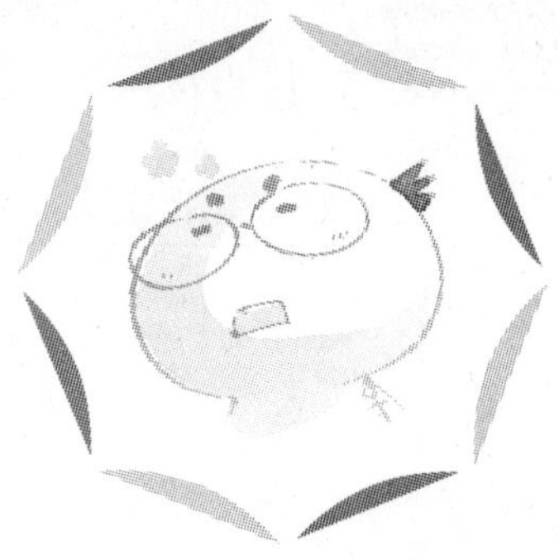

Keiko Sakano

Dies ist der achte Band von *Die Braut des Dämons will gegessen werden*. Bei jedem Band bin ich aufs Neue überrascht, dass dieser Manga immer noch weitergeht. Das verdanke ich allen, die an der Produktion mitwirken, und euch Lesern für eure unaufhörliche Unterstützung. Wie immer vielen herzlichen Dank!! Ich bin froh, dass euch die Reihe gefällt, und hoffe, dass ihr sie auch weiterhin mit Freude lest.

Die Braut des Dämons will gegessen werden

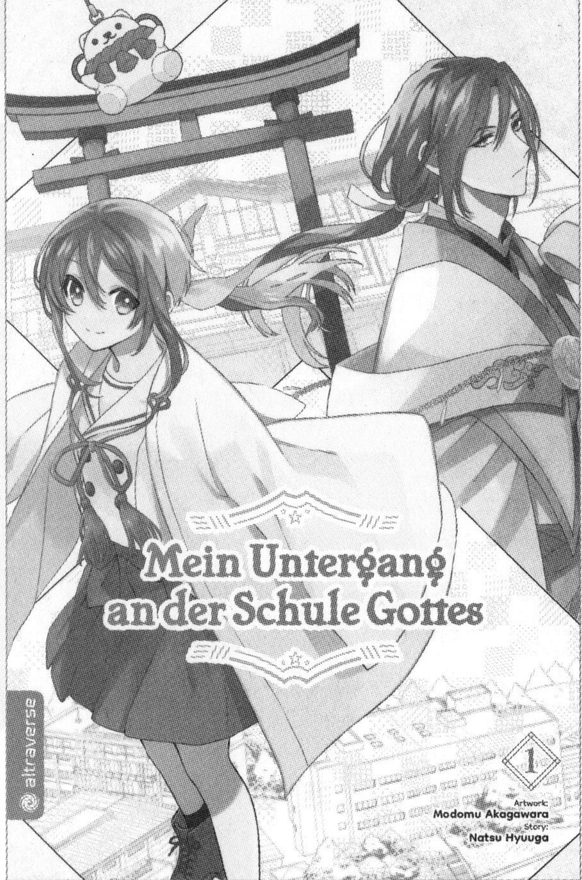

Mein Untergang an der Schule Gottes

Modomu Akagawara | Natsu Hyuuga

Nagi und ihr Zwillingsbruder Takeru, der sich in seinem Zimmer versteckt hält, leben in einem Japan, in dem es Menschen mit besonderen Fähigkeiten gibt, die sogar zu Göttern ernannt werden können. Im Gegensatz zu Takeru hat Nagi jedoch kein Talent für das Übernatürliche. Trotzdem erhält sie die Nachricht, dass sie an der Schule Gottes aufgenommen wird. Ob sie sich dort behaupten kann?

Fantasy 13 +

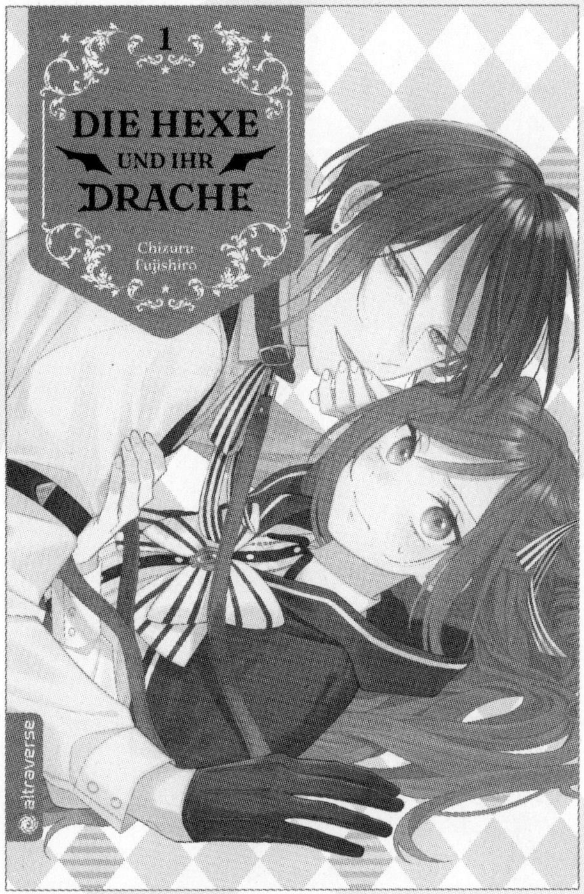

Die Hexe und ihr Drache

Chizuru Fujishiro

Die Halbhexe Aria wünscht sich nichts mehr, als mit den Menschen harmonisch zusammenzuleben. Als sie den verletzten Drachen Leo bei sich aufnimmt, ahnt sie nicht, dass er sich mit einem Paktschwur an sie binden wird. Nun steht Aria zwar ein eifriger, aber auch übermäßig beschützender Diener zur Seite, der »zum Wohle« seiner Herrin allerlei Chaos anrichtet ...

Fantasy 13 +

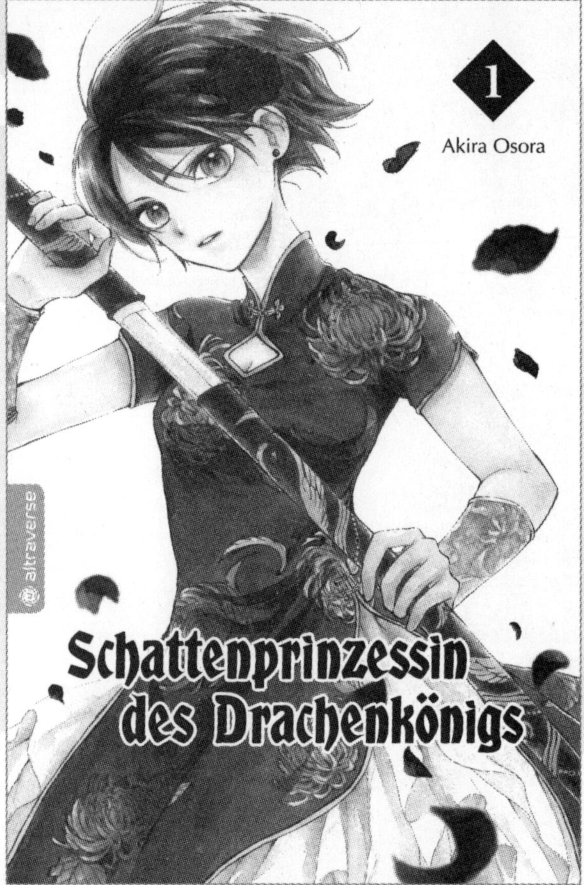

Schattenprinzessin des Drachenkönigs

Akira Osora

Vor einigen Jahren begrub der Wasserdrache, der eigentlich der Schutzgeist des Königreichs Ten'a ist, Kohakus Heimat unter wilden Fluten. Als letzte Überlebende schwört sie, Rache an Prinz Miaki zu nehmen, der als Einziger den Drachen kontrollieren kann. Entschlossen, ihn zu töten, schleicht sie sich am Königshof ein. Doch dann kommt alles ganz anders ...

Fantasy 13 +

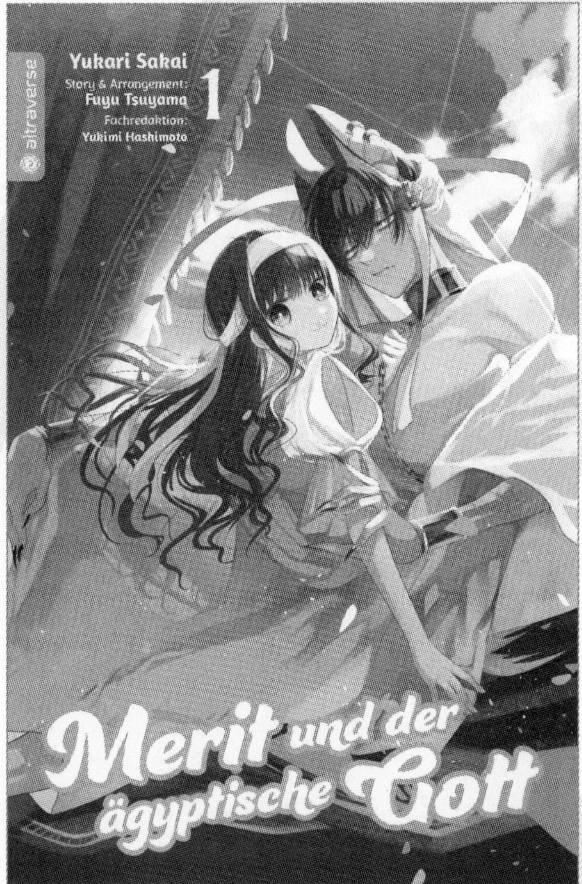

Merit und der ägyptische Gott
Yukari Sakai | Fuyu Tsuyama

Merit landet in der Unterwelt, ohne Erinnerung daran, gestorben zu sein! Deshalb ist sie wild entschlossen, wieder in die Welt der Lebenden zu gelangen. Nur leider scheint Anubis, der als Einziger das Tor zwischen den Welten öffnen kann, nicht nur Menschen zu hassen, sondern auch durch einen Fluch seine Kräfte verloren zu haben. Ob Merit diesen lösen und zurückkehren kann?

Deutsche Ausgabe / German Edition
Altraverse GmbH – Hamburg 2024
Aus dem Japanischen von Rahel Niedermann

Redaktion: Linda Singer, Anne Faltin
Herstellung: Cathrin Hamester
Lettering: Vibrant Publishing Studio

Druck: Nørhaven A/S, Viborg
Printed in Denmark

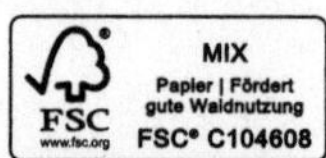

ISBN 978-3-7539-2496-0
1. Auflage 2024

www.altraverse.de